作者简介

何志武，1964年生，湖北钟祥人，华中科技大学新闻与信息传播学院广播电视学系主任、博士。先后毕业于北京师范大学哲学系、北京师范大学马列所、华中科技大学新闻与信息传播学院，获得哲学学士、法学硕士、文学博士学位。1993年－2001年在长江日报社担任记者8年。

作者曾从事政治学的教学和研究，在较长时间地从事新闻工作之后，转而从事新闻传播学的教学和研究，撰写了《培养行业专家还是培养新闻记者》、《从司空见惯中发现新闻》、《从报道争议看记者的思维偏差》、《“隐私倾诉”价值几何》等一批研究新闻业务的论文，出版了《新闻采访》、《电视新闻采写》等著作。

近年来，作者将新闻传播学与政治学结合起来进行研究，撰写了《信息量与社会承受力》、《政策新闻的报道空间》、《媒体在听证会中扮演的角色》、《大众媒介与权力文明建设》、《电视访谈的民主政治传播价值》、《大众媒介与公共政策的输入机制》、《打开决策“黑箱”：大众媒介参与公共政策转化的核心环节》等论文。

作者主持了湖北省社会科学基金项目《大众媒介参与公共政策过程的机制研究》等课题。

新闻学与传播学丛书

湖北省社会科学基金项目成果

何志武　著

大众媒介与公共政策

——对武汉市“禁麻”政策的个案研究

WUHAN UNIVERSITY PRESS
武汉大学出版社

图书在版编目(CIP)数据

大众媒介与公共政策:对武汉市“禁麻”政策的个案研究/何志武著. —武汉: 武汉大学出版社,2008. 8
新闻学与传播学丛书
ISBN 978-7-307-06481-2

Ⅰ. 大… Ⅱ. 何… Ⅲ. 大众传播—关系—公共政策—研究 Ⅳ. G206. 3

中国版本图书馆 CIP 数据核字(2008)第 124664 号

责任编辑:陶洪蕴　　责任校对:刘　欣　　版式设计:支　笛

出版发行: **武汉大学出版社**　(430072　武昌　珞珈山)
(电子邮件: wdp4@ whu. edu. cn　网址: www. wdp. com. cn)
印刷:武汉中科兴业印务有限公司
开本:880 × 1230　1/32　印张:8. 5　字数:211 千字　插页:2
版次:2008 年 8 月第 1 版　2008 年 8 月第 1 次印刷
ISBN 978-7-307-06481-2/D · 823　定价:25. 00 元

序

我国20世纪50到70年代，留下了不少于国于民祸害无穷的盲目决策、错误决策的历史记录，“大跃进”、“文化大革命”就是其中最典型的例证。这些关系全国人民利益的决策，并没有在全国人民参与的情况下进行，他们只是这些决策的极其惨重的后果的承受者罢了。改革开放以后，随着现代迷信的破除，决策作为科学工程来研究，来实施，有了一些重要的基本条件。科学决策的一个基本信念和做法，就是让人民大众尽可能多地参与到公共政策的制定过程中来。而要实现这个目标，大众媒介的参与最为关键。

大众媒介参与公共政策的制定，乍看上去是个老问题，实际上不是。我国媒体对于党和政府政策的出台，历来只起宣传作用。出台前提供舆论支持，出台后宣讲政策的内容和意义，颂扬执行政策的成果，对于政策制定过程中的情况常常是秘而不宣，因此无法实现其应有的民主性和科学性。改革开放以来，大众媒介一步一步地深入到公共政策的制定过程中来。各种媒体反映的人民对教育、住房、卫生等方面的意见，对我国相关领域的改革都产生了重要影响：卫生部提出五种卫生改革方案放到网上征求全国民众的意见；人事部表露推迟职工退休年龄的意向，但在听到大众媒介反映的各种不同意见以后，即表示暂不实行这一政策。

何志武教授的著作以武汉市取缔“麻木”（三轮车）的政策过程为研究个案，从新闻传播学的视角研究公共政策过程，以政治系统分析理论为框架，分别从政策输入、政策转化、政策输出三个阶段，探讨了大众媒介参与公共政策过程的机制。从中可以看出，公共政策过程的每一个环节，大众媒介都参与其中并且能够发挥其独有的功能。这些功能主要表现为发现并聚焦社会问题、搭建公众意见平台、推进政策议程；公开决策过程、打开决策“黑箱”、监督决策环节；传播政策内容、充当“意见领袖”、监测政策运行、反馈政策运行信息等。通过一项公共政策的制定，将大众媒介参与公共政策过程的全部机制、各个环节都展示出来，并加以理论的深化，这就是这本著作为我们所做的。

常常有人认为，大众媒介参与决策费时费事，也就是说，民主决策需要付出较多的成本；而少数人私下操作，决策效率高。且不说这样的决策可能导致错误决策，付出更大的甚至是惨重的社会成本；即使侥幸正确，也因违反民主和正义的原则而会引起很大的副作用。何志武教授的著作引入程序正义和实质正义理论来说明实现公众参与公共政策过程的权利的必要性，说明大众媒介参与公共政策过程的重要性。社会正义分为程序正义和实质正义，二者密不可分。程序正义是实质正义的前提和保证，实质正义是程序正义的最终目标。在民主社会，公共政策的本质是对公共利益进行权威性分配，其程序正义具有更为突出的价值。程序正义的理论给人的启示在于，“在对一种至少会使一部分人的权益受到有利或者不利影响的活动或决定作出评价时，不能仅仅关注其结果的正当性，而且要看这种结果形成过程或者结果据以形成的程序本身是否符合一些客观的正当性、合理性标准”①。现代社会程序正义的实现必须遵循这样一些原则：第一是多方参与原则。在制定法律和重要

① 参见肖建国等：《程序公正研究》，《新华文摘》1999 年第 10 期。

的公共政策时，要允许相关社会群体能够充分地表达自己的意见，维护自己的利益；第二是平等对待原则。它要求在整个程序中给予相关主体平等参与的机会，保护每个人基本的平等的权利；第三是信息公开原则。它要求所有信息都要公开，保障任何社会群体、社会成员对于事关切身利益的信息享有平等知晓的权利。

这些道理足以说明，政府对政策制定过程不能实行信息封锁，致使程序正义的追求遭遇决策“黑箱”。公共政策的制定过程是权力运行的一项重要内容。权力隐蔽运行的普遍性决定了决策“黑箱”存在的普遍性。常见的现象是，政府部门对即将就某一社会问题制定政策的决定并不一定向公众保密，但一旦进入政策制定的具体环节，便将政策制定的过程全部封闭，公众既无从知晓其间到底经历了哪些程序、每个程序是否规范，更难获得对政策及其程序发表意见、建议的机会。只有等政策结果公布之后，公众才有机会了解政策内容。

“程序可以吸纳不满”，如果程序规范，决策过程便成为不同意见的交流辩论的过程、权衡利害得失的过程，一旦决策完成，不需要另设宣传程序，就已经家喻户晓了。即使有些人的利益没有得到足够的支持，也能保证一项公共政策得到有效的实施。程序不规范，人民群众在决策过程中没能获得起码的信息，就只有靠决策后开动宣传机器，形成一股社会压力来推行这项政策。

何志武教授的这本著作，有很强的实用性。

它用一个不常用的方法研究了大众媒介参与公共政策过程的机制这个重要问题。不常用的方法，是指它严格使用了科学的定性研究的方法，以武汉市取缔“麻木”（三轮车）的政策过程为研究对象，得出大众媒介参与公共政策过程中一系列有关结论。武汉市取缔“麻木”虽不是一件大事情，但涉及大量市民和众多三轮车主的利益，以制定此政策为研究对象，堪称一个不大不小的、层次和规模适中的个案。我国一些学者所做的“定性研究”，具有较大的随意性，发挥的主要是一种议论和舆论的功能，基本上没有系统收集和分析原始资料。何志武教授在钻研定性研究方法的规范和要领的基础上，运用访谈、观察得到的资料和大量的以往报道等，从理论和实践相结合的层面上研究问题，摒去了泛泛而论、夸夸其谈的“随意性研究”。

由此可见，这种方法不仅仅是研究方法，也是一种实际的操作方法，每一个想借助大众媒介制定公共政策的政府机构乃至社会团体，都可以参考这种方法设计出相应的措施和步骤。所以这本著作不但有益于学人和理论工作者，对政府工作人员也有启迪作用。

孙旭培

2008 年夏于北京天通苑

前　　言

生活在一座城市，经历和感受着它每一次重大的历史变迁。无论我们从事何种工作，或者，具体到我们从事人文社会科学研究，无论我们从事哪一个学科的研究，都可以从自己最熟悉、最擅长的视角对这些变迁进行特殊的解读。这种解读，是一种记录，对逝去的景物或景物中的人的命运进行必要的记录；同时，也是一种审视，对一段历史进行必要的审视。这种记录和审视对于过去，对于现在和未来，都是有价值的。

对于武汉街头的“麻木”（三轮车），我一直怀有一种复杂的感情。1993年底，我暂别大学教师岗位从事记者的工作，便从自成一体的宁静的校园来到了喧闹的都市，每天穿行于大街小巷，感受着阻塞的交通和拥挤的街道，时常看到在人行道上左奔右突的“麻木”，自如地在或宽或窄的街巷里穿梭。“麻木”载客运行的距离一般不太远，大约一两站路的样子，因为距离近，加上比出租车价钱便宜，比公交车停车方便，很多人都愿意乘坐它。我第一次坐的是一辆人力“麻木”，坐在车上让人拉着跑，心里很有些不自在，有些异样的感觉。转念一想，大家都不坐，“麻木”车主得以维持生计的来源不就没有了吗？慢慢地，我也习惯了这种交通工具，有时候对它也产生了一些依赖。一般不长的距离、交通不便的地方，也就以它代步了。但是，这期间，我也常常目睹“麻木”与公交车、出租车和行人抢道，本已拥堵的道路因为“麻木”的加入显得更加拥堵，越是人群集中的地方比如车站、集市就越能吸引

“麻木”前来，乱哄哄的场面与县城甚至集镇几无分别。更令人难忘的是，“麻木”与汽车相撞、与行人相撞的事件层出不穷。我的一位同事的父亲和女儿从幼儿园回家的途中因乘坐的“麻木”被撞翻，一老一幼命丧车轮下，此事直接促使我对“麻木”的存在价值产生了怀疑。后来，武汉市政府颁布政令取缔“麻木”，我已离开记者岗位回归大学校园，我一直想为这种影响过武汉交通格局也影响过我们生活在这座城市每一个人的交通工具做一些回忆和思考。我个人对“麻木”既爱又恨的态度对于我思考和评价与其相关的问题是一件好事，因为它让我保持客观的立场。

当我决定关注武汉市的“麻木”问题时，我决定从大众传播的视角审视这一公共政策的过程。从硕士到博士，我所学专业从政治学转向新闻学，这就使我能从这两个学科的结合点上审视这一问题。在从事新闻工作的八年里，我接触了许多“麻木”车主，了解他们的生活，也了解一些政府对于公共政策过程进行管理的思维习惯和前后过程，这些都为我进行此项研究打下了一些基础，提供了一些便利。

在我国的公共政策过程中，大众媒介参与其中已成为公共政策过程不可分割的一部分。一方面，公众知情与参与权利的实现，离不开大众媒介参与公共政策过程。是大众媒介将政策信息公开，才使得公众获知公共政策的相关信息，无论是政策内容信息，还是政策过程信息，都是如此。媒介公开政策信息的数量和程度，决定了公众知晓的数量和程度。公众对政策的参与，无论是投票还是发表意见，也都是通过大众媒介实现的。另一方面，政府了解公众的政策意见、吸收民间智慧、宣达政策条款等，也必须借助大众媒介而实现。中国共产党第十六、十七次代表大会都明确提出要完善决策信息和智力支持系统，增强决策透明度和公众参与度，就是要求通过大众媒介实现公众的决策参与权。可以看出，无论是从公众民主权利实现的要求还是政府决策科学化及政策实施的现实要求，大众媒介参与公共政策过程都势所必然。

现实地看，我国公众参与公共政策过程的权利较之以往有了很明显地增强。他们可以部分地知晓政府决策部门即将制定的政策动议，因为有时候或有些地方，政府会把即将制定的政策动议通过大众媒介予以公布，意在看看公众对政策动议有何反应，是支持还是反对。虽然更多的时候我们看到的只是政府决策的结果，但毕竟开始出现了让公众知道政府即将制定政策的动议，这确实是一种良好的信号。当公众对这种政策动议的反应能影响到政策的进程，这种信号无疑使公众的民主权利被尊重从口号变成了现实。更令人关注的是，一些已由政府决定并开始实施的政策，也因为公众的强烈反对而被中止并发生改变。例如，2007 年厦门 PX 项目迁建被国内很多媒体评为当年国内十大新闻事件，原因就在于一项政府决策因为民意反对而发生重大调整，公共政策顺应了民意。PX 是“对二甲苯”的简称，它是聚酯产品链的龙头，是重要的基本有机化工原料，属我国紧缺产品。由国家批准建设的厦门海沧 PX 项目，台资投资 108 亿元，计划 2008 年投产，预计产值 800 亿元，工程于 2006 年开工建设。2007 年全国“两会”期间，由厦门大学中科院院士赵玉芬委员发起、六位中科院院士和百位政协委员联署的政协一号提案，使海沧 PX 项目进入公众视野。赵玉芬认为，PX 作为危险化工原料在距离厦门城区 7 公里的海沧生产，将会直接影响厦门的生态环境。类似项目国际惯例是安排在距城市 70 公里之外，国内一般超过 20 公里。5 月下旬，许多厦门市民通过手机短信、网上发帖等方式，表达他们对 PX 项目的强烈担忧。5 月 30 日，厦门市政府决定缓建海沧 PX 项目。12 月 8 日，在厦门市委主办的厦门网上，开通了“环评报告网络公众参与活动”的投票平台；9 日，投票突然被中止，10 日投票平台被撤销。在投票结束之时的结果显示，有

5.5万张票反对PX项目建设，支持的有3000票。12月13日，厦门市政府召开市民座谈会，就该项目环评报告征求意见。当日49名市民代表中，超过40位表示坚决反对上马PX项目，随后发言的8位政协委员和人大代表中，仅有一人支持复建项目。12月15日下午，经福建省委、省政府研究，决定厦门PX项目迁建漳州。这一完整的政策过程中，民意与政府决策之间的博弈，在厦门政府决定缓建PX项目时就被评论界视为“具有划时代的标本意义”。当PX项目迁建漳州的决定公布后，更多的评论称之为公共政策的里程碑。

即使如此，我们仍然看到，与政策科学化、民主化的要求相比，我国公众影响公共政策过程和结果都不很充分，因为公众对公共政策过程的参与度不很高。政府对即将制定的政策动议并不总是主动公开让公众知晓，自然就减少了公众参与政策讨论的可能。当公众通过各种途径获知政府的政策动议，希望通过大众媒介表达自己对即将制定的政策意见和建议，却遭遇政府对媒介报道内容的控制。在前面提及的厦门PX项目令厦门市民对生态环境充满担忧进而通过手机短信和网络发帖方式予以表达，当地的报纸、广播、电视等大众媒介并未对此有任何反应，自然也未能为公众意见搭建表达和交流的平台。这种一声令下让大众媒介集体“失声”的现象在我国的公共政策过程中比比皆是。

选择武汉市取缔“麻木”的政策过程作为本研究的核心案例，是因为它是时下我国大众媒介参与公共政策过程的典型代表。一方面，在武汉市取缔“麻木”的政策过程中，大众媒介确实发挥了相当重要的作用，无论唤醒政策问题、放大精英声音、推动政策议程，还是宣传政策内容、加快政策执行等，都体现出大众媒介不可或缺的独特功能；另一方面，大众媒介在其中的许多环节出现“集体性消失”，无论是未能提前告知政府的政策动议以至政策对象新增了违背政策的（购置

“麻木”）行为成本，还是未能披露政策的决策程序、未能对政策的执行效果进行独立评估等，都体现出大众媒介明显的功能缺失。这种状况也是目前我国大众媒介参与公共政策过程的普遍现实。

当我把研究的视角对准武汉市取缔“麻木”的政策过程时，它已不只是我想记录和怀念这一逝去景物的情感冲动，它已成为时下中国大众媒介参与公共政策过程的一种代表。这种参与状况既有值得肯定的地方，毕竟它与以往相比有了根本性的变化和进步，但不可否认的是，它还远不是民主制度下大众媒介参与公共政策过程的理想状态。即使如此，对于记录今天的民主决策进程而言，这一个案可以称之为一种标志。

然而，当我决定以武汉市取缔“麻木”的政策过程为个案研究大众媒介参与公共政策过程的机制问题时，我对未来是充满憧憬的。既然我们能经常感受到大众媒介参与公共政策过程的环节、程度、效果都有明显的进步，随着政治改革的推进，公民意识的增强，我们就有理由相信大众媒介的参与度会进一步增强。

目　　录

第一章
绪　论

一、研究动机

确定一项新的研究选题，首先必须弄清它有多少研究的价值。当我们确定从大众传播的视角关注公共政策问题时，发现这是一个亟待研究的新领域。

公共政策以往并不是大众传播学研究的范畴，大众传播学也不是公共政策学科关注的视角，似乎这两个学科并无可供交叉研究的领域。然而，当公共政策的科学化、民主化要求建立和完善决策信息和智力支持系统，公众对决策过程的公开化要求越来越强烈时，大众媒介参与政策过程已不只是一种要求和愿望，而成了活生生的实践。大众媒介参与公共政策过程的现实为我们提出了从大众传播学的视角研究公共政策过程的时代命题。

1. 选题的理论意义

公共政策是一个综合性、跨学科的研究领域，它不只从属于某一个学科，它本身也正是在吸收其他学科尤其是政治学、经济学、社会学、管理学、心理学、统计学、运筹学、系统分析等学科知识的基础上，形成和发展起来的。随着公共政策在个人和社会发展中的影响日益增强，政治学、管理学、经济学、社会学、伦理学等不同学科纷纷主动深入这一领域，从本学科的视角研究公共政策。

从政治学的角度理解公共政策，可以分别把政治或公共政策涉及的权利或利益分配看做是一个控制与反控制过程、讨价还价的交易过程或博弈过程。权力、权利这些政治学中的核心概念也成为它研究公共政策的核心概念。管理学视角中的公共政策，是把公共政策视为一种类似于企业管理的社会管理活动，是通过科学的政策决策和有效的组织实施政策，以最小成本与代价达到政策目标。经济学视角下的公共政策就是市场与政府的相互关系，是寻求如何在市场自由与政府干预之间达到平衡，在市场效率与社会公平之间获得均衡。社会学视角下的公共政策，主要集中在从社会的角度理解不同的公共政策效果，理解政策制定者、政策执行者和政策目标群体的心理、需求和行为。伦理学视角下的公共政策研究途径，一方面强调政策研究中的价值分析，另一方面强调政策研究本身的伦理规范和政策本身的正当与公平问题。这种从各个学科的视野研究公共政策，不仅拓展了公共政策的研究视野，而且也为各个学科开辟了新的研究领域。

公共政策作为政府为解决特定的公共问题而制定的具有普遍约束力的规定，无论从“应然”还是从“实然”的角度考察，其整个过程都与大众媒介有着密不可分的关系。从公共政策的生命周期来看，从社会问题的判断和政策问题的确认到政策议程的建立，从政策备选方案的提出、评估、选择到政策方案的执行，从政策效果的评估到政策的调整和改变，从政策的终结到下一轮新政策的开始，哪一个环节都离不开大众媒介的参与，尤其在公民参与公共事务管理的权利意识日增的背景下，更是如此。公共政策借助大众媒介实现与公众的紧密联系，公民通过大众媒介实现参与公共政策的权利，因此，大众媒介在公共政策的任何环节都有发挥作用的充足空间。可以说，大众媒介既催生公共政策，又监视公共政策的执行，力促公共政策科学、公正、合理地运行，最大程度地实现政策目标。然而，与媒介和公共政策紧密相联的现实不相称的是，新闻传播学者很少关注这一领域，或者说相关的研究成果很少。本研究以武汉市取缔“麻木”的政策过程为例，探讨大众媒介参与公共政策过程的机制，具有重要的理论意义：

第一，将公共政策引入新闻传播学的研究视野，拓展了新闻传播学的研究领域，丰富了新闻传播学的研究成果。学科交叉与融合是学术发展的趋势。新闻学在其发展的历程中，经过与政治学、社会学、心理学、法学、管理学等学科的交叉研究，衍生了一批新的分支学科，极大地拓展了新闻学的研究领域。将公共政策引入新闻学研究视野，必将进一步拓展新闻学的研究空间，衍生新的学科交叉领域。同时，将新闻传播学引入公共政策的研究领域，也拓展了公共政策学科的研究视野，丰富了公共政策的研究成果，因而对于公共政策学科的发展也具有重要的理论意义。

第二，大众媒介在公共政策过程中扮演何种角色、承担哪些功能、介入哪些环节、怎样实现其价值功能等，都是以往很少研究又迫切需要研究的问题，其中很多理论问题目前尚处于空白状态。从新闻传播学的视角对公共政策进行研究具有一定的开创性，因而研究的结论具有一定的创新性。本研究无论是关于大众媒介在公共政策过程中的角色功能的提出，还是对大众媒介参与公共政策过程的模式构建，都具有一定的创新价值。

2. 选题的实践意义

实践的需要催生理论研究领域的拓展。公共政策的实践迫切需要大众媒介参与其中并发挥其独特的功能。

胡锦涛总书记在党的十七大报告中明确提出，要“推进决策科学化、民主化，完善决策信息和智力支持系统，增强决策透明度和公众参与度，制定与群众利益密切相关的法律法规和公共政策原则上要公开听取意见”。无论是决策信息的公开，还是听取群众的意见和建议，都必须依赖大众媒介的无障碍参与。

随着民主政治的发展和公民参与公共政策意识的增强，公共政策过程的公开和透明便成为必然。这种公开和透明的实现，必须借助一种媒介，这就是报纸、广播、电视、网络等大众媒介的全程参与。大众媒介的全程参与使公共政策过程的所有环节一一展现在政策目标群体的视线之内，就为公众监督公共政策过程和参与讨论搭建了广阔的平台。这种监督和讨论，既有利于决策者及时吸纳公众的意见而使公共政策更趋公平和公正，也有利于决策者广泛吸收民间智慧而使公共政策更趋科学。实际上，在各级公共政策制定的实践中，大众媒介也越来越多地参与其中的诸多环节，并已初步显示出其独特的价值。比如，因为媒介的参与，一部沿用了二十余年、用于限制和剥夺社会弱势群体权益的《城市流浪乞讨人员收容遣送办法》得以在2003年被废止，取而代之的是，尊重和保护弱势群体权益的《城市生活无着的流浪乞讨人员救助管理办法（草案)》得以出台。也是媒介的参与，一项受到国内乃至国际广泛关注的圆明园湖底铺设防渗膜工程被迫停工并被要求恢复原貌。公共政策过程中大众媒介的功能发挥得越充分，越能保障公共政策过程更趋规范和科学，反过来越能激发公共政策过程对大众媒介全程参与的需求。

虽然大众媒介正积极参与公共政策过程，但在各个环节仍存在明显的缺位和不完善之处，以至于人们对我国大众媒介参与公共政策的作用感觉不明显，甚至觉得我国媒介除了宣传政策之外，基本不参与公共政策过程。尽管这种说法并不准确，但也在一定程度上反映了我国公共政策制定的许多环节上大众媒介存在严重的功能缺失的现状。许多与公众利益密切相关的公共政策，从一开始就对媒体封锁，实际上也就对公众实行了封锁，等政策结果出来后，借助大众媒介进行宣传时，人们才获知政府制定了某项政策。一旦政策内容与一些人的利益相冲突（政策本来就是公共利益的调整和分配，牺牲一部分人的既得利益是政策的本义），人们首先会对政策制定的程序合法性问题提出质疑，进而对政策的贯彻执行产生抵触情绪。而大众媒介的全程参与可以将公众的利益诉求公开表达，为提高政策的公正性和公平性提供事实信息和意见信息支持，也可以将公众的方案建议公开呈现，为提高政策的科学性提供智慧支持。况且，公众借助大众媒介表达意见的过程，也是沟通、妥协和取得共识的过程，因而也是为政策赢得支持的过程。许多政策贯彻中出现障碍，原因之一就在于大众媒介参与政策过程的力度和效度不够。

当然，也正是因为存在大众媒介参与公共政策过程的种种缺失和不完善，对研究大众媒介参与公共政策的机制提出了要求，也为我们开展这项研究提供了广阔的空间。对大众媒介如何参与公共政策过程的研究，对于指导大众媒介全程参与公共政策过程、保证公共政策的科学性、公正性，都有重要的实际意义。

理论研究是为实践服务的。本研究选题来自大众媒介参与公共政策的实践，通过对武汉市取缔"麻木"（三轮车）的政策过程中大众媒介参与情况的分析，对于同类体制下公共政策的制定和推行具有一定的借鉴意义。可以看到，武汉市取缔"麻木"的政策过程，是中国社会当下公共政策过程的一个缩影，具有突出的代表性。正因如此，武汉市取缔"麻木"的政策取得明显的成效后，许多城市到这个城市取经，这一政策过程也被当做公共政策的一个经典案例而纳入一些著作中。同时，本研究不拘泥于这一个案，通过对大众媒介参与公共政策过程的系统分析，探讨其中的一般性规律，因而对提高大众媒介参与公共政策的水平，具有普遍的指导意义。

二、政策分析与公共政策的内涵

政策科学是第二次世界大战后首先在美国兴起的一个跨学科、综合性的研究领域，它的出现被誉为当代西方社会科学发展过程中的一次“科学革命”、当代西方政治学的一次“最重大的突破”以及“当代公共行政学的最重要的发展”。①

在此之前的公共行政理论中，由于威尔逊、古德诺的提倡，公共组织与公共政策的制定、评估是不相干的。1887年伍德罗·威尔逊在《行政的研究》一文中将政治学与行政学分开，认为政治学应负责决定和制定政策，而公共行政学则应负责执行政策。另一位行政学家弗兰克·古德诺则专门著书论证政治与行政的分立。他主张将国家的权力运行分为“国家意志的表达”（expression of its will）和“国家意志的执行”（execution of that will）。政治所考虑的是国家意志在政策中的表达，行政所考虑的是国家意志的执行。

到了20世纪40年代，这种把公共行政的功能归结为仅仅执行政策的观点受到较多的质疑。如伦纳德·怀特在20世纪40年代提出了政策与行政互相影响的看法，认为行政不只是执行政策，它们对政策制定发挥着重要影响。亚伯雷比更明确地指出，“决策不仅仅属于政治”，在一定意义上说，“公共行政就是制定政策”。

第一次明确提出“政策科学”这一概念的，是美国著名的政治学家哈罗德·D. 拉斯韦尔。1951年，拉斯韦尔与D. 勒纳合著了《政策科学：范围和方法的最新发展》，首次对政

---

① 陈振明：《公共政策分析》，中国人民大学出版社2003年10月版，第1页。

策科学的基本范畴与方法等内容作出了规定，标志着政策科学的诞生。因此，学术界普遍认为，拉斯韦尔就是政策科学的创始人。这种对拉氏创始人地位的公认，也与美国学者 R. M. 克朗在《系统分析和政策科学》一书中对政策科学的发展过程的描述密切相关。① 当然，对于这个问题，也有不同看法。早在 1991 年 8 月举行的全国首届政策科学研讨会上，就有政策科学最早始于社会学领域、经济学领域等说法。孙西克在《关于政策科学的发展线索》一文中指出，“经济学者对政策问题的研究历史更为久远，成就更加卓著”，并认为英国资产阶级古典政治经济学的创始人威廉·配第（1923—1687）、英国资产阶级古典经济学的杰出代表及其理论体系的建立者亚当·斯密（1723—1790）、英国资产阶级古典经济学的最后的伟大的代表者和完成者大卫·李嘉图（1772—1823）等人的著作，都带有明显的经济政策研究的性质。② 不过，虽然社会学、经济学领域都早已研究政策问题，但明确举起政策科学的旗帜并将其推向政治学、行政学等更为广阔领域的，仍是拉斯韦尔等人。

在西方文献中，“政策科学”（policy sciences）、“政策分析”（policy analysis）、“公共政策”（public policy）在多数情况下被当做同义词交替使用。拉斯韦尔首先提出了政策科学的概念，按照拉斯韦尔的界定，政策科学是“以制定政策规划和政策备选方案为焦点，运用新的方法对未来的趋势进行分析的学问”。S. S. 那格尔把政策研究定义为“为解决各种具体

① R. M. 克朗：《系统分析和政策科学》，商务印书馆 1985 年版，第 27 页。

② 孙克西：《关于政策科学的发展线索问题》，《理论探讨》1992 年第 4 期。

社会问题而对不同的公共政策的性质、原因及效果的研究”①。而“政策分析”一词则是由美国经济学家林德布洛姆首先使用的，他在1958年发表了《政策分析》一文，用“政策分析”表示一种将定性与定量相结合的渐进比较分析的类型。②托马斯·戴伊认为，公共政策的研究与分析主要目的是用来为对政府的运作过程作出解释提供基础知识。在戴伊看来，“公共政策是关于政府所为和所不为的所有内容”；政策分析则是“研究政府行为的内容，为什么政府会采取这些行动，以及它们会产生怎样的影响”。③ 邓恩认为：“政策分析是一种应用性的社会科学学科，它使用各种研究和论证方法，产生并转变政策相关信息，以便政治组织解决政策问题。”

无论怎样定义政策科学，一般都将人类社会的政策系统及政策过程作为其研究对象，它既要研究政策的本质、原因和结果，注重内容分析，又要研究政策系统及政策过程（包括政策制定、执行、评估等环节），注重系统过程分析。④

对公共政策的界定，代表性的观点主要有：

美国学者伍德罗·威尔逊（Woodrow Wilson）认为，“公共政策是由政治家（具有立法权者）制定的并由行政人员（国家公务人员）执行的法律和法规”⑤。

美国政治学家哈罗德·D. 拉斯韦尔（Harold D. Lasswell）

---

① 参见S. S. 那格尔主编：《政策研究百科全书》，科学技术出版社1990年版，第7页。

② 转引自陈振明：《公共政策分析》，中国人民大学出版社2003年版，第12-13页。

③ 托马斯·戴伊：《理解公共政策》，华夏出版社2004年版，第4页。

④ 陈振明：《公共政策分析》，中国人民大学出版社2003年10月版，第14页。

⑤ 转引自伍启元：《公共政策》，商务印书馆1989年版，第4页。

在创立政策科学时曾提出，“公共政策是一种含有目标、价值和策略的大型计划”①。

美籍加拿大学者戴维·伊斯顿（David Easton）认为，“公共政策是对全社会的价值作权威性分配”②。

美国学者托马斯·戴伊（Thomas Dye）认为，公共政策“是关于政府所为和所不为的所有内容”③。

美国学者詹姆斯·E. 安德森（James E. Anderson）认为，“政策是一个有目的的活动过程，而这些活动是由一个或一批行为者，为处理某一问题或有关事务而采取的”④。

英国学者理查德·罗斯（Richard Rose）提出，应该把公共政策看做是由“或多或少有联系的一系列活动所组成的一个较长的过程”，以及这些活动对有关事物的作用和影响。⑤

我国内地学者张金马认为，公共政策是政党和政府用以规范、引导有关机构团体和个人的行为准则或指南。其表现形式有法律规章、行政命令、政府首脑的书面或口头生命和指示、行动计划与策略，等等。

我国台湾学者伍启元先生在《公共政策》一书中提出：“公共政策是政府所采取对公私行动的指引；公共政策是将来取向的；公共政策是目标取向的；公共政策是与价值有密切关联而受社会价值所影响的；公共政策是由政府或有决策权者所

① Lasswell, H. D. and Kaplan, *Power and Society*, N. Y.: McGraw-Hill Book Co., 1963, p. 70.

② Easton, D. *The Political System*, N, Y.: Knopf, 1953, p. 129.

③ 托马斯·戴伊：《理解公共政策》，华夏出版社 2004 年版，第 2 页。

④ 詹姆斯·E. 安德森：《公共决策》，华夏出版社 1990 年版，第 4 页。

⑤ 谢明：《公共政策导论》，中国人民大学出版社 2002 年版，第 4 页。

采取或选择的；公共政策是具有拘束性而受大多数人接受的行动指引。”

陈振明在总结上述定义的基础上，将公共政策定义为“国家机关、政党及其他政治团体在特写时期为实现或服务于一定社会政治、经济、文化目标所采取的政治行为或规定的行为准则，它是一系列谋略、法令、措施、办法、方法、条例等的总称”①。

以上有关公共政策的定义可以划分三个主要类别：一是以威尔逊、伊斯顿为代表的“管理职能”为中心，强调公共政策是政府为解决社会发展中的重大问题而实施的管理手段；二是以拉斯韦尔、安德森为代表的以“活动过程”为中心，强调公共政策是政府动用大量资源，通过相关规定、措施来实施决定的活动过程，包括决定、实施等环节的活动过程；三是我国内地学者以“行为准则”为中心，强调公共政策引导和约束个人和团体行为的准则。

我国内地学者刘复兴从“静态”和“动态”的角度把这些定义分为三类：一是认为政策是某种行为准则、计划、文件、法规、谋略、方案或措施等，即某种由人们来执行或遵守的“文本”，这类定义实际上是把政策理解为一个“静态”的“点”，即“文本”。二是认为政策是某种有目的地进行价值分配、处理问题或实现既定目标的复杂过程，这类定义中的大部分是把政策理解为一个“动态”的线性的过程，即一条由目标到结果的直线。三是认为政策既不仅仅是某个特殊的文本，又不是一个简单的线性过程，而是一个既有过程又有结果的众多因素相互作用的前后相继的复杂的“圆圈”（policy circle），它包括文本、文本的形成、文本的修正、实际的实施过程和结

① 陈振明：《公共政策分析》，中国人民大学出版社 2003 年 10 月版，第 43 页。

果等要素，是一个不断发展的有机的非线性的过程。①

对于公共政策的本质的阐述，以戴维·伊斯顿所作的概括——“公共政策是对全社会的价值作权威性分配”最有影响。公共政策就是通过价值分配的形式成为调整社会利益关系的工具，公共政策的功能或目的就是进行全社会范围内的价值分配。这种对政策的理解“暗含这样一个基本的政治学假设，即利益及利益关系是人类社会活动的基础，而政府的基本职能，就是对利益进行社会性的分配。公共政策就是政府进行社会性利益分配的主要形式”②。

三、西方公共政策研究的主要理论

1. 功能过程理论

功能过程理论（functional course theory）是由公共政策科学的创始人拉斯韦尔（H. D. Lasswell）提出来的。这种理论的要点是将公共政策看做一种政治行为或政治行动，通过政治与政策的关系对公共政策的政治行为进行阶段性或程序化的研究。拉斯韦尔认为，在整个公共政策的过程中，需要完成七项重要环节或功能：①情报：引起决策者注意的与政策事务有关的信息是怎样被收集并予以处理的？②建议：处理某一问题的那些建议（或可供选择的方案）是怎样形成和提出来的？③规定：普遍的规则是如何通过和由谁颁布的？④行使：由谁决定特定的行为是否违犯规则或法律，并要求对规则或法律加以

① 刘复兴：《教育政策的四重视角》，《清华大学教育研究》2002年第4期。

② 张国庆：《现代公共政策导论》，北京大学出版社1997年版，第7页。

遵守？⑤运用：法律和规则实际上是怎样被应用和实施的？⑥评价：政策是如何实施的？怎样评价政策的成功或失败？⑦终止：最初的规则与法律是怎样终止的，或经修改以改变了的形式继续存在着？① 功能过程理论按照公共政策的动态过程，确定了公共政策的参与者在这个过程中的基本功能。

2. 团体理论

团体理论（group theory）是美国政治学家戴维·杜鲁门首先提出来的。他的《政治过程》一书力图证明“政治集团是民主的基础”这一基本观点。他在该书的前言中写道：“在美国政治中，相当大部分的权力是由通常被称做‘压力集团’的那类组织来行使的。实际上，大多数人都会或明或暗地承认，这些集团是政治过程中至关重要的部件。”② 厄尔·莱瑟姆（Earl Latham）描述公共政策的定义是：“所谓公共政策，是指某一特定时间里，团体间的争斗所达到的平衡，它体现了那些一直试图获取优势的并相互竞争着的派系或团体之间出现的均势。”③ 在团体理论看来，团体间的相互作用和争斗是政治生活的主要行为。一个团体是个人的某种集合，它们基于共同的态度或利益，可能会向社会中的其他团体提出要求。“当它通过任何一种政府机构提出自己的要求时，它就变成了政治利益集团。”④ 个人只有当他是团体的成员或代表团体时，他

---

① 詹姆斯·E. 安德森：《公共决策》，华夏出版社 1990 年版，第 27 页。

② 戴维·杜鲁门：《政治过程》，天津人民出版社 2005 年版，第 13 页。

③ 厄尔·莱瑟姆：《政治的团体基础》，转引自詹姆斯·E. 安德森：《公共决策》，华夏出版社 1990 年版，第 22 页。

④ 戴维·杜鲁门：《政治过程》，天津人民出版社 2005 年版，第 41 页。

在政治上才是重要的。只有通过团体，个人才能试图获取他们政治优先权。在任何时候，公共政策都反映着占支配地位的团体的利益，随着各团体的力量和影响的消长，公共政策会变得有利于那些影响日益增长的团体的利益，而不利于那些影响下降的团体的利益。

3. 精英理论

精英理论（elite theory）把公共政策看做是统治精英的偏好和价值体现。在精英理论看来，不是人民或“群众”通过他们的要求或行动来决定公共政策的，相反，公共政策是由掌握统治权的精英人物决定并由行政官员和行政机关付诸实施的。托马斯·戴伊（Thomas Dye）和哈蒙·齐格勒（Harmon Zeigler）在《民主的讽刺》一书中对精英理论的观点进行概括：①社会分为有权的少数和无权的多数。负责社会收益分配的只是少数人；国家政策不是由民众决定的。②统治人的少数不代表被统治者的多数。精英大多出自社会经济的上等阶层。③为了保持稳定避免发生革命，非精英上升到精英地位的过程必须缓慢而又不间断。非精英只有接受精英的基本观点，才能进入统治集团。④精英们在社会制度的基本准则和保持现行社会制度不变等方面意见一致，只是在很少一些问题上有分歧。⑤国家政策并不反映民众的要求，而只反映盛行于精英中的价值观。⑥相对说来，行动积极的精英受态度冷漠的民众的直接影响很少。精英对民众的影响多于民众对精英的影响。[①] 总体说来，精英理论认为，公共政策不会反映民众的要求，而是反映精英的利益、价值和偏好，大众在很大程度上是被动、冷漠和缺乏信息的，因此大众情感在更多的时候被精英所操纵，在

---

① 托马斯·戴伊、哈蒙·齐格勒：《民主的嘲讽》，世界知识出版社 1991 年版，第 6-7 页。

大多数时候，精英和大众之间的沟通是自上而下的，大众最多也只是对精英的决策行为实施间接的影响。

4. 政治系统理论

政治系统理论（political system theory）是美国政治学家戴维·伊斯顿（David Easton）在政治学研究中运用系统分析方法提出的一种理论。这一理论认为，公共政策是政治系统的产出，是对周围环境所提出的要求的反应。政治系统按照动力学的术语进行分析，把政治过程阐释为持续不断且相互关联的一连串行为，形成系统的流（flow），并建构了动力反应模式。①根据戴维·伊斯顿的定义，政治系统是由一个社会中那些可以识别、同时又是相互关联的机构和活动组成的。政治系统作出对社会具有约束力的权威性的决定（或价值分配），就是公共政策。在伊斯顿看来，政治系统是一个开放的系统，它容易受到环境的影响。环境对政治系统的影响即是输入，主要指环境的干扰或压力、要求或支持。要求和支持输入政治系统后，经过转换过程成为政治系统的输出，从而对社会作出权威性的价值分配。随着政治系统的输出和政策的实施，政治系统又反馈于环境。政策输出可能会产生新的要求，而这种新的要求将进一步导致政治系统的政策输出。在政治系统循环往复、不断变化的运动过程中，公共政策源源不断地产生。政治系统理论对政策科学的影响很大。它把公共政策过程看做一种输入——转换——输出的系统过程，是现代管理和政策研究中的一种比较通行的方法。

① 戴维·伊斯顿：《政治生活的系统分析》，华夏出版社 1999 年版，第 35 页。

5. 政治制度理论

政治制度理论（political institution theory）将公共政策看做政府机构或体制的产出。这种理论认为，不论在什么样的国家，政府都是公共政策的主要决定者和实施者，一项公共政策若不被政府所采纳和执行，就不能成为政策。政府机构赋予公共政策三个鲜明特征：合法性、普遍性和强制性。这正是公共政策区别于其他社会团体或组织的规章制度或个人决策的根本所在。那些规定了政府行为模式的各种政府制度如政府机构的性质和组织形式，不同政府部门拥有的合法权力，政府机构的活动程序等，都影响着政府机构决策的方式，影响着政策的内容，影响着政府实施政策的活动。也就是说，不同的政府制度结构或体制产生非常不同的政策后果。

6. 公共选择理论

公共选择理论（public choice theory）是当代西方经济学的一个分支，同时也是现代政治学的一个重要研究领域。它是诺贝尔经济学奖获得者美国学者詹姆斯·M. 布坎南（J. M. Buchanan）创建的。它运用现代经济学的逻辑和方法，分析现实生活中政治个体的行为特点和政府的行为特点，并以人的自利作为出发点，分析个人在政治市场上对不同的决策规则和集体制度的反应（即公共选择问题），以期阐明并构造一种真正能把个人的自利行为导向公共利益的政治秩序。① 它的假设是所有的政治行动体，都和在市场中一样，在政治活动中追求个人收益的最大化。也就是说，它假定政治行动者个人都被自利的动机所引导而选择一项对其最有利的行动方案。公共

---

① D. C. 缪勒：《公共选择理论》，中国社会科学出版社 1999 年版，第 3 页。

选择理论认为，人类社会由两个市场组成：一个是经济市场，另一个是政治市场。在经济市场上活动的主体是消费者（需求者）和厂商（供给者），在政治市场上活动的主体是选民、利益集团（需求者）和政党官员、政治家（供给者）。经济市场上，人们通过货币选票来选择能给他带来效用的私人物品；但在政治市场上，人们通过民主选票来选择能给其带来最大利益的政治家、政策法案和法律制度，政府官员也是追求自身利益最大化的经济人，其决策过程也是根据利益进行选择的过程。

四、中国公共政策研究的焦点

从 20 世纪 80 年代起，中国公共政策科学开始从政治学和行政管理学中分化而形成一个独立的研究领域。经过二十余年的探索，中国公共政策科学得到了长足的发展。不仅出版了一批公共政策的著作，在许多高校开设了公共政策课程，而且研究者们越来越关注中国的公共政策实践，为推动公共政策的程序化、科学化发挥了重要的作用。

综观中国公共政策研究的问题，不难发现，其焦点集中于政策制定的程序问题。这其中既包括对公民参与公共政策过程的价值判断，又包括对公共政策程序规范与否的科学判断。

赵成根在《民主与公共决策研究》一书中，重点探讨了政策视角的民主及公民政治参与的动力机制。在他看来，“一个国家的民主的程度，最终的体现是看其政府的公共政策，即政府向社会所提供的公共产品和服务，是否均衡合理地体现了有关阶层和群体的利益。如果在塑造政策过程中公民的意见和观点没有任何影响，有关阶层的利益在政策结果中得不到体现，如果普通公民的利益在政策结果中得不到体现，如果普通公民的要求和愿望与政策结果没有任何关联，无论一个国家政治生活的其他方面看起来是多么民主，都只能是一种美丽的形式和装饰”①。公民为什么会有或者为什么在很多时候没有参与和影响政府决策的行为？这就涉及公民参与的动力机制问题。赵成根认为，“研究政治参与的动力机制，最核心的是要把握公民利益实现与政府决策的关系。只有当公民感到他的参与收益大于成本，或者获得积极的效果，或者免于惩罚，而不是使自己的利益受到损害，他才会有参与的可能性，无论自主性参与，还是动员性参与，都是如此”②。

近年来，我国学者对于公共政策过程中的公民参与的研究较多，大多集中于“公共利益是公共政策的起点”、“公民参与是现代公共政策的基石”、“公民参与是公共政策公正性和科学性的基础和保证”等价值判断。这类研究的成果较多，但大多是重复性的。

除了对公民参与公共政策的价值分析之外，也有许多研究者把关注的目光集中于公共政策的制定程序是否规范和科学。如从公共政策制定过程中不同政策主体之间的信息不对称影响政策的公平和公正，③ 公共政策制定中政策议题的触发、政策议程的建构、政策合法化等环节探寻我国政策制定程序存在的问题④等，也有一些研究者从非政府公共部门（NGO）的视角

① 赵成根：《民主与公共决策研究》，黑龙江人民出版社 2000 年版，第 45-46 页。

② 赵成根：《民主与公共决策研究》，黑龙江人民出版社 2000 年版，第 169 页。

③ 周向红：《公共政策过程中信息不对称成因的分析》，《理论探讨》2004 年第 2 期。

④ 顾友仁：《论我国公共政策制定中的程序正义》，《湖北社会科学》2005 年第 11 期。

研究社会团体参与公共政策的过程①。在探讨公民参与公共政策制定的途径方面，大多数研究者认为应从增强民意调查的功能、加强信息公开、完善决策听证程序等方面着手。

对于我国公共政策研究中存在的不足，王立京在《中国公共政策科学研究20年的回顾与思考》一文中指出，片面重视对政策制定过程及其内容的研究，特别是强调围绕所谓政策制定的科学化、民主化，研究有关政策制定的理论、模型、规范、原则和方法等，而对于改革过程中出现的失序、失范等许多来源于科学合理的重大政策在执行过程中被扭曲、变形甚至消解的问题，缺乏研究。② 丁煌也指出，我国的公共政策研究要强化"问题"意识，关注政策现实。"无论是从公共政策学科的理论创新来看，还是从现实公共政策问题的解决观之，中国的政策科学绝不能、也不可能游离于中国的现实政策生活之外，中国公共政策研究者必须强化'问题'意识，积极地面对中国公共政策实践中的真实问题，用政策科学的眼光，研究社会转型期经济社会发展中的政策问题……为党和政府的决策提供理论依据和对策建议。"③

公共政策学是一个跨学科、综合性的学科和研究领域。公共政策可以在不同的学科框架、通过不同的角度进行研究。公共政策可以通过政治学、管理学、经济学、社会学、伦理学等不同的学科途径和观察视角进行研究。然而，目前我国公共政策的学科综合化还很不够。学科综合化是指在公共政策科学的学科框架下，将各学科的知识和方法有机地结合起来。而中国

---

① 王名：《清华发展研究报告2003：中国非政府公共部门》，清华大学出版社2004年版。

② 王立京：《中国公共政策科学研究20年的回顾与思考》，《江汉论坛》2002年第10期。

③ 丁煌：《发展中的中国政策科学——我国公共政策学科发展的回眸与展望》，《管理世界》2003年第2期。

的公共政策科学目前多局限于政治学和公共行政学领域，从其他学科领域研究公共政策的成果还很少。①

五、大众媒介与公共政策的主要观点

从新闻传播学的视角研究公共政策问题的成果不是很多。从已有的相关成果来看，主要集中于两个方面：

1. 大众传媒在政策制定中的作用

对于大众传媒在政策制定中的作用的研究，主要散见于一些公共政策研究者的著作中，新闻传播学领域的研究者较少关注。一些从事公共政策研究的学者在论及影响政策议程设置的因素时会提到大众媒介的作用，但所占篇幅极少。托马斯·戴伊在《理解公共政策》一书中把大众媒体视为一个“精英集团”。“他们和更加传统的领袖集团诸如商业、劳动、政府和其他社会部门一起为权力竞争。”他把媒体对决策的影响概括为这样几点：①为决策者发现问题并设定议程；②围绕政策问题，影响别人的态度和价值观；③改变投票者和决策者的行为。他特别强调媒体“为决策者设定议程——决定哪些事件将被关注，而哪些事件会被忽略”。而媒体企图通过发表自己新的见解以改变人们已有的价值观念，对于这一点，却很少有证据能说明。② 他在另一本书《自上而下的政策制定》中，明确指出媒体对政策制定的直接和间接影响：当“政治家们必须回答记者的问题，必须对新闻报道作出反应，必须对编辑

---

① 王立京：《中国公共政策科学研究 20 年的回顾与思考》，《江汉论坛》2002 年第 10 期。

② 托马斯·戴伊：《理解公共政策》，华夏出版社 2004 年版，第 34-36 页。

意见作出回应时，媒体就在直接施加影响于政府的决策。通过呼唤民众关注各种各样的社会‘问题’和‘危机’，媒体就在间接地影响着政策制定者”①。

安德森认为社会进入政策议程有四种途径：政治领导人对某一特定问题的关注、出现危机和引人注目的事件、抗议活动、大众传播媒介对特别问题的关注。②

罗杰斯和迪林通过对议程设置理论的研究进程进行梳理后发现，研究政策议程设置的学者主要是政治科学的学者以及一些社会学家，这些学者所研究的中心问题是“一项公众议程是如何列上政策议程的”，而不是“大众传媒如何把一项议程列上公众议程上的”。③ 他们提出了一个颇具影响的议程设置模式：传媒议程→公众议程→政策议程。图示见图1-1所示④：

按照他们的总结：①公众议程一旦被传媒议程所设置或所反映，就影响了精英中决策制定者的政策议程；②传媒议程似乎对精英决策制定者的政治议程，有时对政策实施具有直接的，有时是很强的影响；③对一些问题，政策议程似乎对传媒议程具有直接的，有时是很强的影响。⑤

我国学者胡宁生对大众传媒影响政策制定的观点进行了梳

---

① 托马斯·戴伊：《自上而下的政策制定》，中国人民大学出版社2002年版，第147页。

② 詹姆斯·E. 安德森：《公共政策》，华夏出版社1990年版，第72-75页。

③ 常昌富、李依倩编选：《大众传播学：影响研究范式》，中国社会科学出版社2000年版，第71页。

④ 常昌富、李依倩编选：《大众传播学：影响研究范式》，中国社会科学出版社2000年版，第67页。

⑤ 常昌富、李依倩编选：《大众传播学：影响研究范式》，中国社会科学出版社2000年版，第97页。

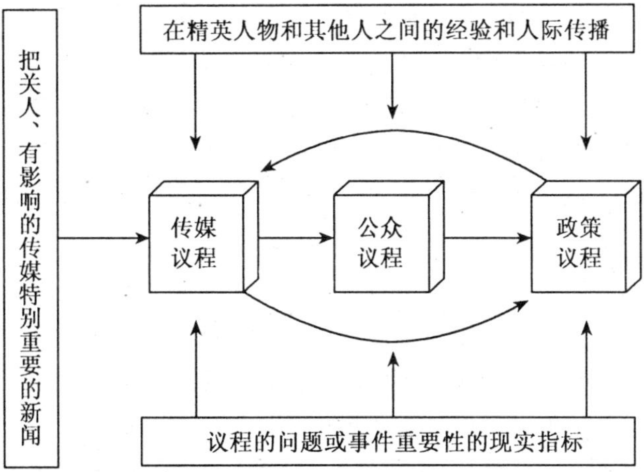

图 1-1 议程设置过程的三个主要成分：传媒议程、公众议程和政策议程

理和总结，她把国内外学术界关于大众传媒影响政策制定的研究归纳为三种观点。一种观点是将大众传媒看做镜子。比如有的学者认为传媒犹如一面中立的镜子，能及时地反映社会上所发生的公共问题。但这个观点没有注意到传媒在发现和选择政策问题方面的能动作用。第二种观点是将大众传媒看做守门人。这种观点认为传媒不是机械地反射政策问题，而是对政策信息和政策问题进行选择、整理、淘汰、处理，经过层层加工和筛选之后，再提供给公众的。这一系列信息加工过程，被称为“守门过程”，进行过滤加工的媒体成员则为“守门人”。这个理论恰好弥补了“镜子”比喻的不足。第三种观点是将大众传媒看做是对现实理论的建构。既然大众媒介具有“守门人”的作用，则他们所“建构”的问题与实际所发生的问题，不论在质的方面还是量的方面，都有一定的差异，甚至大不相同。与其说他们是在“反映”现实不如说是在“建构”

现实。这种由大众媒介“建构”的现实是“第二现实”，这种“第二现实”形成的“准环境”影响着受众对问题的内容及其性质的认知和态度，进而影响着政策议程的建立。“建构现实”理论与“守门人”理论有异曲同工之处，但更渲染了大众传媒的作用。① 关于大众传媒在政策制定中的独特功能，胡宁生归纳为四种功能：首先，可以继续提高政策问题的认知度。在决策过程中，社会问题层出不穷，但为什么某些潜在问题突然显性化，直逼决策层，而另一些问题却始终寂寞无声，最后不了了之。对比两种迥然相异的情形，可以发现大众传媒造成了人们对问题认知程度的差别。其次，可以扩大政策诉求群体。由于大众传媒具有信息传递的直接性和迅速性，它能快速地把少数人发现和提出的社会问题以及对政策的期望在社会上广泛传播，争取更多的人对政策制定的支持和理解。再次，可以形成强烈的政策舆论。大众媒介能够对整个政策制定过程进行持续而反复的报道，使政策制定具有“焦点效应”，由此而形成舆论压力，促使政府决策系统接受来自公众的愿望和要求。最后，可以扩大公众对决策的参与。大众传媒作为一种连接公众与党政决策系统的桥梁，可以帮助很多无法直接与决策系统接触的公众公开表达自己的诉求，使基层百姓关注的政策问题能够直接上达。②

2. 我国公共政策的传播机制——集中于解读政策

与公共管理学者在研究公共政策时较少论及大众媒介的作用相比，从大众传播学的视角研究公共政策的著作和文章就更

---

① 胡宁生：《现代公共政策研究》，中国社会科学出版社 2000 年版，第 157-158 页。

② 胡宁生：《现代公共政策研究》，中国社会科学出版社 2000 年版，第 158-159 页。

少了。聂静虹在《论我国公共政策传播机制的演变》一文中，较为深刻地分析了我国公共政策传播机制的特点及其成因。她指出我国计划经济体制下政策传播机制的主要特点：政策信息的流向是自上而下的；党和政府是政策传播的主体；政策信息的传递渠道以体制内传播为主。在我国传统社会中，政策通过组织系统可以在不利用或较少利用大众传媒的情况下，迅速达至政府基层，甚至每一个企事业单位、社会团体和个人，即相关的政策对象，真正做到了“统一行动、令行禁止”。改革开放后，随着经济体制和政治体制改革的深入，高度一元化的公共政策传播机制已难适应飞速发展的政治和社会生活的需要，新的公共政策传播机制应运而生。第一，公共政策的传播主体日益社会化。“虽然政府仍然是政策的主要制定者和政策的执行者，是政策传播的主体，但已不再是信息的垄断者和唯一传播者，第三部门和公民个人都可成为公共政策的传播主体。”第二，公共政策的传播渠道日益多元化。信息技术特别是互联网的发展，革命性地改变了人类社会获取信息的方式和效率，原来大一统的传播方式被打破，公众接触政策信息的选择性与可能性大大增加。第三，公共政策的传播制度日益规范化。随着公民获得真实可靠的信息的“知情权”被尊重，一系列有助于政策传播的制度相继制定出来。如政府信息公开制度、政府新闻发言人制度等，都使公共政策的传播得到了制度保证。第四，公众反馈渠道更加多样化。随着民主制度的健全和公民意识的觉醒，公众作为政策接受者已不只是被动的政策客体，而成了主动的政策接受主体。重视大众传播等非制度化的搜集与反馈信息的渠道，成为回应公众呼声的有效途径。比如，网络这种互动式的大众传播工具就可以为公众提供一条了解信息、倾诉心声的便捷途径。① 聂静虹的这篇论文对于大众媒体

① 聂静虹：《论我国公共政策传播机制的演变》，《学术研究》2004年第9期。

参与公共政策传播的演变过程进行了深入的剖析，对于其变化的深层原因进行了准确的把握，但她把公共政策的传播局限于政策制定后的宣传和告知，而把政策制定前、制定中媒介的参与排除在外。

我国媒体对政策的报道主要集中于对政策的解读，媒体把解读政策当做加强对受众的服务功能。《中国记者》2006年第1期开设了“政策报道解读创新”专栏，主要围绕政策“解读”环节进行探讨。吴锦才在《政策解读报道：来龙去脉皆新闻》一文中，把政策解读新闻总结为这样几个方面：通过细化政策内容，扩展政策容量；“还原”政策制定过程，如重要政策的“诞生记”、“起草经过”等；加强政策发布后的反应报道，使政策解读得到延伸和拓展。① 邓的荣在《在开放与反思的框架下解读政策》一文中，提出了一些政策解读的新思维：问题导向性解读比成就导向性解读更重要；证伪性解读比证实性解读更重要；平衡性解读比单向性解读更重要。②

六、研究方法

本研究采用定性研究的方法。

关于社会科学的研究方法，学术界素有定量研究（quantitative research）与定性研究（qualitative research）之争，双方各持其理，认为自己的方法更合理、更可信、更科学。英文中“qualitative research”在我国内地被译为“定性研究”，在我国台湾省、香港特区及新加坡被译为“质的研究”或“质化

---

① 吴锦才：《政策解读报道：来龙去脉皆新闻》，《中国记者》2006年第1期。

② 邓的荣：《在开放与反思的框架下解读政策》，《中国记者》2006年第1期。

研究”。它是与“定量研究”或“量的研究”、“量化研究”相对的一种研究方法。关于定性研究，美国学者德尔伯特·C. 米勒、内尔·J. 萨尔金德在《研究设计与社会测量导引》一书中指出：“人们通常会认为定性研究就是灵活而开放地理解被研究对象所持的观点和意义……使用定性方法，就意味着会被斥为在呈述他们的研究时缺乏系统的程序。”① 学者如此评价定性研究方法，与其说是对定性研究方法有偏见，倒不如说研究者们采用这种方法进行研究时本身存在着偏差。

北京大学的陈向明教授1996年在对国内外定性研究的研究成果进行梳理后指出，定性研究是在研究者和被研究者的互动关系中，通过深入、细致、长期的体验调查和分析，对事物获得一个比较全面深刻的认识。“定性研究方法指的是在自然环境下，使用实地体验、开放型访谈、参与型和非参与型观察、文献分析、个案调查等方法对社会现象进行深入细致和长期的研究；其分析方式以归纳法为主，研究者在当时当地收集第一手资料，从当事人的视角理解他们行为的意义和他们对事物的看法，然后在此基础上建立假设和理论，通过证伪法和相关检验等方法对研究结果进行检验，研究者本人是主要的研究工具，其个人背景及其与被研究者之间的关系对研究过程和结果的影响必须加以考虑；研究过程是研究结果中一个不可或缺的部分，必须详细加以记载和报道。”② 从这一界定可以看出，定性研究方法虽不像定量研究那样要检测大量的因果变量，但也不是随意而为的方法，必须遵循严格的研究程序，以保证其研究结论的说服力。定性研究的过程一般包括：确定研究现

① 德尔伯特·C. 米勒、内尔·J. 萨尔金德：《研究设计与社会测量导引》，重庆大学出版社2004年版，第133页。

② 陈向明：《社会科学研究中的定性研究方法》，《中国社会科学》1996年第6期。

象、陈述研究目的、提出研究问题、了解研究背景、构建概念框架、抽样、收集材料、分析材料、作出结论、建立理论、检验效度、讨论推广度和道德问题、撰写研究报告等。可以看出，这些步骤在形式上与定量研究有很多相似之处。

引人注意的是，较早在国内介绍并倡导定性研究方法的陈向明教授在2000年出版的《质的研究方法与社会科学研究》一书中，把定性研究方法改成了质的研究方法。这在很大程度上是基于与中国目前的大多数所谓的“定性研究”相区别。她说：“在研究方法上，我认为，中国学者目前从事的大部分‘定性研究’基本上没有系统收集和分析原始资料的要求，具有较大的随意性、习惯性和自发性，发挥的主要是一种议论和舆论的功能。它更多的是一种研究者个人观点和感受的阐发，通常结合社会当下的时弊和需要对有关问题进行论说或提供建议。而‘质的研究’却十分强调研究者在自然情境中与被研究者互动，在原始资料的基础上建构研究的结果或理论，其探究方式不包括纯粹的哲学思辨、个人见解和逻辑推理，也不包括一般意义上的工作总结。”① 陈教授所指的有感而发式的“定性研究”在新闻学论文中尤为普遍。其实，使用定性研究还是质的研究概念并不重要，重要的是研究方法要规范和科学。

定性研究中收集材料的方法一般有三种：访谈、观察和实物分析。其中，实物分析包括对所有可以收集到的有关文字、图片、音像和实物等材料的分析。这些材料可以是历史文献，也可以是现时记录。②

---

① 陈向明：《质的研究方法与社会科学研究》，教育科学出版社2000年版，第23页。

② 陈向明：《社会科学研究中的定性研究方法》，《中国社会科学》1996年第6期。

本研究收集材料的主要方法为深度访谈、文献研究及个案研究。

这里重点对我所选取的个案研究对象进行一些说明。

英国著名社会学家米切尔·黑尧认为："政策过程研究可能是案例研究，所使用的主要是定性方法。"① 对公共政策进行定性分析常常与政策案例紧密相联。"对公共政策案例的定性分析就是分析者运用经验、知识、直觉和智慧等，对公共政策案例综合运用理论思维逻辑推理，从而对政策对象进行质的分析、判断，进而进行评价的一种方法。"② 个案研究最初是心理学中的一种研究方法（也有说源于医学和法学），后来扩展到社会科学的其他领域。个案研究是这样一种研究方法，它以一个典型的事例或人物为具体研究对象，对其人其事进行全面系统的调查研究，以了解其特性及发生发展的规律，有时还要在此基础上设计与实施一些积极的教育措施，促进其发展，从而为解决更一般的问题提供经验。一个完整的个案研究主要包括以下四个步骤：一是搜寻和确定有意义的个案；二是收集个案素材，真实、客观地描述其发生发展的来龙去脉；三是充分地分析个案中的各个变量要素，并从中归纳出一个或数个经验性的结论。其结论可能支持或发展现有理论，也可能会否定一个现有理论，产生一个新的理论；四是将这一理论应用于其他地区和事件中去，检验其是否具有普遍性。

我国新闻传播学的博士论文较少采用个案研究的方法，较多地采用理论演绎的方式，推导出研究结论。我国学者热衷于宏大叙事，追求普遍的价值，常常在宏观的层面探寻"绝对

---

① 米切尔·黑尧：《现代国家的政策过程》，中国青年出版社 2004 年版，第 22 页。

② 陈潭等著：《公共政策案例分析——基于理论和实证的视角》，湖南师范大学出版社 2003 年版，第 65 页。

真理”，一旦落实到具体的微观层面，却常常难以回答清楚“是什么”的问题。“应当说，这种以追逐普遍性的宏大叙事为特征的哲学社会科学范式有其存在的合理性，因为，理性的反思性本身就具有抽象性和普遍性的本质特点……但是，当宏观的哲学社会科学把人具体地生存于其中的生活世界完全视作无足轻重的、平庸的日常琐屑而加以蔑视时，当以价值和意义为特征的人的生活世界完全被以必然性和普遍性为特征的自然世界所消解时，这种遗忘生活世界的社会科学理论范式之弊端就充分显现出来。”① “生活的世界”是什么？就是活生生的具体。恩格斯曾断言，任何一种社会哲学，它的研究结论如果没有包括“使它得以成为结论的发展过程”就毫无价值。个案研究即是活生生的具体，体现了抽象理论的过程性。检索我国的新闻学博士论文，很难找到对新闻事件、媒介问题、现象进行个案研究的。究竟原因，主要是因为我国新闻学研究者夸大了个案研究的局限，即任何个案都有其特殊性且过于微观。对于这个问题，必须强调的是，任何普遍性都蕴于特殊性之中，任何社会现象包括媒介现象都是由一个个特殊个案所构成；历史的重大变化往往通过一个个具体的案例反映出来，个案折射出历史的宏观；任何个案研究都不是把个案当成孤立的个案，应将其置于历史的宏观的社会背景中去考察，找准其具体的历史方位。查阅国外新闻传播学的博士论文，我们发现，个案研究占了一定的比重。虽然我国的新闻传播学研究比国外晚了很久，在研究方法上也呈现出很多差异，但毕竟在研究方法上逐渐与国际接轨（至少部分接轨）是大势所趋。正是考虑到国内新闻学研究中个案研究方法尚未形成气候，因而本研究在个案分析的基础上，也对大众媒介参与公共政策过程的机

① 衣俊卿：《日常生活批判与社会科学范式转换》，http：//www. studa. net/shehui/060530/11074473. html

制进行了综合性的思考，以增强研究的理论性和深度。我相信，这种个案研究方法会越来越多地被新闻传播学研究者所接受。

我选择武汉市政府取缔“麻木”的政策过程为研究对象，是因为对于公共政策分析来说，它是一个不大不小的、层次和规模适中的个案。如果选择中央政策作为分析对象，决策过程的详细资料很难获取，可能陷入泛泛而谈；如果选择某个政府部门的政策作为分析对象，则可能因为决策过程的简化而无法承载研究的主题。相比之下，武汉市政府制定的取缔“麻木”的政策，是一个很合适的研究案例。武汉市是湖北省的省会城市，拥有800多万人口，特大的城市规模和庞大的政策目标对象，决定了政府制定一项政策时必然会小心谨慎、程序复杂而规范，其决策过程也往往比较长，这些都为研究提供了很好的样本。加上研究者身处其中，可以亲身体验政策前后的变化，查阅政策制定档案、寻找访谈对象较为方便，也为本研究提供了便利。

七、理论基础

本研究主要以政治系统分析理论为理论基础。

政治系统分析方法（political system analysis approach）是当代政治科学中影响最大的分析方法之一，它是一般系统理论在政治研究中的应用。系统思想源远流长，但作为一门科学的系统论，一般公认是美籍奥地利人、理论生物学家L. V. 贝塔朗菲（L. V. Bertalanffy）创立的。一般系统论认为，一切生命有机体都是相互作用的各种要素的复合体，是一个有机的整体；任何有机体都与环境发生积极关系，因此任何生命系统实际上都是开放的和运动的，封闭和静止的系统实际上是不存在的；生物系统是一种层级结构，一个生命有机体是由次一级的子系统逐级组合而成的。这就是系统的整体性、动态性和层次性特征。

将一般系统论原理引入政治学研究的第一位政治科学家是美国的戴维·伊斯顿。他在1953年发表了《政治系统：对政治学现状的探讨》，这是一部在政治学说史上带有革命性意义的著作。他对传统的政治理论进行了广泛而严厉的批评，认为传统政治学只是材料的堆积，缺乏一般性的理论。因此，他认为政治科学的当务之急是建立一种一般性的统一理论，它能够解释国际政治、国家政治和地方政治等各个层次的政治现象，它能够分析所有层次和各种不同性质的政治系统的共同问题——政治系统的生存。伊斯顿找到了这样一种“统一的理论”，这就是政治系统分析。继《政治系统》之后，他相继发表了《政治分析的框架》和《政治生活的系统分析》，进一步完善了他的政治系统分析理论。伊斯顿的这三部曲被认为是政治系统分析的经典著作。

在伊斯顿率先把系统理论引入政治研究后，政治学界立即掀起了一股系统分析热，加布里埃尔·A. 阿尔蒙德（Gabriel A. Almond）、莫顿·A. 卡普兰（Morton A. Kaplan）、戴维·阿普特（David Apter）、威廉·C. 米歇尔（William C. Mitchell）、S. H. 比尔（S. H. Bear）、A. B. 乌拉姆（A. B. Ulam）等学者纷纷加入其中，使之成了当代政治分析中影响最大的新方法。

政治学家们对于政治系统的理解是各不相同的。伊斯顿认为，政治系统就是社会系统中与社会性价值的权威性分配有关的一系列互动行为；比尔和乌拉姆把政治系统当做是“对社会履行某种功能的一种结构”，“它包括一种决策的组列”；阿尔蒙德则认为，“我们所指的政治系统就是存在于所有独立社会中的互动行为系统，它通过从事于或威胁从事于该社会中多少带有某种合法性的系统正常维持或转变活动，从而履行整合和适应的功能"①。综合这些定义，俞可平教授把政治系统定义为由一系列与决策有关的互动行为和互动角色组成的有机整体。②

在伊斯顿看来，任何政治系统都受环境的包围，这个环境就是政治系统之外对政治系统发生影响的社会系统和自然系统。因此，任何政治系统又都是开放的，即它不断地与内部环境和外部环境发生交动（transaction），表现为政治系统的输入与输出。政治系统的输入就是环境对政治系统的影响，输出就是政治系统对环境的影响。政治系统也是一个动态系统，主要是指政治系统有反馈能力，通过反馈，政治系统不断地进行输入、输出、再输入、再输出，它与内外环境就处于一种持续的交动过程之中。伊斯顿认为，政治系统有两个输入项：需求（demands）和支持（supports）。作为输入项的需求和支持是政治系统压力的源泉，政治系统要正常运行就必须消除压力，这就是输出的功能。政治系统的输出表现为决策的制定和实行。伊斯顿在《政治生活的系统分析》一书中，提出了政治系统的简化系统图（见图1-2）。③

米歇尔在伊斯顿的"黑箱模式"的基础上提出了不同的输入—输出分析。他认为，政治系统的输入除了需求和支持外，期望和资源也是必需的，而输出则包括三个变项：目标、价值（正输出）和代价（负输出）、控制。米歇尔建立的政治系统输入—输出模式见图1-3。

阿普特的输入—输出分析较为特别。他认为，政治系统

① 转引自俞可平：《权利政治与公益政治》，社会科学文献出版社2005年版，第16-17页。

② 俞可平：《权利政治与公益政治》，社会科学文献出版社2005年版，第17页。

③ 戴维·伊斯顿：《政治生活的系统分析》，华夏出版社1999年版，第37页。

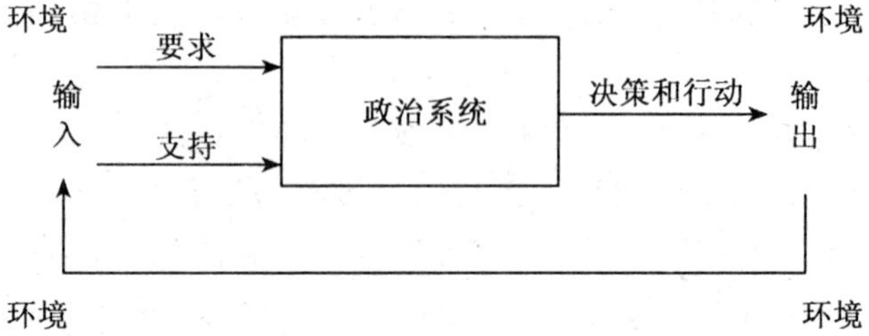

图 1-2　政治系统的简化系统图

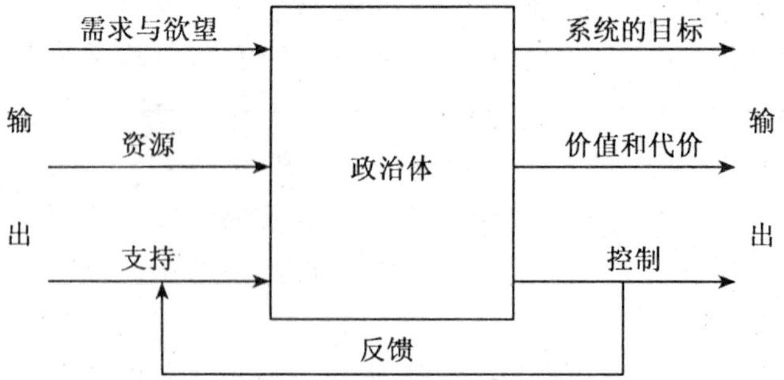

图 1-3　米歇尔的政治系统输入—输出模式

的输入和输出在不同性质的政治系统中是完全不同的：在民主系统中，社会产生危机，政府处理危机和作出决策，这就是输入—输出的全过程，因而输入就是社会系统的变动，输出仍是决策。其模式见图 1-4。

而在专制系统中，输入—输出过程就表现为：政府创设制度，驱使社会化和互动，从而引起社会的变化。因此，政府就

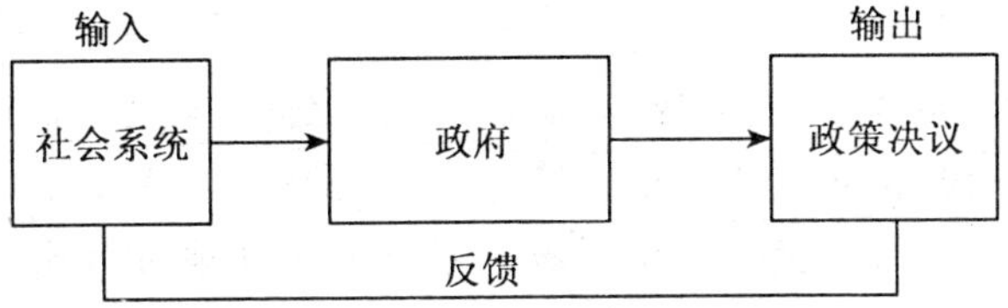

图 1-4 阿普特的政治系统输入—输出模式

是输入，社会的变化就是输出。其模式表现见图 1-5。①

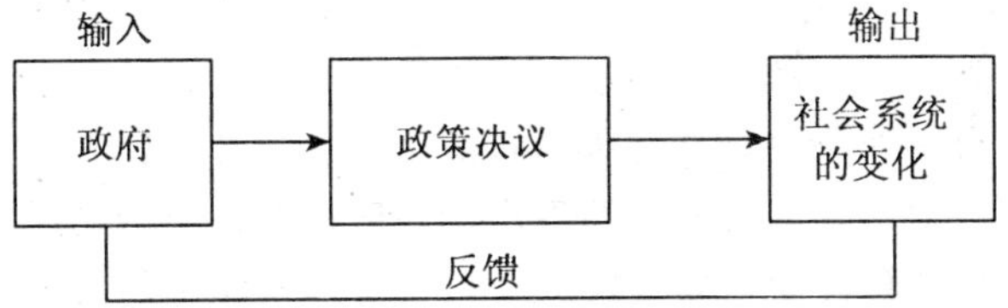

图 1-5

在政治系统模式中，政府内部的政策制定系统被看做是一种结构复杂的“黑箱”，需要从输入、输出的动态过程加以考察。在系统模式中，对输入的考察包括社会需求、可利用的资源、遇到的支持和反对；对输出的考察包括与公众和其他政策制定者有关的利益和服务；对“黑箱”的考察包括其结构、程序、政策制定者和心理—社会框架，整个政策制定过程在社会、经济变量等环境因素影响下以反馈形式周期性地运行。当然，“‘黑箱’这一用法意味着承认存在着许多难以观察到的行动。这就又回到了权力的定义问题。许多权力的运作过程是

① 转引自俞可平：《权利政治与公益政治》，社会科学文献出版社 2005 年版，第 13-15 页。

以隐蔽的方式进行的，权力运作的成功可能也正是依靠这一点”①。

政治系统的平衡有赖于输出与输入之间的调适，而这种调适是通过反馈实现的。政治系统是复杂的动态系统，它必然有反馈路径。正是通过反馈，政治系统才不断地进行输入→输出→再输入→再输出……从而使自己无限地延续下去。

政治系统分析方法已成为政治学中人所熟知的研究方法，它的许多原则和术语已为政治学家所普通接受。根据政治系统分析，政治系统的平衡取决于输入与输出的调适，而输入与输出的调适又依赖于信息反馈。这样，输入、输出和反馈就成了这种方法的三个核心概念。

作为一种政治研究方法，政治系统方法是一种整体性的宏观分析。它从政治系统中抽象出最一般性的变项，构成了一种普遍性的分析框架。而且这种分析方法的影响早已超出了政治学的范畴，许多学科都纷纷借鉴了这种方法。

本研究以政治系统分析理论为理论基础，把公共政策制定过程视为一个完整的系统，也存在着任何系统运行都必经的输入、转化和输出过程。政策的输入即为社会向政策决策系统提出要求、提供支持的过程，政策的转化即为政策决策系统基于社会的要求和支持制定政策的过程，政策的输出即为政策决策系统将政策结果公之于众并要求按其执行的过程。在这一系列的过程构成的系统中，大众媒介将全程参与其中并充分发挥功能。

---

① 米切尔·黑尧：《现代国家的政策过程》，中国青年出版社 2004 年版，第 22 页。

八、研究思路

本研究采用个案分析的定性研究方法，但研究视域并非局限于此个案，因而也对大众媒介参与公共政策过程从价值及机制上进行了学理性的思考和探索。

本书首先对大众媒介参与公共政策过程的必然性进行深入探讨。这一部分的研究目的在于说明大众媒介参与公共政策过程对于公共政策的科学性及其本质实现的价值何在。这是探究大众媒介参与公共政策过程的机制的前提。如果大众媒介参与公共政策过程对于公共政策科学公正地运行至关重要，才有进一步探讨其参与机制的必要和可能。

接下来，本书在介绍了武汉市取缔“麻木”的政策过程后，运用政治系统理论的框架，分别从大众媒介对政策输入、政策转化和政策输出三个环节的参与必要与现实，分析大众媒介参与此项政策过程的成功与不足，进而探讨大众媒介参与公共政策过程的机制。

第二章 大众媒介参与与公共政策本质的实现

公共政策是人们为解决公共事务而诞生的公共产品，是规范、引导公众和社群行为的准则。公共政策本质的实现需要公众积极参与，而公众参与公共政策的制定和执行也是公共政策的题中之义。公众参与公共政策的前提是公开公共政策的相关信息，公开的最佳渠道即是大众媒介。因此，公共政策本质的实现和公民参与公共政策权利的实现，都与大众媒介全程参与公共政策密不可分。

一、公共政策的本质是公共利益的权威性分配

美国学者戴维·伊斯顿给公共政策下的定义是："公共政策是对全社会的价值作权威的分配"，换言之，"一项政策的实质是在于通过那项政策不让一部分人享有某些东西而允许另一部分人占有它们"。① 这个定义与其他定义不同，深入到了公共政策的内核，揭示了公共政策的本质。戴维·伊斯顿的"价值"，不仅包括实物、资金，还包括权力、荣誉、地位、服务等，相当于广义的"利益"。②

---

① 戴维·伊斯顿：《政治体系——政治学状况研究》，商务印书馆1993年版，第23页。

② 宁国良：《公共利益的权威性分配》，湖南人民出版社2005年版，第5页注。

也有一些学者直接将利益分配概念纳入公共政策的定义。陈庆云认为："公共政策是政府依据特定时期的目标，在对社会公共利益进行选择、综合、分配和落实的过程中所制定的行为准则。"① 宁骚认为："公共政策是公共权力机关经由政治过程所选择和制定的为解决公共问题、达成公共目标、以实现公共利益的方案。"② 这些定义都触及了公共政策的本质。

1. 公共政策制定的过程是各方利益博弈的过程

利益是人类一切活动的基础，利益追求是人类行为的最大动因。"利益不仅仅作为一种个人的东西或众人的普遍的东西存在于观念之中，而且首先是作为彼此分工的个人之间的相互依存关系存在于现实之中"③，"人们奋斗所争取的一切，都同他们的利益有关"④。个人有个人的利益，群体有群体的利益，即使是担负公共管理之责的政府也会有自身的利益，人类（包括组织）的行为就是争取、放弃和协调利益的过程。公共政策的过程，实则是不同利益主体为了各自利益的最大化而在政策制定中相互博弈的过程。

（1）政策制定主体的利益

政策制定的主体主要是指政府。中央政策制定的主体是中央政府，地方政策制定的主体是地方政府。虽然作为国家公共权力行使者的政府是以维护公共利益为其目标诉求的，但政府

---

① 陈庆云：《公共政策分析》，中国经济出版社 1996 年版，第 9 页。

② 宁骚：《论公共政策的现代化》，载《现代化过程中的政治与行政》（下册），北京大学出版社 1987 年版，第 722 页。

③ 《马克思恩格斯全集》（第 3 卷），人民出版社 1971 年版，第 27 页。

④ 《马克思恩格斯全集》（第 3 卷），人民出版社 1971 年版，第 82 页。

并非只代表纯粹的公共利益。西方公共选择理论认为，同企业等微观市场主体一样，政府在很大程度上也是一个“经济人”，也是按照其自身效用最大化的方式行事的。按照这一理论，在政治市场上，无论选民与政府或政治家的活动有多么复杂和不同，其行为准则总是遵循着一个共同的效益最大化的规则。社会公众参与政治的目的是追求其自身效益的最大化，单个选民在政治市场投票，支持能给他带来最大预期利益的政治家。而政治家同样也是按照其效用最大化函数行事的。一个政治家或官员在决策时总是对那个最能满足他自己利益（如权力、金钱、名誉等）的议案投以青睐。公众的利益有可能是手段而未必总是目的，政治家追求个人目标时未必符合公共利益或公共目标。公共选择理论的这一观点引起了人们对政府自身利益的考量，越来越多的观点认为政府本身存在自利性。

政府的自利性主要是指政治政府作为一个利益主体也存在对自身利益的追求，而政府所追求的自身利益与公共利益是有严格区别的。这些会对政策制定产生影响的政府自身利益主要表现在两个方面：

第一，政府作为一个整体的自利性。政府虽然以公共权力管理者的身份出现，被期望成为公共利益的真正代表，但作为一个整体，政府也有自己的特殊利益，如特殊的政治地位、经济待遇等。为了争取和维护这种利益的最大化，出现地方政府部门利益化倾向已是不争的事实。例如，某些政府部门为了替自己牟利，不惜滥设行政许可，无限制地扩大政府部门对正常经济和社会活动的权力，乱设处罚名目、收费名目等。最具说服力的例子当属房地产市场的中央调控与房地产商和一些地方政府联手反控制的博弈过程。短短几年时间，中国城市的房屋价格迅猛蹿升，持续暴涨，老百姓要么根本买不起房子，要么为买房背上了要用一辈子的辛劳去偿付的沉重负担。尽管中央政府多次出台政策要调控房价，但都被房地产开发商与地方政府巧妙地一一化解。于是人们开始思考政府为什么没能控制住房价。当人们发现地方政府能从房产价格暴涨中获利时，已然明白地方政府原本是不愿意房价降下来的。因为高额的土地出让金和巨幅增长的 GDP 都有赖于房价的持续上涨。一旦房价下降了，由地方政府控制的土地出让金也无法得到持续上涨，GDP 的持续增长也失去了一根强大的支柱。所以，没有控制住房价，只能说明政府没有制定和实施强有力的政策。而地方政府的自利性阻碍其制定和实施这种政策。

政府的自利性不仅表现在追求部门的物质利益，也表现在对政绩、工作便利性的追求。比如，政府部门为便于自己的管理而出台某些并不十分合理的政策，也可视为政府整体的自利性。

第二，政府工作人员作为个体的自利性。虽然政府是一个相对独立的组织，但它是由若干个体成员组成的。政府成员对政绩、物质报酬等个人利益的追求，驱使他们出于某种偏好而促进某项政策的制定，尽管此项政策带有明显的不公平性，一旦出台就会受到广泛质疑，但因为它会给某些政府部门的成员带来可观的利益，仍可能因政府部门“力排众议”而成为最终决策。当然，值得注意的是，政府成员个体的自利性往往与公共利益紧密联系，并以维护和增进公共利益的面目出现，因而具有较大的隐蔽性。如政府主要成员过分追求政绩确也为公众带来了看得见的利益，政府部门主要成员出于利益考虑而制定的政策也会为一部分人带来利益。但无论表现如何，政府的自利性都可能导致其制定公共政策时不同程度地由公共利益偏向政府利益，削弱公共政策的公共性特征。

（2）政策接受主体的利益

大多数学者把公共政策的目标群体称为公共政策客体。①

① 许多学者把公共政策要处理的社会公共问题和公共政策要发生作用的社会成员统称为公共政策客体。

由于公共政策要发生作用的社会成员并非纯粹被动的受众，为了维护和实现他们自己的利益，他们不仅在政策制定过程中会发挥作用，即使在政策执行过程中也会能动地发挥作用，以影响政策的修改和完善，因而他们在政策系统中并非完全处于客体地位，把他们界定为政策接受主体更为合适。政策接受主体既包括个体，也包括群体。

无论公共政策发生作用的范围大小，其目标群体往往都是一个庞大的数目。其中有无数的个体成员，他们的利益都会因政策的出台而发生各种各样的变化，因而对影响他们的政策从制定到执行都寄予了无限的期待。这些个体成员单靠个人的力量往往无法实现个人的利益，又因各种共同的利益关系结成不同的群体，因而形成了不同的利益群体或利益集团。这些利益群体为了本群体的共同利益而在政策制定过程中讨价还价。

政策接受主体的利益在不同的制度下在公共政策制定过程中的地位是不一样的。在集权制度下，政策的目标对象只是政策客体，他们的利益能否成为政策制定者制定政策时考虑的因素，都由政策制定主体决定，他们是无权左右的、完全被动的。在政策制定主体眼中，他们有时就是没有自己利益诉求的纯粹的政策执行者，既没有供他们表达意见和要求的媒介渠道，也没有决策者的主动调查和倾听他们的利益诉求。而任何公共政策的制定都是公众利益的调整和分配，公众的利益诉求不能得到有效表达，就只能任由决策者主宰和支配了。无论最终的政策是否顾及了多数人的利益，从程序上看，政策目标对象都处于被动的受支配地位，其利益诉求处于被忽视的地位。在民主制度下，公众的利益诉求有了充分表达的渠道，各类媒介纷纷为公众表达意见和建议提供了广阔的平台。当媒介为公众提供意见平台以及这些意见可能影响政府决策时，公众的利益要求受到尊重、得到肯定。随着公众公民意识的觉醒，人们参与表达的要求越来越强烈，而表达的愿望主要是通过公开自己的意见和建议，在一定程度上影响政府的最终决策。不光是媒介主动为公众提供意见平台，而且作为决策者的政府也积极主动地收集公众意见，随时了解他们的意见和建议，从而使公众从纯粹的政策客体变成能动的接受和执行公共政策的接受主体。

（3）公共政策的制定与各方利益的博弈

既然公共政策的制定必然影响多方利益，因而各方都会想方设法通过自己的影响在政策制定中谋求己方利益的最大化，同时减小政策实施对己方利益的损害。然而，任何一项公共政策实质上都是在限制一部分人的利益的同时而让另一部分人获得利益，因而在公共政策制定的过程中各方利益的博弈就不可避免了。在这场博弈中，政府不可避免地存在自利动机和实现自利的条件，自然也成为利益博弈的一方。但作为公共政策的制定者，政府能否控制这种自利行为，能否有效地平衡各方利益，就成为公共政策制定中公众关注的焦点。这对政府来说无疑也是一场考验。

公众分散的个体在政策诉求表达方面势单力薄的境遇很难改变，在与政府制定政策的过程中，个体的声音显得尤为微弱。但是，当个体因为共同的利益诉求而结成利益群体，其表达政策诉求的声音便得到了增强，在政策过程的利益博弈中也增强了影响力。戴维·杜鲁门指出："利益集团是在社会中提出特定要求，具有共同态度的集团。当它通过任何一种政府的机构提出自己的要求时，它就变成了政治利益集团。"① 我们一般将利益群体和利益集团当做同样的概念使用。有着共同利益的群体中会有一些既热心于群体公共利益又善于表达的人，他们善于利用大众媒介表达群体的政策诉求。这种表达不是寄希望于某一篇文章、某一次表达，而是频繁地利用大众媒介就

① 戴维·杜鲁门：《政治过程》，天津人民出版社 2005 年版，第 41 页。

某一主题发表意见，表达其所代表群体的政策诉求，希望形成一个时期的媒介议程，进而影响舆论，吸引政府对群体政策诉求的关注，最终影响政府决策。毕竟，政策诉求的表达是影响政策利益分配的前奏。此外，利益群体往往伴随着一定的组织机构（如协会）而存在，组织机构的负责人通过与政府决策者直接对话的机会，反映所代表群体的政策诉求，他们甚至还可以通过能够参与决策过程若干环节的机会，直接表达群体意见和要求，从而为群体尽可能多地争取一些利益。

任何公共政策所涉及的目标对象都不可能只属于一个群体，有着不同利益的群体都希望政策能为自己多带来一些利益。而任何政策都意味着既有利益的调整和分配，意味着得到或失去，于是便不可避免地会出现不同利益群体竞相表达政策诉求、争取与妥协的过程，即利益博弈。参与这场利益博弈的不只是各利益群体，还有作为决策主体的政府部门。

2. 公共政策的本质在于对公共利益进行权威性分配

戴维·伊斯顿所定义的“公共政策是对全社会的价值作权威性分配”，被公认为是对公共政策的本质所作的最贴切的表述。这里的“价值”相当于广义的利益，既包括物质利益，也包括权力、荣誉、地位等精神利益。而“全社会的价值”就可理解为公共利益，任何公共政策都是对公共利益进行分配。这种分配既有对既有资源的重新调整，也有对新资源的分配，既然是分配，就意味着不同的群体从政策中得到一些利益或失去一些既得利益，有人从政策中得到的利益多一些，有人从政策中得到的利益少一些。要使这种分配能够得到贯彻和执行，其前提是分配主体及过程的权威性。

（1）公共政策以服务和增进公共利益为出发点

任何公共政策所要解决的问题都是社会公共问题，也是以能够解决社会公共问题为价值前提的。社会公共问题是“私人”难以在自己比较局限的范围内有效解决，不得不由作为公共权威的政府或其他公共服务组织解决的问题。① 对社会公共问题的解决必须遵循公平的原则方能实现，因此，公共政策的价值取向在于其天生就应具有的公正和公平的特性，这一特性体现在它必须以公共利益为最终目标取向。《公共政策词典》指出，公共利益是指社会或国家占绝对地位的集体利益而不是某个狭隘或专门行业的利益。公共利益构成一个政体的大多数人的共同利益，它基于这样一种思想，即公共政策应该最终提高大家的福利而不只是几个人的福利。②

虽然政策制定的过程是各方利益博弈的过程，任何一方都会为争取自身利益而努力，但“政府的任务是服务和增进公共利益”。③ 公共政策，无论是鼓励性政策，还是限制性政策，都是以谋求和增进公共利益为出发点和归宿的，这也是公共政策的灵魂。政府对全社会的利益进行分配，其依据就是公共利益的原则，而不是有意向某个利益群体倾斜而忽视其他群体利益，惟其如此，才体现其分配的权威性。

美国著名的比较政治学家 G. A. 阿尔蒙德依据结构功能主义的研究途径，指出政策过程的逻辑顺序为：A. 利益表达。它把人们的愿望、意见、态度和信仰转变为对政府系统的要求。这是逻辑的起点。B. 利益综合。它把各种利益诉求转变为公共利益诉求。C. 政策制定。它把公共利益诉求转换为权威性的公共政策。D. 政策执行。这是一个系统的输出的过程，它把公共政策付诸实施。E. 反馈。它把公共政策被实施于环

① 卢坤建：《公共政策释义》，《中山大学学报》（社会科学版）2001 年第 4 期。

② E. R. 克鲁斯克、B. M. 杰克逊：《公共政策词典》，上海远东出版社 1992 年版，第 930 页。

③ 詹姆斯 · E. 安德森：《公共政策》，华夏出版社 1990 年版，第 222 页。

境的结果再输入到政府系统中。① 公共政策的制定过程是以公共政策问题为逻辑起点的。"公共政策问题，是指那些以政府为代表的公共权力主体或社会大多数成员感觉到现实中出现了某种与他们利益、期望、价值和规范有严重冲突的情况，进而希望采取某种公共行动予以解决的社会问题或公共问题。它的提出过程就是人民群众或社会利益群体反映和表述自己的利益、愿望和要求，促成政策制定者制定政策予以满足的过程。"② 由于社会利益分化的趋向越来越明显，高度一致的利益趋向越来越少，任何一项利益分配都可能导致互相对立的社会情绪，因此，政府在制定政策进行社会利益分配时，除了考虑社会整体利益和政府自身利益之外，必须顾及社会成员之间的利益相关性，即对各种利益关系进行综合平衡。这样的政策才可能是照顾到各方利益的具有权威性的利益分配，才可能因其权威性而有效地实现社会控制，塑造公共秩序。

（2）公共政策是公共权力机关的政治行为

公共政策作为对公共利益作权威性的分配，其权威性也体现在制定分配方案即公共政策主体的权威性上。权威的一种含义是指权力概念所含的威望、尊严、力量、影响，它是指（权威）主体命令或支配（权威）客体并得到服从的权力，即在主体和客体之间形成一种支配—服从关系。这是权力带来的权威，亦是最传统意义上的权威。区别于一般团体、组织的决策，公共政策是以政府为代表的公共权力主体通过一定的程序制定的旨在解决社会公共问题的政策。

由政府为代表的公共权力机关制定政策，为公共政策提供

① G. A. 阿尔蒙德、小 G. 宾厄姆·鲍威尔：《比较政治学：体系、过程和政策》，上海译文出版社 1987 年版，第 16-19 页。

② 宁国良：《公共利益的权威性分配》，湖南人民出版社 2005 年版，第 41-42 页。

了合法性基础，而合法性也是产生权威性的基础。不论在何种制度下，也不论以何种方式产生政府，政府机构一旦稳定下来，就具有了合法性。合法的公共政策主体所制定的政策、规章，都与政府机构一起具有不容置疑的合法性。这种合法性使公共政策具有了法律的权威性。同时，公共政策表现为政府“为”与“不为”的准则和规范，这种准则和规范不是某个人或某些人的灵机一动，而是经过了复杂而规范的程序而决定的，它是一系列争取与让步、讨价还价的结果，表现为公共权力机关的政治行为。

在现代民主社会，政策制定程序的合法性甚至比政策内容更受关注。人们对程序合法性的关注实际上也意味着对政策内容合法性的关注。当符合法定程序而制定的公共政策被人们视为合法并愿意接受和服从时，公共政策对公共利益分配的权威性便产生了。

（3）利益表达和媒介参与也是形成认同性权威的条件

公共政策的制定必须坚持公共利益取向才能实现公共价值的权威性分配，这一原则并不总是很容易得到落实的。在实际的公共政策制定过程当中，众多利益主体和利益取向的博弈使得自身亦具有自利性的政府很难做到公正、公平，这就需要从制度设计上为公共政策的制定提供一个良好的制度框架和公共政策决策机制，以维护公共政策的公共利益取向，进而建立公共政策的公众认同性权威。这个决策机制既包括各利益群体的利益表达机制，也包括大众媒介的全程参与机制。

完善的利益表达机制是实现公共政策兼顾各方利益的前提，有效的表达才能获得被关注的机会。这是赢得公共政策眷顾的第一步。建立完善的利益表达机制有利于政府了解各利益群体的利益需求，以便在制定公共政策时充分考虑到各方利益，进行利益综合平衡。即使制定的公共政策在照顾各方利益方面存在漏洞，完善的利益表达机制也会发挥其弥补作用。因为，政策在制定和运行过程中应该不断得到修正和完善。与此同时，健全的大众媒介参与机制，不仅是各利益群体了解决策信息、表达利益需求的有效渠道，而且也是提高公众民主参与决策程度、监督政策遵循公共利益原则的保障。大众媒介的充分参与，不仅能够实现各利益群体的利益需求的有效表达，以在政策中有所体现，也能够监督政策的不公平性得以纠正，还能够帮助人们实现对政策内容的认识、沟通和理解，这是形成公众对公共政策权威性认同的前提。

二、大众媒介参与公共政策与媒介功能实现

政府制定公共政策能否坚持公共利益取向实现公共利益的权威性分配，不是仅凭政府自觉便能得到保证的。大众媒介的全程参与是保证公共政策遵循公共利益原则的前提和关键。随着大众媒介作用的日渐增强，大众媒介全程参与公共政策过程已成为公共政策制定机制必不可少的一部分。公共政策因为大众媒介的参与而使程序变得更规范和科学，结果更公允而更具权威性。大众媒介也在参与公共政策的过程中更充分地实现其功能。

1. 大众媒介的社会功能

“功能”一词，在不同的场合有不同的含义。在新闻学中，它基本有三个不同的含义：第一，是指新闻媒介本身的，在它和社会互动中可以发挥的作用；第二，是指新闻媒介的主持人以及社会上方方面面从其自身利益出发希望（或期望、或要求）新闻媒介发挥的作用，或者说希望新闻媒介成为他们的某种工具；第三，是指新闻媒介在其传播过程中在社会上

实际产生的作用。① 这些含义归结为一点，实际上就是指大众媒介对于社会生活所能发挥的作用。

关于大众媒介具有哪些功能，学界有不同的概括。1948年，现代传播学的奠基人之一美国政治学家哈罗德·拉斯韦尔在其《传播的社会结构与功能》一书中提出了大众媒介的“三功能”说：监视环境、联系社会、传递遗产。1957年，美国社会学家查尔斯·赖特在《大众传播：功能的探讨》一书中，对拉斯韦尔提出的三个功能补充了一个功能：提供娱乐，即通过传播使人获得满足感和快乐感。美国传播学者威尔伯·施拉姆曾先后两次对传播功能进行总结、修正。1982年，他在《传播学概论》一书中，正式将传播功能界定为：雷达功能、控制功能、教育功能、娱乐功能。联合国教科文组织领导的国际交流问题研究委员会1980年完成的报告《多种声音，一个世界》中归纳了传媒应具有的八种功能：第一，获得消息情报；第二，社会化；第三，动力；第四，辩论和讨论；第五，教育；第六，发展文化；第七，娱乐；第八，一体化。②英国传播学家沃森和希尔1984年在其编撰的《传播学和媒介研究词典》一书中，试图从更广泛的意义上对传播功能进行归纳和分析，提出传播的八项功能：第一，工具功能，即实现某事或获得某物；第二，控制功能，即劝导某人按一定的方式行动；第三，报道功能，就是认识或解释某事物；第四，表达功能，即表示感情，或通过某种方式使自己为他人所理解；第五，社会联系功能，即参与社会交际；第六，减轻忧虑功能，即处理好某一问题，减少对某事物的忧虑；第七，刺激功能，

① 李良荣：《西方新闻事业概论》，复旦大学出版社1997年版，第85页。

② 转引自童兵著：《比较新闻传播学》，中国人民大学出版社2002年版，第77-78页。

即对感兴趣的事物作出反应；第八，明确角色功能，即指由于情况需要而扮演某种角色。①

综合而言，大众媒介的功能可概括为：

（1）监测环境

监测环境是大众媒介的第一功能。我们一般把传递信息作为大众媒介的首要功能，而人们迫切需要获得信息实质上是想了解所处的环境，借以制定适应环境、应对环境变化的生存对策。拉斯韦尔说，在动物界，往往指派某些成员担任群体的"哨兵"，一旦四周出现变化，就发出警报，媒介作为社会交换信息的产物，理所当然地负有监视环境的神圣职责。施拉姆把媒介监视环境的功能比喻为"社会雷达"，具有寻求、传递和接收信息的功能。

（2）协调社会

信息本身并没有价值可言，只有当信息被处理、解释并和我们已知的事实联系起来，信息才能发挥作用。大众媒介在讲述世界是什么样的情形时，也指示人们应如何对周围发生的事件作出反应。媒介通过突出其选择的个人授予其社会地位，引导人们对社会规范的遵从，通过对偏差行为的曝光来强化社会规范，进而在引导社会舆论的同时，实现社会的协调和稳定。

（3）传承社会文化

一个社会在历史发展中形成的价值观、规范及其他优秀文化，通过媒介一代一代地在社会成员中传递下去，使社会成员在正规的学校教育之外通过媒介教育实现持续的社会化过程，进而实现与社会的融合。大众媒介传播信息的过程中，都在无形地传递社会的优秀文化，在既有文化的基础上创造新文化，塑造和维护社会的公共价值。传媒是文化传播的载体，报纸、

① 邵培仁：《传播学导论》，浙江大学出版社1997年版，第110-111页。

广播、电视以及互联网中知识与文化的传播，具有广泛性和普及性，通过接触大众媒介，受众自觉或不自觉地成为社会文化的接受者。

（4）教育功能

媒介在传递信息的过程中，引导和培养公众如何规范地适应社会生活。在这一过程中，大众媒介实现着教育公众的功能。媒介既向公众传播历史事实信息、现时动态信息，也向公众传播各种知识、社会规则等，使公众在接受媒介教育的过程中全面提升综合素质。

（5）提供娱乐

媒介提供的内容有很大一部分是为了人们消遣和娱乐，无论是社会新闻、体育新闻、娱乐新闻等新闻栏目（节目），还是娱乐节目、影视剧、游戏节目等。美国传播学者施拉姆对美国大众传播进行实证研究后指出："大众传播主要被用于娱乐的占有的百分比大得惊人。几乎全部美国商业电视，除了新闻和广告（其中很大一部分也是让人消遣）；大部分畅销杂志，除了登广告的那几页；大部分广播，除了新闻、谈话节目和广告；大部分商业电影；还有报纸内容中越来越大的部分——都是以让人娱乐而不是以开导为目的的。因此正如斯蒂芬森很有说服力地提出的那样，几乎全部内容都有一种普遍化的游戏或愉快的功能。"①

（6）经济功能

大众媒介不仅为经济发展提供来自国内外的丰富信息，这是经济发展的要素，而且为产品销售刊播广告，还为经济发展创造合适的气氛和环境，因此，大众媒介是经济发展的推动者。大众媒介的经济功能还体现在通过刊播广告媒介自身也获

① 威尔伯·施拉姆等：《传播学概论》，新华出版社 1984 年版，第 37 页。

得了利润。

2. 大众媒介的政治功能

关于大众媒介的政治功能，学者们的归纳不尽相同。布赖恩·麦克奈尔把媒体在民主政治中的功能概括为五项：第一，媒体必须告知民众在他们身边发生了什么，这是媒体的“侦察”或“监控”功能。第二，媒体必须教育民众，让他们知晓发生了的“事实”的意义和重要性。第三，媒体必须为政治讨论提供一个公共平台，促进公共舆论的形成，并把舆论回馈给公众，而且这个平台必须为反对意见预留空间，做不到这一点，谈任何民主共识都毫无意义。第四，给予政府和政治机构曝光率，让执掌权力的人的行为被公开监督，公共舆论才有意义。第五，媒体作为鼓吹政治观点的一个渠道，向需要对大众公开自己政策和纲领的政党开放，媒体的鼓吹功能也可以视做劝服的一种。① 国内学者张昆把大众媒介的政治功能归纳为五条：政治参与功能、议程设置功能、舆论监督功能、政治沟通功能、政治控制功能。② 其他一些学者还做了别的归纳。

综合而言，大众媒介的政治功能可概括为：

（1）政治信息的告知功能

政治信息的告知功能是大众媒介所有政治功能得以实现的前提。大众媒介的信息传播功能表现在政治领域就是及时、全面而准确地传播政治信息。告知政治信息，让公众知道他的政治生活里发生了什么，不仅是作为公民获知政治信息的基本权利，而且也是影响和决定公民对政治生活的参与态度、参与质

---

① 布赖恩·麦克奈尔：《政治传播学引论》，新华出版社 2005 年版，第 21-22 页。

② 张昆：《大众媒介的政治社会化功能》，武汉大学出版社 2003 年版，第 129-140 页。

量的重要前提。除法律规定不允许公开的信息外，大众媒介及时准确地向公众报告重要的政治信息，是其最基本的功能。政治信息的告知功能的实现程度，反映了一个国家大众媒介的开放程度。

（2）政府决策的宣传功能

政府制定的政策通过大众媒介传达到它的目标对象，这就是大众媒介对政策的扩散功能。它能在最短的时间内把最新的政策传达到有媒介（无论是报纸、广播、电视还是新兴的网络）存在的任何地方。对于政策执行来说，仅仅公布政策是不够的，还必须借助媒介宣传政策，如解释政策内容、宣传政策的重要性和给公众带来的好处、强化违反政策会得到的惩罚等。宣传的过程就是劝服的过程，但劝服的效果取决于宣传的策略和技巧。策略和技巧并无政治色彩，但不同的观念和思维习惯会严重地影响宣传的方式，进而影响宣传的效果。

（3）培养公民的教育功能

民主政治的本质在于公民自愿地通过合法的方式参与政治生活并影响政治体系的构成、运行方式和政策决策。公民的政治参与就是公民在政治运行过程中表达自己的思想、意图和利益以影响政府决策的过程，“如何表达”是其中的关键。“自愿”并“有能力”参与政治生活是公民权利实现的前提，这有赖于公民参与意识和参与能力的培养。大众媒介通过报道具体的新闻事实倡导公民参与政治生活的权利意识，介绍参与政治生活的知识和方法，批评和纠正公民参与过程中的观念和行为偏差，以引导公民树立积极参与公共事务的意识，培养和提高公民参与公共事务的能力。在民主制度不很成熟的国家和地区，人们的公民意识和参与能力都较为欠缺，大众媒介培养公民的教育功能显得尤为突出。

（4）公共舆论的建构功能

公众参与政治生活除了投票选举等少数直接行动外，更多的途径是进行充分的政治讨论，形成公共舆论（公共舆论也影响着直接的政治行动），以舆论影响政治。这就需要大众媒介为公众进行政治讨论搭建平台，让公众在充分而自由的讨论中发表看法、交流观点、明辨是非、提高认识、宣泄情绪，公众的观点也借助大众媒介汇集而形成舆论。大众媒介能否发挥公共舆论平台的功能，最关键之处在于它能否让各种不同甚至反对的意见在媒介上亮相。

（5）政治权力的监督功能

防止权力滥用的最根本办法就是“以权力约束权力”，“由新闻媒介的监督而形成的大面积和大范围的新闻舆论监督既是政治监督的重要组成部分，也是大众传媒影响政治的最直接、最主要的形式”①。大众媒介监督政治权力运行的同时，也是另一种权力运行的体现，即对行政和法律等强制性力量进行补充的公众舆论监督权力，它们共同构成完整的权力制约机制。“在权力制约机制中，舆论监督的重要贡献就是，提高了政治行为和活动的透明度，弥补了司法监督和行政机构监督可能存在的不足和缺漏。”② 大众媒介通过公开的报道和评论，调动全社会舆论的支持，从而在广泛的范围内制约权力的极端扩张和膨胀。当然，大众媒介监督政治权力并不都是防止权力发生恶变，而是让权力在公众的监视下运行得更公正、更科学。

3. 大众媒介在参与公共政策过程中实现其功能

任何功能都是物质系统作用于具体的目标事物时得以体现

---

① 刘华蓉：《大众传媒与政治》，北京大学出版社 2001 年版，第 146 页。

② 刘华蓉：《大众传媒与政治》，北京大学出版社 2001 年版，第 152 页。

的作用、能力和功效，大众媒介的功能也必须在参与具体的社会活动中才能得以体现。大众媒介参与公共政策过程可以较为充分地实现其诸多功能尤其是政治功能。

（1）政策信息的告知

各级政府制定任何政策，往往都会通过大众媒介予以及时公布，使之迅速达到政策目标对象，这是大众媒介最基本的政策信息告知功能。但是，大众媒介对政策信息的告知并不仅限于此。它还应包括公布政府的政策动议、背景、初拟条款等，供公众进行决策前的讨论。现代民主社会的政策制定不再是“突袭式”的决策，即事先毫无征兆突然公布政策结果，而是必须进行充分的政策讨论，允许民议，尊重民意。这就要求决策者在制定政策前通过媒介公布政策动议，并把国内外相关政策信息一并告知公众，让公众享有充分的政策信息知情权，进而决定自己对政策态度。

（2）引导公众关注和参与政策过程

这实际上是大众媒介在参与公共政策问题上教育和培养公民。在关注和参与公共政策问题上，并非人人都是积极而有责任意识、理性而有政策知识的人，因此，大众媒介担负着向公众传授公共政策知识、引导公众关注和参与公共政策过程、培养公众的公共政策责任意识的责任。很多时候，人们虽然能认识到一项公共政策出台后会对自己的生活造成很大影响，但总是寄望于他人能代表自己参与公共政策过程，为自己争得更多的利益。如果这种“搭便车”的心理过于普遍，就可能出现公众对公共政策的冷漠而影响政策的公意性。大众媒介通过报道社会问题并促其成为政策问题，批评政府决策过程缺乏公众参与，即使参与也随性而为等现象，报道某些具体政策过程因为公众参与而改变最初方案的实例，就能在参与公共政策制定的实践中培养和提高公民素质。

（3）建构公众讨论公共政策的平台

公众参与政治的最终结果体现在公共政策上。公众参与民主政治，最主要地体现在对公共政策发表意见，以期影响公共政策的最终结果。大众媒介是公众发表言论的广阔平台，在这个平台公众可以对自己遭遇的或媒体报道的社会问题进行评价，呼吁并促使社会问题变成政策问题进而进入政策议程；可以对政府提出的政策方案发表意见，贡献智慧，充分表达各个不同利益群体的政策需求；可以对政府制定程序的不规范提出质疑，促其在民主、科学、规范化的决策程序中运行；可以对政策结果进行评说，为政策修改提供反馈意见。

（4）公共政策的宣传渠道

在大众媒介尚不发达或集权体制背景下，政策传播的形态属组织传播，也是一种人际传播，自上而下层层传达，最终到达政策目标对象需要相当长的时间。大众媒介的发展与民主政治的发展结伴而行，当报纸、广播、电视、网络走进千家万户的时候，“人际政治传播已然落到了民主过程的边缘地带”①。大众媒介使公共政策内容在最短的时间内迅速传及几乎所有的目标对象，只要这些目标对象能够主动接触媒介。绝大多数人关于政策的信息源于大众媒介，大众媒介已经成为政策传播的主要渠道。公共政策确定之后，首先必须进行公开宣传，这一过程实际上也是政府对公众进行劝服的过程。只有得到同意和支持，政策才能得到顺利地贯彻执行。

（5）监督和反馈公共政策的运行

监督是政策运行的重要组成部分，失去了监督，政策就不可能在正常的轨道上很好地运行。大众媒介监督公共政策运行包括两方面的内容：公众的意见和执行中出现的问题。公共政策公布之后，公众会有各种各样的意见和看法，这些意见和看

① 布赖恩·麦克奈尔：《政治传播学引论》，新华出版社 2005 年版，第 23 页。

法有的是对政策条款的公平性提出异议的，也有的是对政策执行中要注意的问题提出建设性保障措施的，无论是质疑、反对还是赞成、建议，大众媒介都应为其提供充足的表达空间。这是大众媒介传达公众监督公共政策过程的结果。同时，公共政策在执行过程中，由于种种原因，会出现各种各样的偏差，大众媒介公开报道这些偏差，并探究其背后的真正原因，有助于政府部门加强政策监管，确保政策有效地执行。大众媒介无论是为公众意见提供表达的空间还是直接监督政策的执行，都是对公共政策公布之后运行情况的反馈，这种反馈是政策系统必不可少的环节。

在参与公共政策过程中，大众媒介实现了其最主要的功能，这就是代表公众的利益影响公共政策。

三、大众媒介参与公共政策与公民权利的实现

在政府制定和执行公共政策的过程中，公众并不完全是被动地接受政府政策权威控制的政策客体，他们可以通过一定的渠道，参与和影响政策的制定和执行。这是公民的政治权利。

公民在参与公共政策过程中的政治权利主要包括知情权和表达权，这两种权利的运行都离不开大众媒介的参与。或者说，只有借助大众媒介的参与，公民在公共政策问题上的知情权和表达权才能得以实现。

1. 大众媒介参与公共政策与公民知情权的实现

1945 年前后，美国著名记者肯特·库珀首先提出了知情权（又称获知权、知晓权、了解权）这一概念，强调民众有通过新闻媒介及其他手段了解政府工作情况与社会公共信息的权利。此后，知情权作为公民的一种基本的民主自由权利在许多国家逐渐受到重视。知情权，指的是民众获取政府工作信息

和社会公共信息的权利，它主要是针对民众的获知需要提出来的。而民众知情权的实现离不开大众媒介的参与，需要靠大众媒介对民众欲获知的新闻信息进行及时、准确和充分的传播。从这一意义上说，媒体是在代民众行使知情权。对媒体来说，要维护和保证民众的知情权，就需要有报道和传播新闻的自由权利。

就公共政策问题而言，大众媒介要有及时、准确和充分地报道政策信息的意识，不能忽略了公民对政策信息的获知需求，同时，大众媒介也有争取及时、准确和充分地报道政策信息的权利，获得满足公民政策知情权的前提条件。

（1）公民有权通过媒介获知公共政策的所有信息

民主社会中，公民有权参与政治生活的一切领域，包括参与公共政策的制定，然而，知在行前，“知是行之始，行是知之成”，没有对公共政策的所有信息了然于心，何谈公民参与公共政策过程？即使形式上热热闹闹地参与了，也只能是流于形式，无任何实质内容。因其参与的盲目，甚至可能被误导和利用。任何权利的实现都需要有其他相应的权利作前提和保障。公民有参与公共政策制定的权利，公民的意志可以影响公共政策制定的过程和结果，这项权利的实现就是以对政策信息的获知为前提和保障的。

为了有效地参与公共政策过程，公民要求政策信息的提供和传递必须及时、准确、充分。公共政策信息的获得是有效参与其过程的依据，信息发布的及时与否直接影响着公民每一步的参与态度和参与质量。信息发布的任何迟缓都可能让公众在一段时间里因信息缺失而出现猜疑和传言，进而出现不参与或随便参与的态度和行为。公共政策信息发布和传递的准确至关重要，它是公共政策的生命，舍去准确，政策信息的公信力就会大打折扣。毕竟，准确的政策信息才足以成为公众认识和判断政策的依据，才足以成为他们发表对政策的意见和建议的依据，任何政策信息的不准确，都可能误导公众，进而损害公众参与政策的质量。公共政策信息的发布和传递还要求充分而广泛。它意味着政策过程的所有信息除了法律禁止公开的内容之外，都必须向公众公开。其中，尤其包括政策制定过程中的各种争论观点、争论的焦点、公众的反对声音等。舍去了这些“异议”，公众所获得的政策信息就会是不充分不全面的，因而也是不真实的。

公民接近政策制定部门的途径非常有限，他们对公共政策信息的获知最主要的途径是大众媒介。大众媒介对政策新闻的报道，不仅向公众传播了政府主动发布的政策信息，传播了政府未曾了解、由记者调查采访的与政策相关的信息，如政策问题，而且还传播了政府不愿向公众发布，也不愿媒介报道的政策相关信息，比如决策内幕、反对的声音等。因此，大众媒介参与公共政策过程在很大程度上维护和实现了公民对政策信息的知情权。当然，政府不愿公开、不愿媒介报道的内容，总是会想方设法为相关新闻报道设置障碍，比如不主动向记者提供决策信息、不允许记者旁听决策过程、通过新闻主管部门向新闻单位打招呼不报道相关内容等，但是，大众媒介的价值体现就在于能够突破不合理的限制，以公共利益为最高准则，打开一个个窗口，让决策信息一一展现在受众面前。

（2）公共政策过程存在信息不对称

2001 年度诺贝尔经济学奖授予了三位美国经济学家：约瑟夫·斯蒂格利茨、乔治·阿克尔洛夫和迈克尔·斯宾塞，他们的贡献在于提出了信息不对称理论。简言之，信息不对称理论是指在市场经济活动中，各类人员对有关信息的了解是有差异的；掌握信息比较充分的人员，往往处于比较有利的地位，而信息贫乏的人员，则处于比较不利的地位。该理论认为，市场中卖方比买方更了解有关商品的各种信息；掌握更多信息的一方可以通过向信息贫乏的一方传递可靠信息而在市场中获益；买卖双方中拥有信息较少的一方会努力从另一方获取信息。虽然信息不对称理论最初诞生于经济学领域，但它的意义绝不仅限于这一领域，它所揭示的信息不对称的现象在社会的各个领域都广泛存在。

公共政策过程也存在着明显的决策信息不对称。作为政策决策者的政府部门及其工作人员拥有充足的信息，而从法律上有权参与公共政策制定的普通公民获知的相关政策信息则较少。“信息不对称可从两个角度划分：一是不对称发生的时间，二是不对称信息的内容。”① 作为决策层的政府部门及其官员先于公众掌握公共政策信息，公众获知这些信息往往滞后很长时间；政府部门及其官员掌握着比公众多得多的政策信息，与之相比，公众获得的相关信息少得可怜。之所以会出现政策过程的信息不对称，其原因主要有：第一，决策体制的限制。无论是人民代表大会制还是议会制，都属于“选民——议会（政府）——政策”的决策模型。在这种模型中，选民与政府官员是一种委托——代理关系，作为委托人的选民并不完全了解作为代理人的政府官员在做什么，代理人并非事事都向委托人汇报。一旦代理人在自利动机下有意对政策信息进行封锁，便加剧政府官员与公众之间的信息不对称。第二，政策信息兴趣点的差异。现代民主社会虽然都尊重和鼓励公民关注和参与公共政策过程，但政策制定的层次管理必然导致政府官员与普通公众对政策信息的关注点是不同的。决策层由于管理的范围较为广泛，工作所涉及的领域也较多，对一些宏观的、整体的信息掌握比较充分，在公共政策体系中处于最底层的公众，往往只掌握一部分和他们生活密切相关的微观信息。其结果是：越是接近决策层的人掌握的信息越多，而越是远离决策

① 周向红：《公共政策过程中信息不对称成因的分析》，《理论探讨》2004年第2期。

层的普通公众掌握的信息越少。第三，公众获得政策信息的渠道不畅。公众获得政策信息的主要渠道包括政府借助大众媒介发布宣传信息、通过人际关系网络获得信息、所属组织发布信息等。显然，人际传播和组织传播与公共政策的宏观性、权威性、丰富性是不相称的，因而无力实现传播政策信息的功能，况且组织传播的渠道被政府严格地控制着，传播的内容受到严格的限制；而大众媒介在信息传播中受到的种种限制（主要是来自政府部门的限制），也使政策信息通道常常受阻。第四，公众获取政策信息的态度和能力欠缺。任何信息，无论渠道是否畅通，唯有态度积极者方能获取。“搭便车”的心态使许多人对公共政策过程持“事不关己，高高挂起”的态度，这属于对政策信息冷漠，加之获取公共政策相关信息需要一定的理性判断能力和文化素养，而许多人在这方面又较为欠缺，政策信息的冷漠和“无知”进一步加剧了信息不对称。

从一定意义上说，正是这种信息不对称构成了信息传播的前提和基础。尽力平衡不对称信息是大众媒介的重要功能和价值体现。大众媒介通过充分地报道政策过程的相关信息，缩小决策者与政策参与者之间的信息不平衡状态，提高普通公众政策信息的获取量，进而提高其参与公共政策的水平。

（3）公民知情权以大众媒介的政策信息报道权为前提

在实现政策信息的知情权问题上，公众对大众媒介寄予了无限的期待，希望媒介在充分履行其信息传播职责的过程中满足公众对政策信息的需要。然而，大众媒介并未让公众满意。虽然纵向地看大众媒介对公共政策相关信息的报道，无论从广度还是从深度上，都有了长足的进步，公众获得的政策信息越来越丰富，但是，毕竟尚有许多公众欲知的政策信息大众媒介难以提供，政策报道尚有禁区。比如一些群众反映强烈并要求进入政策程序的社会问题不允许报道，政策制定的程序不能同步报道，许多政策过程和政策内容不允许出现相反的声音等。

这些禁区限制了大众媒介功能的实现。

在公共政策过程中，普通公众获取信息的多少取决于政府对有关信息公开的程度。从理论意义上，作为一切权力所有者的人民是公共政策决策者的委托人，政府机关必须向人民公开政策相关信息，并且不得从信息公开的过程中谋取任何利益。公民理应享有对政府决策的知情权、议政权和参与权。公民有权按照一定的法规和程序了解重大政策产生的机制、参与和决策整个社会公共事务或其他有关事务，并进行监督。但是在具体实践中公共政策及信息的公开和传播是不尽如人意的。政府常常“通过一些法规和程序进行信息封闭，也强化决策者和决策过程的神秘性。而这种神秘性一方面加深了普通公众对政府的隔膜感和盲从，另一方面也使政府和决策者自身的专断和随意性得到保护”①。不仅如此，政府还直接控制着媒介，政府官员以种种借口，限制媒介对一些政策内容、政策程序、政策反应进行报道。这种状况就提出了传媒新闻报道权的争取与维护问题。

关于新闻传媒报道的自由权利，郑保卫教授概括为四个方面：采访自由、表达自由、传播自由和批评自由。② 传媒对公共政策信息的报道权，主要包括采访自由和表达自由。采访自由包括两方面的内容，即政府机构应提供必要的条件使新闻传媒及时了解政策动向、政策依据、政策方案、政策制定的过程及结果；同时，任何单位和个人不能任意妨碍、限制和干涉记者对政策相关信息的新闻采访活动，或以不正当的理由拒绝向记者提供有关政策信息。表达自由就是报道和评述公共政策信

---

① 周向红:《公共政策过程中信息不对称成因的分析》,《理论探讨》2004 年第 2 期。

② 郑保卫:《透明度与新闻传媒的自由报道权利》,《国际新闻界》2002 年第 4 期。

息的自由，记者享有对所采集到的公共政策相关信息实事求是地进行加工、写作、报道和评述的自由权利，政府鼓励传媒及记者从满足群众的信息需要出发来选择写作内容和报道形式，尊重他们在对国家和人民负责的前提下按照新闻传播规律来决定写作内容和报道形式，防止对新闻工作者施以超越法律权力的限制。传播自由应当从属于表达自由的范畴，记者写作和报道新闻，目的就在于公开传播，记者采写的信息不在大众媒介上公开表达，就失去了表达的意义。批评自由也应从属于表达自由的范畴，因为表达自由意味着在法律允许的范围内大众媒介可以刊登对任何人、任何事的报道及看法，当然也包括对政府机关及其工作人员以及各种社会丑陋现象的批评，对政府部门制定的公共政策无论是制定程序、内容条款还是执行中的变形，都可以进行批评。如果批评自由有了限制，那么表达自由就不完整、不真实。

法律是传媒争取和维护新闻报道权的庇护神。只有传媒对公共政策相关内容有了充分的报道权，公民知情权的实现才不至于成为一句空话。

2. 大众媒介参与公共政策与公民表达权的实现

公民对公共政策无论是赞同、反对还是批评、建议，都有表达的权利。意见的表达需要借助一定的表达渠道，政治表达也是如此。虽然公民可以通过向组织反映等途径来表达自己的意见，但最方便快捷、广泛丰富的途径还应是大众媒介。

（1）大众媒介应提供公众表达意见的平台

公民的表达权不是指公民可以就法律允许范围内的任何对象在私下发表议论，而是指公民可以在公开场合表达自己的观点和主张。对于绝少有机会在大小会议上发表观点的普通公民来说，最有可能利用的“公开场合”就是大众媒介。一方面，记者在采写新闻时可以多听听普通公众的声音，并能在报道中传达这种声音；另一方面，大众媒介应提供更多的空间（报纸版面、广播电视时段、网络空间）让普通公众直接发表自己的观点。

记者采写新闻报道，既寻找新闻事实，也收集社会意见，即社会的声音。社会的声音当是各类人群发出的各种不同观点的“大合唱”。记者的报道就应当是倾听并传达各类人群的不同观点。然而，实际上，记者们往往热衷和习惯于寻找权威人士，包括制定和推行政策的政府官员、研究相关问题的学者，请他们发表观点，而对于置身于社会问题包围之中、对政策问题最有体会也有话可说的普通公众，却忘却了他们还有看法、还需要他们发表看法。这种报道方式是只取一类人群（官方和学者）观点而忽视与之相对的另一类人群（普通公众）观点的报道不平衡，新闻报道所采集和传达的社会意见也是不全面的，因而也是不真实的；同时，由于忽视普通公众的意见，把缺少最庞大群体意见的少部分官方和学者的声音说成是社会普遍的声音，也是对公众表达权的不尊重。记者应该寻找的是那些没有机会在公开场合表达意见的普通公众，通过记者的笔和镜头传达他们的声音。

伴随着公众参与意识的增强和文化水平的提高，越来越多的普通公众愿意主动在大众媒介上表达自己的意见。大众媒介就应为公众表达意见主动提供广阔的平台。当然，我们可以看到，近年来，报纸纷纷开设了评论专栏甚至专版，有些报纸的评论专版每日数版，对公众意见的“吞吐量”得到了极大的增长。广播电视的评论专栏也成为公众发表意见的重要场所，不仅有些谈话节目吸引和邀请普通群众参与，为他们提供发言的机会，而且电视读报节目也把公众对时事的评议集纳起来进行集中传播。网络更是为普通公众表达意见提供了充足的空间。网民阅读每一条新闻都可以即时发表评论，可以长篇大论，也可以三言两语；可以逻辑严密，也可以发泄情绪。由于它更符合有话则长、无话则短的表达意见的习惯，因而网上言论非常兴盛。一条重要的时政新闻刚刚在网上刊登出来，几个小时之内就可能有成千上万条评论与新闻形成链接。此外，一些网站还专门开设了评论专版，供网民自由发表条理清楚、措辞严密的评论。

当然，从现实来看，大众媒介为公众提供表达意见的平台还很不够。作为公众表达意见的平台，报纸应开设更多的言论专版，让更广泛的公众在此发言。目前有许多报纸尚未开设言论专版，或者过去开设过的又取消了，或者随意地被其他内容所挤占，都表现出对公众言论不够重视。广播电视更多地被娱乐节目占满了，即使是谈话节目，也充斥着轻松的娱乐话题、情感话题。这些都与公众的政治表达权利没有什么关系。

（2）正方和反方都应有释放观点的空间

表达权意味着不限定观点倾向的自由表达。既然大众媒介应该为公众表达意见提供平台，就应是各种观点的集散地，有不同观点的交流与交锋，而不是一种声音的阵地。“言论版不仅是各种言论的集纳之地，更是一个言论的生态环境。这种生态环境表现为不同言论之间的关系：交流与争议。”①

随着现代社会利益多元化的发展趋势日益增强，不同利益群体的社会利益诉求呈现出明显的差异。因为所处立场、认识视角不同，不同的人对同一问题会有不同的看法，这是一种必然。既是一种客观存在，就应反映到大众媒介为公众搭建的意见平台上。无论报纸、广播、电视，还是网络，其言论专版（节目、专题）都应是相异甚至相反观点的汇集，每一种观点在意见平台上都有其释放的空间，而不是只允许一种观点表达。在意见平台上，每一种观点的表达都是平等的，每一种观

① 马少华：《交流与争议——国外报纸言论版评述》，《中国记者》2004 年第 12 期。

点都应该接受其他不同观点的挑战，都允许与其他观点发生冲突。这种冲突可以表现为普通作者（公众）之间观点的相互辩驳，也可以表现为普通作者的观点与社论之间的差异和冲突。一项公共政策出台过程中，无论是拟出台的方案还是最终出台的条款，都会既有赞同的观点，也会有质疑甚至反对的声音。不同的观点在同一张报纸、同一期节目中呈现，就可以向读者包括决策者全面展现社会真实的声音。毛泽东说："一个党同一个人一样，耳边很需要听到不同的声音。"① 大众媒介言论专版（专栏、节目）中让不同的观点进行交流、同台辩驳，就可以让决策者听到不同的声音。社论是代表报社的重要指导性言论，它往往就当前国内外发生的重大事件或问题，或针对党和国家的中心工作发表意见。社论是报纸的"旗帜"和"眼睛"，其任务是表明态度、解释政策、提出任务、指引方向，一般来说总是反映同级党委的意见和看法，是影响社会舆论的重要方式。社论的严肃性并不意味着它不能接受不同观点的挑战。外国的许多报纸除了有一张刊登社论的版面外，往往还有刊登专栏评论和读者来信的版面，这些被称做"观点版"的版面内文章既可以互相冲突，也可以与社论冲突。美国的《今日美国》社论版每期在突出位置刊登"今日论争"，一篇是"我们的观点"（Our View），一篇是"反对的观点"（Opposing View），针锋相对。这种做法将现实中必然存在的意见纷争集中展现于大众媒介，提高了大众媒介反映社会意见的"保真度"。

我国报纸的言论版近年来也出现了不同观点针锋相对的情况，但这种情况还很少，更多的是针对某个事实（事件、政策、现象）刊登了一种观点就不再出现另一种指向相反的观

---

① 毛泽东：《关于正确处理人民内部矛盾的问题》，《毛泽东著作选读》下册，人民出版社 1986 年版，第 790 页。

点，即使那些能在同日或不同日报纸上刊登互相争辩的观点的报纸，也还未出现与社论进行争辩的言论。一些网站通过编辑手段开设了“正方”、“反方”的言论专栏，在一些热点话题上将发表在报纸、网站上的各种观点进行归类、集纳，让读者在同一个页面可以看到各种指向的意见，在一定意义上成了公众意见的平台。

大众媒介要成为意见的平台，尤其要重视让与政府意见有分歧的“公众异见”有释放的空间。这是最能体现公众表达权能否得到维护的重要标尺。阿尔蒙德和维伯在谈及政治传播的安全感和公民的政治情感时提到：“假如普通平民百姓参与到一个民主政治过程中，他们一定要感到这样做是安全的，在他们表达政治观点时，也不会认为要冒巨大的风险，他们和别人谈话，也会比较随便些。如果这期望不存在，进行政治传播的愿望就要受到压抑，政治交流一般是禁止的、隐蔽的，仅限于在家庭中或‘在意识形态上值得信任’的人之间进行；或者，人们彼此不谈政治。”① 当某一媒介出现某位公民的“异见”令当地政府官员不快而被下令封锁其言论，不仅直接造成该公民的言论不安全感，也是对公众表达权的侵害。

（3）政府应正视公众意见完善公共政策

大众媒介搭建公众意见的平台，最终是为了让公众意见影响公共政策。“如果在塑造政策过程中公民意见和观点没有任何影响，有关阶层的利益在政策结果中得不到体现，如果普通公民的要求和愿望与政策结果没有任何关联，无论一个国家政治生活的其他方面看起来是多么民主，都只能是一种美丽的形

---

① 加布里埃尔·A. 阿尔蒙德、西德民尼·维伯：《公民文化》，华夏出版社 1989 年版，第 127 页。

式和装饰。”①

政府正视和吸纳公众意见，并不只是为了尊重公众的表达权，也是制定和完善公共政策的需要。政府要制定科学合理的政策，必须广泛听取各方意见，其中就包括普通公众的意见。他们的意见有助于政策制定者充分考虑政策条件、政策环境等，因而有助于提高政策的科学性。政策执行中公众的意见有助于政策制定者发现其中存在的问题，因而有助于进一步修改和完善政策。

政府对大众媒介中的公众意见，尤其是质疑和反对意见持宽容和积极吸纳的态度，对于提高政策的科学性是一种保障。若政府对大众媒介中的质疑和反对意见采取“封杀”的态度，那么公共政策过程就远离了大众，也远离了民主与科学。

四、大众媒介参与公共政策与公共政策本质的实现

公共政策的本质在于公共利益的权威性分配。虽然政府在政策过程中有责任兼顾各方利益，理应力求做到公正与公平，但是，如果我们据此就认为政府必然会自觉地平衡各群体的利益，就有些过于单纯和理想化了。在公共选择学派看来，从事政治活动的人和从事经济活动的人一样，都是理性的、自利的追求效用最大化者。② 政策制定者并不都是道德完善、一心为公的人，他们一有机会就可能谋求个人私利。以整体形象出现的部门和行业与个人一样更愿意实现本部门、本行业的利益最

① 赵成根：《民主与公共决策研究》，黑龙江人民出版社 2000 年版，第 46 页。

② D. C. 缪勒：《公共选择理论》，中国社会科学出版社 1999 年版，第 423 页。

大化。他们垄断政策制定权，制定出的公共政策更多地代表部门利益和行业利益，而非公共利益。“在现实的政策制定过程中总是存在着背离公共利益的离心力。”① 政府在决策过程中忽略某些群体利益而偏向某些群体的现象是经常出现的。要改变这一状况，需要公众主动表达自己的利益要求、对政策方案的意见，并监督政策程序和政策结果。因此，公众积极有效地参与公共政策过程是公共利益公正、合理分配的必要条件。问题在于，公众对公共政策过程的参与程度实际上并不高。赵成根在分析普通公民对国家政府的决策施加影响存在困难的原因时总结了这样几种情况：由于公民利益实现和政府政策尤其是政府宏观政策之间的关系方式的客观影响，公民对政府决策进行参与的动力不足，存在着搭便车现象；由于现代社会的分工和政府管理的专业化，公民对政策的判断力呈下降趋势，表现出“理性的无知”；原子化的个人和政府系统的权威相比，呈现着力量不对称，因此公民参与和影响政府决策普遍存在着影响力不足的问题，并因此导致公民的无力感，等等。② 此时，大众媒介充当着重要的社会中介，代替公众参与公共政策，表达公众的利益要求，在公开公共政策过程的同时促进利益分配更趋公平合理。

1. 大众媒介集中表达公众分散的政策要求和意见

公民参与是一个国家内的所有公民对法定权利的行使和规定义务的履行，但通常意义上的公民参与在主体范围和活动范围上都比其原意要小得多。国家机关的工作人员是公共权力的

---

① 刘勇智：《公共政策制定中的公民参考》，《兰州学刊》2004 年第 3 期。

② 参见赵成根：《民主与公共决策研究》，黑龙江人民出版社 2000 年版，第 51 页。

直接掌握者和行使者，他们以国家工作人员身份对政府活动的参与不属于通常意义上的公民参与。通常意义上的公民参与是指公民以非国家机关工作人员的身份对政府活动的参与，因此，我们称之为公众参与。根据公众参与方式的不同，可将公众参与分为原子化的个体参与和集团化的群体参与。原子化的个体参与是指公民从个体利益出发，采取单独行动参与政府活动追求利益实现；集团化的群体参与是指有着相对一致利益的群体以集体的名义参与政府活动，提出群体利益要求的过程。无论是原子化的个体参与还是集团化的群体参与，要实现对公共政策过程和结果产生影响，都必须借助大众媒介的作用。

(1) 原子化的个体意见与大众媒介的聚合效应

分散的个人参与政府活动的力量总体说来是非常微弱的。个人参与政府活动的途径包括行动参与和意见参与。个人的行动参与主要包括投票选举各级代表，由代表对公共问题形成提案或议案并建议进入政策议程、参与游行示威活动推动政策问题的确定等。个人的意见参与则主要是指公众利用各种场合表达自己对社会问题的看法、对公共政策的利益要求。个人的行动参与并不是一种经常性行为，因为，对各级代表的选举投票往往要间隔一年甚至数年，被选举的代表也并非一定代表投票者的利益参与政府活动，这就导致参加投票者越来越少。由于参与游行示威是一种成本太高的行为，因而无论在哪个国家，它都是一种很少发生的行为。意见参与虽然渠道并不畅通，但相比之下，其成本较低，因而只要有机会，人们往往愿意表达意见和利益要求，希望能对政策过程中的利益分配产生影响。

普通公众的要求和意见的表达大致有这样几条渠道：公众间的交流、通过信访反映给政府官员、政府进行民意调查、借助大众媒介公开表达等。普通个人间的交流往往只能起到情绪宣泄的作用，因其根本无法通达决策者及影响决策的人，对于掌握公共利益分配权的公共政策制定者而言可以是忽略不计的。公众通过信访渠道反映的往往都是个人问题，虽然这些个人的特殊问题在一定程度上也反映了普遍的社会问题，但由于政策管理者对于群众信访多采取劝慰措施，加上政府管理体制中存在着明显的部门行政倾向，各部门只负责解决由本部门承担的问题，并未统一认识其反映的社会问题，也未主动将相关问题建议进入政策议程。政府的民意调查可以将分散的公众意见收集起来，为公共政策提供很好的民意咨询，但实际上这种调查做得非常少，尤其是政策决策者习惯于自己拍板时更是如此。那么，大众媒介因其对分散意见的聚合效应就成为搜集公众个体意见的最佳渠道。

无论是记者主动深入社会各处搜集公众意见还是公众主动借助大众媒介发表言论，都是把分散的个人要求和意见聚合成为对公共政策施压的公众舆论。记者深入基层采访把普通个人间的交流和情绪宣泄通过大众媒介予以报道，就把个人意见由私下表达变成了公开表达。这种公开表达的要求和意见很快就会得到一定数量人群的支持，如网上跟帖或投书媒体表达支持，就形成了公众舆论。同样，具有一定文字写作能力的公众借助报纸、网络等大众媒介表达自己的利益要求和意见，很快也会通过大众媒介聚集相同的要求和意见，形成公众舆论。此外，大众媒介也可以主动进行民意调查，广泛收集公众的要求和意见，集中加以报道从而形成公众舆论。公众舆论一旦形成，就会对公共政策的制定者形成强大的压力，迫使其在政策制定过程中考虑和重视这种利益要求。

虽然借助大众媒介的聚合效应，个人参与政府决策的力量并非可以忽略不计，但总的来说影响仍然非常有限。毕竟能向记者反映事实情况和个人或群体意见者往往已不是生活于社会最基层的普通公众，他们表达的观点离最基层的公众已有一些距离。同时，具有较强的文字表达能力者往往也不是生活于社会最基层的普通公众，他们有的是新闻工作者，有的是大学教师，也有一些政府工作人员等，他们表达的意见和要求离最基层的公众也有一些距离。

不过，分散的个人因为共同的利益要求往往会结成不同的利益群体，群体中的积极分子就成了向政府和社会公开表达该群体利益要求的代表。他们经常与所在群体的最普通大众接触和交流，了解群体大众的利益诉求，因而能够真实、准确地代表群体大众的利益表达呼声。

(2) 集团化的群体意见与大众媒介的扩散效应

与个人意见相比，利益群体的要求和意见更易得到较为充分地表达。首先，利益群体的要求和意见是以一定规模的集体要求和意见的面目出现的，它一开始就表现为公众舆论，更易为政策制定者所接受；其次，利益群体往往会形成一定的组织，推选有积极的政治参与意识、善于表达群体利益要求和意见、社会活动能力强的人士当代表，他们会利用自己的资源和能力想方设法将所属群体的利益公开表达。

集团化的群体意见虽然与个人意见相比更易得到公开表达，但是它仍然必须借助大众媒介的扩散效应，在更广泛的范围内扩散某一社会群体的利益要求和意见，从而发挥媒介放大器的功能，使某一群体的利益要求得到更多的支持，进而增加对公共政策制定的利益分配施压的砝码。大众媒介在传递公众利益要求和意见的过程中，也更愿关注和报道有一定人群规模的群体利益要求和意见，因为它更易受读者关注，直接促成群体建议进入政策议程的可能性大大增加。

当然，并非所有有着相同利益的人们都会形成一定的利益组织，有些人群虽然有着共同的利益要求，但一盘散沙，并没有什么组织性。如此分散的个人虽然也属于利益群体，但群龙无首的无组织状态致使其在争取群体利益的过程中处于劣势。此时，大众媒介有责任充当这类群体的精神领袖。媒介在搜集个人的利益要求和意见时，不是把它当做一个个例，而是进一步了解处于同一社会地位、同一生活环境中的人们的共同利益要求和意见，进而把某个个人意见当做他所处的群体的利益要求和意见予以报道。这样，大众媒介既把分散的个人要求和意见聚合成为群体利益要求和意见，又把某个群体的利益要求和意见扩散和放大，赢得更广泛的支持，从而促使这个群体的利益要求和意见影响公共政策的利益分配。

2. 大众媒介公开政策过程监督利益分配

大众媒介对公众的利益要求和意见进行聚合和扩散，对公共政策的制定者施压，意在促进公共政策在制定过程中更公平地兼顾各方利益，实现公共利益的权威性分配。但是，这种愿望能够变成现实，还有赖于大众媒介对政策制定过程进行监督，公开决策过程，让决策的每一个步骤都公开在公众的视线内，任何利益分配的不公都因公众的监督而无法得逞。

（1）作为多元利益主体的政府必须接受监督

公共利益是公共政策制定的唯一价值取向。但是，作为公共政策制定主体的政府，其自身也是多元利益的主体之一，有其自身的利益，表现为部门利益、地方利益、官员利益和小集团利益等。作为多元利益主体之一的政府，在制定公共政策时并不必然会自觉自抑自身利益而恪守公共利益原则，在自利动机的驱使下很有可能做出偏袒自身利益的决策。孟德斯鸠说："绝对的权力会导致绝对的腐败。"因为绝对的权力会滋生对权力的滥用。什么是绝对的权力？就是没有得到有效监督和制约的权力。权力要在公共利益的轨道上运行，就必须接受监督，任何权力无一例外。

对拥有政策决策权的政府的监督是限制公共政策过程中政府自利性扩张的重要保障。监督的途径有很多，比如扩大公众参与公共政策制定和执行的范围，规范和健全利益表达机制，让公众在参与公共政策制定中监督政府进行社会利益分配的公平性；建立和完善政策评估制度，大力发展中介性的、独立的职业评估组织，对公共政策进行科学公正的评估等。最有效的途径当属大众媒介的公开监督，让公共政策过程的所有程序都置于公众的视线之内，接受社会的公开监督。

(2) 大众媒介通过公开政策过程监督利益分配的公平性

由于政府制定任何公共政策都是在尊重和维护公共利益的名义下进行，加上政府在公开政策制定的相关信息方面掌握着绝对的控制权，因而对于公众来说，政策过程及政策结果的公正与否就具有很大的隐蔽性。正因如此，公众在监督公共政策对公共利益做权威性分配的公正与公平方面，往往是力不从心的。大众媒介代替公众行使监督政府制定公共政策的全过程，监督公共政策是否体现了对公共利益作权威性分配的本质，有其独特的实现手段。

大众媒介对拥有政策决策权的政府的监督主要是通过公开政策过程而实现的。从社会问题怎样被列为政策问题并进入政策议程，到政策制定中核心决策圈的人员构成及其背景、可供选择的政策方案的数量及内容、公众意见有无在决策过程中得到讨论、决策层讨论时的各方观点、公共政策听证的程序、公共政策草案内容及评估的结果、公共政策的最终结果等，都一一成为大众媒介集中报道的内容。当公共政策的全过程被暴露于公众的关注目光之中，一切有违于公共利益的行为都会在大众目光的压力之下而有所收敛，进而更能实现其对公共利益分配的公平性。

大众媒介对公共政策过程的公开并不总是很顺利，总会受到各种各样的阻挠。因为公开公共政策过程意味着权力神秘性的丧失，也意味着政府自利性扩张的被抑制。于是，掌握决策权的人可能会以不易公开为由拒绝被报道，记者很难进入决策核心层去了解决策过程。要改变这一状况，一方面要保持新闻单位的独立地位，改变党政官员可以随意指挥和掌控大众媒介的情况，新闻单位应在法律允许的范围内尽力争取独立采访报道政策过程所有信息的权利，充分满足公众的知情权，行使大众媒介对政策过程的监督权；另一方面作为公共政策制定部门的政府也应改变观念，充分认识到大众媒介参与报道政策过程的相关信息既有利于保障利益分配的公平性，又会减少因信息不畅带来的传言，进而主动公开政策制定过程，增加决策的透明度，也利于提高作为决策者的政府威信。

第三章 案例：武汉市取缔“麻木”的政策过程

一、武汉“麻木”的由来

在武汉市，“麻木”是既指三轮车，也指开（蹬）三轮车的车夫。人力三轮车被称做“土麻木”，电动三轮车被称做“电麻木”。关于武汉人缘何把三轮车和三轮车夫叫做“麻木”，有两种不同的说法：一种说法是，早年的黄包车夫都是好酒的人，每天很辛苦地工作，靠一瓶酒解除疲乏，而武汉人管好酒之徒叫“酒麻木”，意思是除了喝酒，干什么别的都是呆呆的，于是渐渐地就把这些好酒的车夫和他们骑的三轮车称为“麻木”；另一种说法是，这种三轮车穿大街走小巷，与拥挤的城市交通周旋，东一扭，西一拐，就像醉酒的“麻木”一样行路不稳，加上其行驶过程中不断震动使人麻木，故得此名。

武汉的“麻木”历史悠久。1888 年，人力三轮车首先出现在汉口租界。1931 年，英怡和洋行在旧武汉开设了首家人力三轮车车行。因其速度比黄包车（人力车）快，且凉快、敞亮、便捷，还可以看路边的风景，很快受到了人们的欢迎。汉口市中心的人力三轮车行，鼎盛时期发展到了 30 余家。据当时报载，当时许多社会名流及在汉租界居住的外国人，在子女上学或短距离应酬中，都租用人力三轮车。从人力车到人力三轮车，在当时仅有 12 条马路的旧武汉，无疑是道路交通代步方式上的一大进步。

中华人民共和国成立后，武汉的交通营运市场格局中，人力三轮车仍占据着优势。20世纪50年代初，武汉市政府成立了三轮车运输合作社，加强对人力三轮车服务行业的组织管理，从业人员在合作社的有序领导下，服务热情、价格公道、老幼无欺，体现出良好的社会文明风尚。到了70年代，人力三轮车被使用摩托车引擎的三轮机动车取代，由此出现了武汉市出租业的雏形。

进入80年代，人力三轮车重现武汉三镇的大街小巷。同时，随着残疾人机动车（即正三轮摩托车）品种的不断开发和上市，武汉市的“三车”① 达到了全盛时期，仅人力三轮车和正三轮摩托车，就达到了40000多辆，其中有牌有证的共24000余辆。

到了90年代，武汉市有牌有证的“三车”发展到26000余辆，而无证“三车”则呈几何级数迅速增长，据不完全统计，高峰时多达60000余辆。从1988年到1999年底，武汉市公安交管部门共收缴、销毁并对外地无证“三车”遣送出城达10万余辆次。

1998年初，武汉市交管局为部分下岗职工和生活困难人员驾驶的“麻木”办理了营运牌照，此次全市新增“麻木”11925辆。至此，“麻木”的存在有了名正言顺的理由，武汉“麻木军团”更是日益壮大。

2000年以来，有牌有证的“三车”始终控制在3万辆以内。截至2003年，中心城区共有在籍“三车”26595辆，其中人力正三轮车8781辆，机动正三轮摩托车14695辆，残疾人专用车3119辆。

① “三车”是指人力三轮车、正三轮摩托车和边三轮摩托车，是“麻木”的官方称谓。

到2003年4月1日，武汉市开始取缔“麻木”之前，全市无证“麻木”约有16000多辆，有证“电麻木”18242辆，“土麻木”① 2200多辆，总数达37000多辆。这些“麻木”每天穿梭于大街小巷，构成了武汉街头一道独特的景观。所以有人戏称武汉为“麻木”城市，市长为“麻木”市长。

二、城市“麻木”之患

有这样一种说法：一辆“麻木”载的是一家人的饭碗。一辆“麻木”月收入少则数百元，多则上千元，解决一家人的生活不成问题。“麻木”成为武汉市解决下岗职工生活出路问题的重要渠道，也成为残疾人、进城农民解决生存问题的重要来源。加上乘坐“麻木”方便、快捷、价格便宜，市民对其有很大的需求。正是在这样的背景下，武汉“麻木”的数量迅猛增长，并持续居高不下，在这座城市的大街小巷，每30辆车有一辆是正三轮摩托车，因此赢得了“麻木”城市的称谓。然而，“麻木”城市并不是对武汉这座城市一道靓丽风景的赞誉，而是对这座城市因“麻木”乱窜而造成的交通杂乱无章景象的讽刺。

“麻木”的迅猛增长带来了武汉市交通混乱，更频繁地制造交通事故。在全市发生的交通事故中，每20起事故就有一起是正三轮摩托车造成的。小小的正三轮摩托车，已成为威胁市民出行安全的“杀手”。据不完全统计，仅仅是1998—2003年，正三轮摩托车违章引发的交通事故2890余起，导致154人丧生，1400余人受伤。

大众媒介记录着一个又一个“麻木”带来人员伤亡的“黑色档案”：

---

① “土麻木”是武汉人对人力脚踏三轮车的称谓。

2000 年 1 月 31 日 6 时 30 分，29 岁的安徽来汉打工人员阮诗春，带着怀有 8 个月身孕的妻子李梅，以及亲戚周菊花一家共 7 人，租乘了两辆“电麻木”，从江岸黑泥湖的租住地到街上去打年货。前面的“电麻木”里，坐着阮的舅父、周菊花的丈夫等三人；后面的“电麻木”里，坐着阮诗春夫妇、怀抱刚满 8 个月儿子的周菊花。行至江岸西站北道口，即将有火车通过，警铃声响起，栏杆放了下来。前面的“电麻木”车主一踏油门，钻过栏杆，冲了过去。后面的“电麻木”车主不顾道口值守人员的阻拦，推开栏杆冲进铁轨后，将车停在轨道上，跳下车去推另一道栏杆。正在这时，由郑州开往南宁的 1627 次列车呼啸而来，碾过这辆“电麻木”以及车内的乘客。阮诗春与妻子李梅、亲戚周菊花及其 8 个月的儿子全部当场殒命，李梅肚子里还有 8 个月大的胎儿。

2000 年 7 月 10 日凌晨 0 时 50 分，大悟来汉人员方国文开着正三轮摩托车，载着黄凯、代静两名乘客，沿着发展大道自东向西行驶。在新华下路路口，方国文横穿中心双黄线，正撞上武昌司机黄汉卫驾驶的奥迪轿车，“电麻木”连人带车当场被撞飞，同时被撞坏的还有两端交通隔离护栏、路边花坛等物。奥迪轿车车损高达 9 万余元，轿车司机黄汉卫受轻伤，“电麻木”车主与乘客均受重伤，仅前期救治费就用去了 10 多万元。乘客黄凯是一位年仅 22 岁的职业汽车司机，他在事故中失去了一条腿。车主方国文牙齿撞掉，右腿骨折。为了保住他的性命，医生把他的脾脏等器官都摘除了。

2001 年 12 月 28 日中午 1 时，胡灵琴老人刚刚考完老年大学的结业考试，兜里揣着满是“优”的成绩单回家，正走过京汉大道黄石路路口。这时，枣阳来汉人员熊启才酒后驾驶“电麻木”在机动车道上逆行，将胡灵琴老人撞倒，致其头部重伤，被送进医院两天后抢救无效死亡。

……

类似的关于“麻木”事故的报道频频见诸报纸、电视、广播等大众媒介。自武汉市有了“麻木”之后，这种报道就从未间断过。“麻木”数量增长越迅猛，这类事故的报道就越多。

有人总结了“麻木”给城市带来了四大危害：

——阻塞交通。遍及街头且横冲直撞的“麻木”与公交车抢道，拥堵在公交车站候客，常常将公交车辆围得水泄不通，严重时甚至出现公交车上的乘客无法正常下车的状况。

——制造事故。据一些公交公司统计，在公交事故中15%因“麻木”引起。许多的士司机也惧怕“麻木”不守交规，满街乱跑，突然地逆向行驶，稍不留神就两车相撞。

——污染环境。绝大部分电“麻木”都是采用二冲程发动机，此种发动机无单独机油润滑系统，“麻木”司机多将润滑机油直接掺入油箱，通过燃烧进行润滑。但机油无法完全燃烧，于是便产生大量一氧化碳和碳氢化合物，碳氢化合物会形成具有很强毒性的光化学烟雾，伤害人体，并会产生致癌物质。噪声是电“麻木”的另一污染。电“麻木”多为链条传动，机械摩擦噪声远大于采用轴承传动的机动车。据环保部门监测，一辆电“麻木”噪声多为70～80分贝。

——影响形象。一些外地商人及外国友人纷纷指出，落后的“麻木”与日新月异的城市发展极不协调，伤害了城市的整体形象。有人甚至因此将这座令武汉人常常自豪地挂在嘴边的“大武汉”比做一座大县城。

严重的“麻木”之患令这座城市的管理者不得不下决心整治这一顽疾。

三、整治“麻木”的历史

武汉市对“麻木”的整治并非2003年一次成功。

早在1987年5月13日，武汉市公安局就颁发了加强人力三轮车管理有关事项的通告，其中明确规定：

——在本市区行驶的人力三轮车，必须安装车辆管理机关核发的牌照。营运三轮车驾驶人员须经考试合格，领取驾驶证。驾驶人力三轮车，须携带执照。

——每天六时至十九时，人力三轮车不得在解放大道（解放公园路至宝丰路）、中山大道（武胜路至一元路）、胜利街（一元路至三阳路）、武胜路（中山大道至利济北路）、利济北路、三阳路（胜利街至解放大道）、武珞路（阅马场至中山路）、中山路（紫阳路至武珞路口）通行。①

这一通告既禁止无证三轮车的运行，也对三轮车运行的线路进行了限定，旨在改善交通拥堵的状况，确保交通安全。

当年10月开始，武汉市公安交通管理部门采取断然措施，对欺行霸市非法营运的人力三轮车予以取缔。从那时起，武汉市公安交通管理部门就开始了与“麻木”车主之间的“猫捉老鼠”的游戏：交管人员一旦逮住无证“麻木”在马路上行驶就收缴和罚款，而无证“麻木”车主一旦发现交管人员在执法就绕道行驶。交管人员执法往往也是一阵风，管理规定颁布之初，往往会集中执法行动，严厉打击无证“麻木”，时间一长，不再强力执行，一切如故。“麻木”车主也摸透了交管人员的执法规律，集中行动期间就暂避风头，不在主要街道运营，或暂时歇业，等风头一过，一切如故。

由于对“麻木”管理的效果很不理想，两年后的1989年，武汉市公安局再次颁布通告，禁止人力三轮车、畜力车、

① 通告中限行三轮车的路段是武汉市交通繁忙的中心城区。

板车、拖拉机、过境大货车在市内部分路段通行。其中对人力三轮车禁行的规定如下：

> 每日六时至二十二时，禁止人力三轮车通行的路段包括硚口路至三阳路；武胜路经江汉一桥、长江大桥、武珞路阅马场至中南路口；中南路；洪山路中南路口至水果湖；三阳路沿江大道至解放大道；大智路；球场街；黄石路；江汉路；前进一路；友谊路；利济北路；胜利街江汉路至三阳路；鹦鹉大道文化宫至腰路堤；汉阳大道马沧湖至钟家村；中山路；解放路。

这次通告中对“麻木”能否在一些主要路段通行的管理由两年前的“限行”改为“禁行”，表明政府部门对管理“麻木”的态度更为坚决。

然而，武汉的“麻木”在间歇性的整治中不断扩大规模。1993年时媒体报道称全市载客“麻木”保守估计也在10000辆以上。全市127条公交运营线路，有50余条线路受到“麻木”横车挡道的干扰。一些公汽站点，更是“麻木”盛行的地方，有些车站每天都有几十辆“麻木”停在站点周围，公汽无法靠边停车，乘客上下车只能艰难地从“麻木”堆中穿行。

为了改变以往单纯靠罚款管理“麻木”、车主交了罚款继续违章运营的状况，武汉市政府管理部门于1994年开始对无证的“电麻木”收缴后上交市财政部门，对无证“土麻木”则就地销毁。

被销毁的“麻木”虽然成了一个个拆卸的零部件，却常常又被一些开“麻木”的车主购买来重新组装，复原成了一辆辆完整的“麻木”重新营运。

1996年，武汉市再次掀起整顿“三车”行动，集中对长期影响市容、妨碍交通的无牌证人力三轮车、运输用三轮摩托车及禁止进城的板车进行大规模收缴。针对以往收缴“麻木”捉了放、放了捉及收了拆、拆了装的现象，这一次整治行动规定，今后对“三车”的整治收缴再不演“捉放曹”，收缴一批，销毁一批，已合法收缴的“三车”，任何部门和个人都不许发还或作罚款放车处理，对拼装私下出售“三车”的单位和个人将依法处罚。

由于屡查不绝，1997年8月18日，武汉市政府再次发布关于加强人力三轮车、正三轮摩托车等车辆管理的通告：

——禁止板车和无公安交通管理部门核发牌证的人力三轮车、正三轮摩托车在本市江岸、江汉、硚口、汉阳、武昌、洪山、青山区道路上行驶①。

——从事人力三轮车营业运输的，必须分别领取公安交通管理部门核发的车辆牌证和交通运输管理部门核发的营运证，方准营运。禁止在车站、码头、机场、公园、娱乐场所等主要公共场所门前和繁华街道停放车辆。

——本市蔡甸、江夏、东西湖、汉南区和黄陂、新洲县②所在城关镇（街）比照本通告规定执行。

……

这一次，武汉市政府决心动真格了。执法者开着车上街收缴。不管在哪里碰到“麻木”，就会上来一群人，把司机赶下“麻木”，然后把“麻木”扔到汽车上拉走。当时有关部门对此情景的描述是：“‘麻木’车主与民警经常发生纠纷，甚至有时民警会负伤。”

① 这些区即为武汉市的整个城区。

② 这些区县即为武汉市的所有郊区县。

这期间，也有一些“麻木”师傅到市政府上访、静坐，还开着车游行，阻塞交通。

管理者中也出现了不同的声音：“麻木”车主以下岗职工、残疾人居多，一辆“麻木”就是一家人的饭碗，数万辆“麻木”涉及十多万人的饭碗。

在这种怜悯心态和求稳定的声音中，声势浩大的取缔行为逐渐消失，“麻木”依然穿行在武汉市的大街小巷。

出于加强管理的目的，有关方面让1.8万辆“麻木”办理了营运证照，这些三轮车正式有了合法的身份。但“麻木”市场的混乱并未因此而解决。黑车市场开始大量侵占合法车的利润空间，地下的拼装厂从一些“渠道”拿到被切割过的没收车部件进行焊接、拼装后出售；个别的执法人员甚至雇佣社会人员，拦截黑车，进行“罚款”交易。

正是在这种一边取缔“麻木”一边给“麻木”发证的背景下，武汉的“麻木”整治一直处于胶着的拉锯战状态。

2000年，武汉市政府决定再次整顿“麻木”秩序。但是，管理者的矛盾心态仍是一道无法逾越的坎：一种意见认为，这么多弱势群体，收了“麻木”怎么办？他们一个月可以收入1000元，而“低保”远达不到其收入水平。另一种意见则认为，“麻木”必须取缔，武汉830万人，不能为了不到10万人口的利益而使其他人受损失，此事不能不考虑大武汉的利益，不能不考虑绝大多数人的利益。

2000年6月20日，武汉市实施了一个“百日交通秩序整顿”行动。武汉市全天候大力收缴无证“麻木”，做到“见一收一”。相关部门组织了执法组54个，大货车20辆，24小时收缴。不到一个月的时间，1.3万余辆无证“麻木”被扣，其中5700辆被交警部门“会同财政部门销毁”，防止了无证“麻木”回流社会。

这次整顿同样出现了收扣无证“麻木”的反复性问题。

武汉市主干道上的35家销售、拼装“麻木”的窝点，依旧沿袭着“整治力度越大，销售情况越好”的局面。其结果，这次整治行动也渐行渐弱，没能够彻底解决“麻木”问题。

四、“麻木”问题再进政府决策议程

早在2001年，武汉市民革就从武汉市委副书记程康彦手中接过“全国其他城市整治‘三车’情况调研”的课题，由武汉市民革主委、市人大副主任单大年率队，一个五人小组先后奔赴北京、沈阳、大连、上海、杭州、南京，并深入周边的南昌、长沙、宜昌、黄石等城市，进行了一场特殊的调研。调研小组最后拿出报告《关于妥善处理三轮车的建议》，结论指出：三轮车引起的城市管理混乱现象严重影响城市形象，成为城市发展主旋律中极不和谐的音符。妥善解决三轮车问题，已成为武汉提升城市竞争力的当务之急。①

武汉市委书记陈训秋在市委十届三次全会上明确提出了有计划地解决“麻木”问题的工作要求。市委多次召开书记办公会、市委常委会进行专题研究，作出决策，确定了指导思想、基本方针和工作目标。

2002年12月4日至12日，武汉市委办公厅、法制办、信访办、财政局、劳动局、社保局、残联、交管局等部门共8位同志赴南京、上海、昆明、贵阳等地，实地考察当地清理整治三轮车的情况。

2003年初，市十一届人民代表大会第一次会议批准的《政府工作报告》将妥善解决正三轮摩托车问题，明确作为2003年政府工作一项必须完成的重要任务。

“两会”刚刚结束，武汉市政府就召集有关部门，并邀请

---

① 武国江MPA论文《武汉市禁止“麻木”的政策分析》。

了法学专家进行专题研究。比较一致的观点是，必须从修改法规着手解决“麻木”问题，而不能仅仅是政府发文禁止正三轮摩托车营运。只有有法可依才能走出原来“治了又治”的怪圈。

武汉市人大常委会1998年颁布实施的《武汉市城市道路交通管理若干规定》，明确了对无证正三轮摩托车的管理规定和处理手段，但这一规定并没有说明有证正三轮摩托车可不可以营运。法不禁止的即是被允许的。任何行政规章不得与地方性法规相冲突。对于地方性法规未设定的禁止性事项，行政规章也不能设定，否则就与地方性法规相冲突。

2003年2月9日，武汉市市长李宪生主持召开第一次市政府常务会议。会议听取并原则同意市法制办、市公安局关于《武汉市城市道路交通管理若干规定修正案（草案)》有关情况的汇报。《修正案》明确规定有证正三轮摩托车禁止在武汉市城市道路行驶。此次会议把整治“麻木”提高到维护城市道路交通秩序、提升城市整体形象、优化投资环境的高度来认识，表明政府此次彻底整治“麻木”的决心。此次政府常务会议强调指出，组织整治武汉市城市道路交通管理秩序，是全市广大人民群众的普遍呼声和强烈要求，是市人代会、政协会多次会议的讨论话题，为社会各界广泛关注，市委市政府对此十分重视，认真进行调查研究，提出了在全市上下形成共识的基础上下决心进行整治的方案。这次会议虽没有对整治“麻木”形成具体的决策，但明确提出了制定解决方案的原则要求，即：第一，坚持依法行政，严格依法办事，认真制定工作方案和具体措施，明确主攻目标，综合治理处置；第二，整治道路交通是一项牵一发而动全身的系统工程，要形成社会联动，动员各个部门以至全社会的力量实施这一工程；第三，始终站在代表最广大人民群众根本利益的立场上，无情整治，同时兼顾特殊群体的实际问题，有情操作，实事求是地妥善解决好特殊群体的特殊利益，做到疏堵结合，对于违法行为必须坚持打击，属于合理的实际困难必须认真解决。

此次会议还决定，根据会议讨论提出的意见和建议，对《武汉市城市道路交通管理若干规定修正案（草案）》进行认真修改和补充完善，正式向市委进行汇报，并按照立法程序提请市人大常委会审议，同时成立整治城市道路交通秩序领导小组和工作专班。

五、制定取缔“麻木”的政策

一旦“麻木”问题进入政府的政策议程，有关部门即已开始规划制订整治“麻木”的政策方案。

2003 年 2 月 22 日，武汉市委书记陈训秋主持召开书记办公会，研究解决正三轮摩托车问题。此次会议上对取缔“麻木”的政策原则、配套措施、政策条款和实施步骤进行了讨论。

武汉市市长李宪生提出制定这项政策的总体原则是依法行政和有情操作，并初次提出以收购方式减轻车主的经济损失。他明确指出，此次整治“麻木”不要以“打击”这种名义做工作，要做到有情操作，从党和政府关心车主的正面角度出发做好整治工作；要完善法规，依法整治，开展工作；对有证的车辆要依法依规处理，可以采取收购等方式进行，对其中困难户要做到应保尽保；对无证的车辆，要依法整治，对其可以采取先逼后整的办法，速战速决。“依法行政”和“有情操作”的总体原则使得此次整治“麻木”的政策与以往历次整治“麻木”的政策有了根本的不同。

李宪生市长还对此次整治所需资金进行了安排：估计总资金需 1.1 亿元，其中残疾人的有关费用可从每年地税安排 2000 万元至 3000 万元中列支，财政要准备 8000 万元左右。

这就是后来提出的“赎买政策”，即用上亿元资金以高于车主购入的价格从他们手中回收。

李宪生市长明确提出此次整治要贯彻“内紧外松”的原则，各机构从此时就开始运转起来。

武汉市常务副市长张代重认为最重要的问题不是法规，当前问题的核心是安置，是取缔“麻木”后车主出路准备好了没有。

市委副书记殷增涛提出，对有证车辆的车主可以采取换岗位的做法，即上交“麻木”的车主可以获得就业岗位，但基础工作是要储备1万多个或更多岗位届时可供车主选择。如果做到了，整治工作就有底了。他建议整治“麻木”的工作分步走，对无证的车辆坚决取缔，剩下有证的车辆对政府的压力就小多了。整治中要注意收购有证车辆与及时清理、打击非法拼装点等工作有机结合起来。他认为对于整治“麻木”的配套工作也可分步进行，条件成熟了的可先做，如的士调价等，配套政策准备好了就可以先出台。他强调整治“麻木”工作尤其要依法推进，人大要立法，发布有关市长令也行。殷增涛分管宣传工作，他还强调要把整治“麻木”的宣传工作做好，他提出是否首先通过党报宣传此次整治行动，要防止外界利用互联网上的消息进行炒作。

市委副书记程康彦也认为此次整治工作的难点在安置。他总结1997年的整治行动失败就在于安置工作未考虑周到。

在这次会议上，副市长胡绪鹍作了关于解决武汉正三轮摩托车问题的工作情况汇报，对武汉市此次整治“麻木”的政策依据、政策规划、配套政策、实施步骤等进行了全面介绍。

武汉市七个中心城区及二个开发区共有有证正三轮摩托车17936辆，其中有证残疾人专用车2983辆。此次要彻底解决正三轮摩托车交通管理问题的原因主要在于：一是正三轮摩托车在城市道路上行驶，违反了国家法律法规的有关规定；① 二是正三轮摩托车尾气排放量超过国家规定的标准，一辆正三轮摩托车排放的尾气相当于六至十辆小汽车排放的尾气；三是安全隐患大；四是人民群众和社会各界反应强烈，仅 2002 年，湖北省、武汉市人大、政协关于这方面问题的议案和提案达 13 件，市信访部门收到这方面信访件达百余件，新闻媒体、社会舆论对其造成的负面问题时有披露，已成为广大市民和国内外游客反应最强烈的城市问题；五是大部分城市已解决了正三轮摩托车在城区道路上行驶运营的问题，近年来，全国 19 个副省级以上城市（除武汉以外）和省内的宜昌、黄石、孝感、襄樊、十堰等市均相继解决了正三轮摩托车的问题，公安部、建设部畅通工程专家组来汉检查时，也明确提出武汉市应尽快解决正三轮摩托车问题；六是市委市政府高度重视此项工作，2003 年初市十一届人民代表大会第一次会议批准的《政府工作报告》将妥善解决正三轮摩托车问题，明确作为当年政府工作一项必须完成的重要任务。

按照初步规划，此次整治工作从 2 月 20 日至 6 月 20 日，分三个阶段进行：

准备阶段（2 月 20 日—3 月 31 日），主要做好组建市整治工作领导小组，开展调查摸底工作，提请省人大审议《武汉市城市道路交通管理若干规定修正案（草案）》，研究分流安置等配套政策，做好车主分流的岗位预备工作；

实施阶段（4 月 1 日—5 月 31 日），待省人大常委会批准、市人大常委会公布实施《武汉市城市道路交通管理若干规定修正案》后，4 月主要做好宣传发动工作，取缔无证行为，优化公交线网，上门做好宣传员，落实安置分流等，5 月

---

① 指的《中华人民共和国道路交通管理条例》和《武汉市城市道路交通管理若干规定》。

做好有证车折价收购、残疾人专用车置换、人员分流安置、维护社会稳定等工作；

巩固阶段（6月1日—6月20日），主要做好全面取缔违法上路车辆、预防和处置突发事件、加强路面监管巡查、落实长效管理措施等工作。

初步规划的“禁麻”相关政策主要包括的内容有：

对车辆的处置政策——

①折价收购，对现有正三轮摩托车按照购买年限不同和型号不同优价回收；

②车辆置换，对残疾人车辆回收后置换符合国家标准的残疾人专用车；

③鼓励上交，对于不同时间上交车辆的，分别给予不同标准的生活补贴。

对人员安置的政策——

①对残疾人车主，对二级以上下肢残疾人车主，其家庭是低保户的，本人低保补助金补齐至所在地区的低保全额保障水平，另由市区残联按每月100元的标准一次性发放一年的生活补助；

②对非残疾人车主，鼓励自谋职业，对于不要求政府帮助就业的车主，政府给予一定的补贴，并享受国家和省、市政府规定的减免有关税费优惠政策；同时帮助介绍就业，对于需要进行岗位培训的，免费组织一次职业技能培训；

③对确因生活特别困难而从事无证正三轮摩托车营运的车主，根据其劳动能力和就业意愿，通过劳动力市场推荐就业。

此次“禁麻”规划中还包括一系列配套政策，主要有：

①三轮车主从事个体经营的可免费办理工商营业执照；②依据政策减免相关税费；③提供相关救助政策；④解决残疾人车主配偶户口问题；⑤依法兴建无障碍设施；⑥优化公交线网，上半年调整40条、下半年调整48条公交线路，延长收发

班时间，方便市民出行；⑦调整出租车价格，通过调整论证，适当调整出租车价格，解决市民短途出行不便问题。

这次会议的讨论内容基本上形成了武汉市政府“禁麻”政策的主要框架。

“禁麻”政策方案拟订后，2003 年 2 月 27 日，武汉市副市长胡绪鹍带队再赴上海、南昌学习当地整治三轮车的经验。

六、公布“禁麻”政策及相关法律依据

虽然市委市政府并未公布取缔无证“麻木”的政策，媒介亦无相关内容的任何报道，但政府部门集中大量人员上门宣传政策法规的行动一直紧锣密鼓地进行着。2003 年 3 月 1 日，《无照经营查处取缔办法》正式颁布施行，为整顿和规范市场秩序，武汉市加大了整治无照经营力度，对全市无照经营违法行为进行全面查处。4 月 1 日起，全市 7 个中心城区、2 个开发区和有关委办局根据市政府统一部署，主要领导亲自挂帅，精心组织调查摸底、宣传发动和车辆上交工作，形成区、街道、社区及公安等工作网络，采取分片包干、责任到人的办法，主动上门讲明政策法规，使全市取缔无证正三轮摩托车工作按计划有条不紊地展开。虽然这次行动规模浩大，但根据市委市政府的统一部署，新闻单位基本没有报道这次行动。直到半个月后的 4 月 16 日，武汉市取缔无证三轮摩托车取得显著成效，报纸才报道了《街头初步实现无“无证车”》的新闻：“截止昨日，全市共有 14993 辆无证三轮摩托车上交或自行处理，基本解决了无证三轮摩托车上路行驶或营运。”

3 月 24 日，武汉市人大常委会通过了关于修改《武汉市城市道路交通管理若干规定》的决定，并报请湖北省人大常委会审议。4 月 2 日，湖北省人大常委会正式批准《武汉市城市道路交通管理若干规定》。此举标明武汉市解决有证正三轮

摩托车有了法律依据，也使这项公共政策合法化了。按照市委统一部署，这项法律规定并未及时通过大众媒介予以公布。

3月31日，市长李宪生在关于做好解决正三轮摩托车问题工作的讲话中强调，做好解决正三轮摩托车问题工作，需要营造良好的宣传氛围，市委宣传部要拟定策划好宣传方案，在省人大审议批准《武汉市城市道路交通管理若干规定》后，选择适当的时间，运用各种新闻媒体，形成强大的宣传声势；在宣传方式上，可以组织专家学者、社会名流、受害乘客和对正三轮摩托车营运有正确认识的车主代表开展活动，达到生动、有效的宣传效果。

一个多月后的5月20日，武汉地区几乎所有的报纸、广播、电视都集中报道"禁麻"的政策内容。以武汉市委机关报《长江日报》为例，当天相关的报道内容包括：3条消息即《市人大公布〈武汉市城市道路交通管理若干规定〉（修正稿）我市解决有证正三轮车有法可依》、《我市依法解决有证正三轮摩托车　市委市政府召开动员部署会》、《沟通理解　形成共识　市解决正三轮摩托车问题领导小组致信有证正三轮摩托车车主和有证残疾人正三轮摩托车车主》，1条评论员文章《切实解决好有证正三轮摩托车问题》，4条公告或决议即《武汉市人民代表大会常务委员会公告》①、湖北省人大会常委会关于批准《武汉市人民代表大会常务委员会关于修改〈武汉市城市道路交通管理若干规定〉的决定》的决议、武汉市人大常委会关于修改《武汉市城市道路交通管理若干规定》的决定、《武汉市城市道路交通管理若干规定》等。

5月23日，《市解决有证正三轮摩托车领导小组办公室负

① 该公告公布了武汉市人大常委会通过的《武汉市人民代表大会常务委员会关于修改〈武汉市城市道路交通管理若干规定〉的决定》已经湖北省人大常委会批准，自2003年6月20日起施行。

责人答记者问》见诸各大媒介。这实际上就是公布了武汉市解决有证“麻木”问题的政策。这项政策包括这次解决有证正三轮摩托车的范围和对象是哪些；健全人有证正三轮摩托车如何折价回收；残疾人有证正三轮摩托车如何折价回收；6月20日之前有证车主积极响应政府号召提前上交车辆的有哪些奖励政策；有证车主自谋职业如何办理手续；有证车主从事个体经营如何办理《再就业优惠证》；凭《再就业优惠证》可以享受哪些优惠政策；有证车主购买小型货运汽车从事营运享受哪些优惠政策；有证车主如何办理低保手续；对残疾人有证车主在低保政策中有何照顾；不能自谋职业的有证车主又不宜就业的其配偶和子女能否替代就业；对生活特别困难的车主有哪些救助措施；车主上岗需要技能培训的怎么办等。

七、政策执行及“麻木”问题的终结

自2003年5月20日起，武汉媒体一改往日的沉默，开始大规模地宣传这项禁止有证“麻木”在城区道路营运的政策及其执行情况，形成了强大的舆论宣传攻势。同时，全市18000多名政府工作人员，组成5600多个“五包”小组，包宣传政策，包入户调查，包车辆回收，包帮助就业，包维护稳定，深入到各个车主家中耐心细致地做宣传工作。市政府采取积极措施，上交有证“麻木”的车主可得到8000元的补贴，远远高于其购买新车的价格；将12987户车主、37286名家属纳入低保管理系统，解决了他们的生活之忧；筹集3万多个岗位供“麻木”车主挑选等。这些措施的共同作用，促使这次取缔“麻木”的政策执行得较为顺利。

自4月1日，江汉区无证“麻木”车主安志彪率先交车以来，整个武汉市“禁麻”行动稳步推进。4月，16511名无证车主主动交车，无证三轮摩托车营运问题被先行解决；5月

20日，政府发布“禁麻”通告，清晨5时30分，青山区车主吴厚刚成为有证正三轮摩托车上交第一人，5月31日，全市18242辆有证正三轮摩托车全部上交。

在此基础上，市政府再接再厉解决有证营运人力三轮车问题。6月19日，各大媒介发布市政府关于禁止营运人力三轮车上路行驶的通告。该通告称，自2003年7月4日起，武汉市江岸、江汉、硚口、汉阳、武昌、洪山、青山区以及武汉经济开发区、武汉东湖新技术开发区的城市道路上，禁止营运人力三轮车行驶。同时，刊登了武汉市解决“三车”问题领导小组《致有证营运人力三轮车车主的信》，信中详细介绍了市委、市政府制定的解决人力三轮车车主生活和工作困难的相关政策，包括回收车辆、帮助择业、支持个体经营、低保保障等。由于有先前取缔正三轮摩托车的经验，城区禁行人力三轮车政策出台仅仅6天，2232台车辆的回收工作就已完成。

到6月24日，武汉市解决“三车”问题领导小组宣布：武汉市整治“三车”工作取得全面胜利，回收车辆任务圆满完成。

第四章
大众媒介参与公共政策输入的机制

按照政治系统理论，公共政策过程从政策输入开始，经由政策转化，出现政策结果。政策输入即向拥有政策决策权的政府系统输入要求和支持、促使政策问题进入政策议程的过程。那么，在公共政策输入阶段，大众媒介是如何发挥作用的呢？大众媒介参与公共政策输入的机制包括哪些内容呢？下面我们以武汉市取缔“麻木”的政策输入过程为例，探讨这些问题。

一、武汉市取缔“麻木”的政策输入过程分析

武汉市取缔“麻木”的公共政策并非政府主动将“麻木”问题纳入政策议程，而是在外力推动与政府内在需要共同作用下结出的果实。它经由媒介报道事故——人大代表和政协委员提出议案或提案——政府将“禁麻”问题纳入政策议程等环节，完成了社会问题进入政策议程的政策输入过程。

1. 大众媒介反复报道“麻木”问题

“麻木”成为城市的交通工具，在很大程度上弥补了公共交通的不足，给市民出行带来了很大的方便。公交线路未通的路段，“麻木”可能畅通；狭窄的小巷，“麻木”灵活穿行；加上其比出租车的“起步价”便宜得多的价格优势，“麻木”成为一种有着广阔需求空间的交通工具。正是因为如此，“麻木”才出现了迅猛的增长势头。即使政府数次采取措施予以

控制，仍无法控制其增长的步伐。

然而，自“麻木”成为武汉市区交通工具尤其是有了“电麻木”后，交通事故就增加了一种新的肇事工具。穿行于大街小巷的各式“麻木”，因为体积不大，调头转向灵活，常常不守交通规则，在拥挤的车流和人流中左奔右突，横冲直撞，成为武汉城市交通混乱状况的主要制造者之一。因为不守规矩，“麻木”常常被疾驶的车辆撞翻，造成“麻木”上的乘客受伤，严重的更是车毁人亡；“麻木”在人行道上飞驰，又主动扮演着“马路杀手”的角色，常有撞伤撞死行人的事故发生。

无论是对城市管理措施是否到位进行审视，还是提供人们关心的社会生活新闻，交通事故都是媒介报道的重要内容。由于它事关人的生命安全，出于对生命的尊重和敬畏，不管同类事故有多少，即使天天重复发生，媒介也会不遗余力地进行同类报道，而且同城各类媒介都会不约而同地予以报道。一张张血肉模糊的照片，一个个悲痛欲绝的家庭，一组组触目惊心的数据，不断地敲击社会的神经。媒介对“麻木”带来的交通事故反复和集中报道，把时间和地点都很分散的问题集中化，让散落于在大街小巷的司空见惯的“麻木”问题凸显为亟待解决的社会大问题。

大众媒介对“麻木”问题的报道，既有记者深入街头目击“麻木”乱窜带来的交通混乱、交通事故，有记者采访环境管理部门了解到的“麻木”排放大量尾气对城市空气污染严重的事实，也有倾听生活于这个城市的市民对“麻木”横行的抱怨和建议。无论是关于“麻木”问题事实的报道，还是对“麻木”问题意见的报道，都是大众媒介代表公众向政府部门提出制定政策解决这些问题的要求。对“麻木”带来的交通问题的事实的报道，本身就传递着记者及所在新闻单位对此问题的意见和要求，尤其是对造成这些问题的原因分析和治理问题的对策思考，更明确地表达了媒体对政府采取措施的希望和要求。公众表达对此问题的意见和要求可以分为不同的情况。一些“麻木”事故受害者家庭因为赔偿问题频频找政府部门反映情况，希望解决个人问题，其中也传达着他们对解决“麻木”问题的意见和要求。当他们的合理要求得不到很好解决的时候，他们也会打电话、写信或直接到新闻单位，通过大众媒介反映境况，表达意见和要求，媒介集中放大这种民众声音，向政府部门施压。同时，也有一些对此类问题很关注的普通公众通过给新闻单位写信，表达自己的声音。

大众媒介对“麻木”带来的城市交通和环境污染的事实和公众对此问题的意见信息的反复报道，虽然已明确地揭示出这一严重的社会问题，但并非经过媒介报道很快就直接进入政策议程，其间又经过了较长的时间和一些重要的压力助推环节。

2. 人大代表和政协委员就此问题反复提出建议

公众对“麻木”问题的意见通过大众媒介的集中报道迅速成为人大代表和政协委员们关注的社会问题。从 1993 年开始，每年的湖北省及武汉市“两会”上都有人大代表和政协委员提出加强“麻木”管理的建议。

武汉地区的报纸在报道人大代表关于治理“麻木”的建议时都提到喻俊芳这个名字。喻俊芳是较早提出规范“麻木”管理建议案的武汉市人大代表。她是华中科技大学环境学院的教授，1988 年起当选为武汉市人大代表。曾多次就武汉市关山地区几十万居民饮水问题①、污染严重的武汉炭黑厂搬迁问

① 这一地区的居民长期饮用水质严重受污染的东湖水，她提出政府应尽快实施“湖改江”工程，让这一地区的居民摆脱饮水之苦，能饮上达标的长江水。

题、违法填湖建房问题等提建议案。这位女人大代表以做学问的执著精神对待她提出的每一件议案，光是为解决关山地区居民饮水问题，她就提了12年，直到这个地区的居民最终饮上了长江水。18年来，她累计提出的议案多达100余件。

喻俊芳说，武汉市的“麻木”带来的问题除了污染环境，最突出的还是经常性地带来交通混乱和交通事故，造成人员伤亡。她对此问题相关信息的获得，一是通过自己的亲身体验，每次上街走路看到疾驶的“麻木”在人行道上穿行，与行人擦身而过，都提心吊胆，生怕被撞倒；二是坐在公交车上，也经常看到“麻木”与汽车抢道，尤其是到车辆集中的公交车站，“麻木”夹在汽车与汽车之间候客、穿行，非常危险；三是市民向她反映“麻木”问题；四是通过媒介的报道获得更广泛的相关信息。她说，报纸、电视是获得信息、形成议案问题的最主要渠道。个人体验和实地调查毕竟范围有限，了解的内容都是一些特殊的个案，大众媒介报道的范围、数量以及报道对象的普遍性，都远远超过个人的体验和调查。以前，她虽然也读报看电视，但只是当做消遣。自当上人大代表后，对媒介信息的关注更多的是城市管理需要解决的问题。她多年一直订阅武汉市委机关报《长江日报》，每天晚上看武汉电视台的《武汉新闻》，从中发现值得关注、亟待解决的社会问题。她把报纸上看到的相关问题报道分门别类进行剪报收集，为形成建议案提供依据。她说：“报纸、电视新闻报道的一些‘麻木’撞人或被撞造成人员伤亡的事例，激发了作为一个人大代表的责任感，促使我不能不为此做些事情，发挥一些作用。”人大代表发挥作用的渠道主要就是提出建议案。她和其他几位人大代表多次就解决武汉市的“麻木”问题向市人大提建议案。

1998年，喻俊芳、王汉蓉、黄德盈等人大代表提出了《关于对三轮载客机动车辆规范管理》的建议，其内容如下：

> 市政府多次提出要取缔机动载客三轮车，但始终没有如愿，据说政府对三轮车不取缔了，而是规范管理，既然规范管理，就要制定措施，严格管理，现在仍看到许多用塑料布（很破烂的布）做遮阳篷的载客三轮车在一些主干道上乱窜通行，实在影响市容市貌。建议：
>
> 1. 建立管理载客机动三轮车的机构，负责对车况和服务情况的检查和管理；
>
> 2. 统一做遮阳篷，对布的质量、颜色要有一定的要求；
>
> 3. 指定停车站点，不要影响交通；
>
> 4. 严禁在主干道上通行，否则影响交通、市容，又不安全。①

喻俊芳的建议此时还只是要求对“麻木”通行进行规范管理，应统一规范车况和服务，严禁其在主干道上通行。

此后每年召开的武汉市人大会议上，都有代表就这一议题提出建议。

1999年，陈文锋代表提出《将“电麻木”纳入机动车管理范畴的意见》的建议：

> 多年来，我市对“电麻木”的态度几经变化。从去年开始，允许有照“电麻木”上路运营。以前是以保护残疾人的名义，现在是以保护下岗职工的名义。无论怎样对待，“电麻木”属机动车范畴，对它的管理应纳入机动车管理范畴。
>
> 无论是在武汉城区的哪个地方，几乎都有“电麻木”

① 1998年武汉市人大代表第039号建议。

在道路上行驶。它们横冲直撞，如入无人之境，令路人害怕。因此，建议市公安交管局：第一，对有照的“电麻木”车况每年年审；第二，对其驾驶员进行必要的培训，定期进行安全教育；第三，规范其运营线路、运营秩序（含有序停靠等）；第四，给驾驶员发放驾驶证，坚决取缔无证、无照“电麻木”的运营。①

这一年，人大代表李巧珍也提出了《对人力三轮车、电动“麻木”（加强）管理》的建议。②

对于陈文锋代表的建议，承办单位武汉市公安局做了如下答复：

每年对有证“电麻木”进行安全技术检测，如尾气检测；每月定期对街辖有证“三车”驾驶员进行交通安全的学习和教育；在全市设立14条“三车”禁行线和220个“三车”停靠点，并聘请了336名协管员进行规范管理；全市共办理“三车”驾驶证34543本，今后不再发证，对无证“麻木”，我们组织了强硬有力的整顿专班，24小时不间断地对其进行收扣并销毁。

政府部门虽然对人大代表的建议作出答复，但武汉的“麻木”问题并非真正得到解决。无证“麻木”依然在运营，有证“麻木”也未遵守“三车”禁行线和停靠点的规定，其所带来了交通混乱依然如故。到了2000年，代表们提出的议案就开始要求彻底取缔所有“麻木”了。

2000年，徐阳佺、骆有亮等10名人大代表联名提出《关

---

① 1999年武汉市人大代表第039号建议。

② 1999年武汉市人大代表第027号建议。

于解决载人机动三轮车污染扰民问题的建议》，其中明确提出彻底取缔所有载人机动三轮车的问题：

> 武汉街头载人机动三轮车污染扰民，群众怨声载道。载人机动三轮车（麻木）尾气污染大、噪音大，横冲直撞扰乱交通，很多来汉出差的内、外宾对武汉作为特大城市保留这种严重污染扰民的落后交通工具感到不可理解。武汉要改善城市面貌，改善交通环境，发展旅游，建设山水园林城，就应下决心解决这个老大难问题。最近报载河北承德市已取缔了载人机动三轮车，老百姓拍手称快。我们迫切希望武汉市政府领导以壮士断臂的勇气彻底解决载人机动三轮车污染扰民的问题！
>
> 建议：1. 彻底取缔所有载人机动三轮车（麻木）；2. 在部分旅游区规范保留部分人力三轮车以方便游客。①

同年，人大代表殷涛提出《关于取缔载客营运机动三轮车的建议》。这一建议不仅开宗明义地表明取缔“麻木”的态度，而且建议用立法的手段解决这一痼疾：

> 鉴于我市载客营运机动三轮车，容易造成交通、环境、安全的极大危害，严重妨害我市的城市健康有序发展和山水园林城市的建设。为此，建议市人大立法坚决取缔载客营运机动三轮车。②

人大代表陈中疆提出《加强对非机动车辆（电麻木、三轮车）的管理》的建议，首次提出以保证下岗职工再就业机

① 2000年武汉市人大代表第032号建议。

② 2000年武汉市人大代表第033号建议。

会促进“麻木”管理工作：

> 建议市政府有关职能部门强化街道办事处、居委会的社区服务功能，建立三轮车、电麻木服务站，由各街道、居委会、派出所联合管理，并指定和控制在一定的路段区域服务运行。
>
> 1. 在市有关职能部门指导下，各区、街、居委会、派出所联合对三轮车、电麻木进行管理，并建立服务站，保证下岗职工再就业机会。
>
> 2. 严禁电麻木、三轮车在主要干道行驶，并指定在一定街、巷和无公交车通行的区域通行。①

从这一年的人大代表建议中可以看出，代表们对解决“麻木”问题的措施建议已逐步深入而科学。许多代表都在这一年提出要取缔“麻木”才能从根本上解决“麻木”问题；针对历次禁止“麻木”在城区主要路段运营的规定形同虚设的事实，代表们提出用立法的手段解决这一问题，提高政策的刚性；针对“麻木”车主绝大多数为下岗工人致使政府迟迟下不了取缔“麻木”的决心这一现实，代表们提出将解决“麻木”问题与保证下岗职工再就业机会结合起来等。这些对策的思考就是后来被证明行之有效的解决“麻木”问题的思路，有些就是政策的相关内容。

对于这些建议，武汉市公安局的答复是目前仍以控制“三车”蔓延为主，三年内逐步取消“麻木”：

> 1. 严把有证“三车”的审核关，对因死亡、年龄偏大或转向不再从事营运的“三车”不予办理过户手续，

---

① 2000年武汉市人大代表第034号建议。

使“三车”数量逐年萎缩。

2. 严格限制外来人员从事“三车”营运，一经发现即收扣车辆并配合有关部门将其遣返回原籍。

3. 在原有56条“三车”禁行线的基础上，逐步扩大禁行范围，直到最后彻底消除“三车”，目前，仍以加大“三车”营运秩序检查为主，对违规行驶、证照不全、乱停乱靠的违章者加大处罚，以规范行车秩序。

4. 经常对车辆的安全技术状况进行检查，对不合要求的车辆强制报废和更新，1999年共报废二冲程车900辆，更新四冲程车3200辆。

5. 狠抓“三车”源头管理，指定4家“三车”专卖点，负责全市的“三车”更新，同时对其他非法销售点配合工商税务部门重点打击，控制“三车”无序蔓延。

6. 市局拟提出三年内逐步取消“麻木”的措施和规划。如获市政府批准，将分阶段、分步骤予以实施，届时我市的交通环境必将大为改观。

从武汉市公安局对取缔“麻木”的建议的答复可以看出，当时主要是通过控制新的增长的方式使“麻木”数量逐年萎缩，通过扩大禁行范围缩小“麻木”生存空间，但与此同时，对不合要求的“麻木”继续实行定点更新，这表明市政府对解决“麻木”问题的态度还处于犹豫状态。

2001年，人大代表继续就“麻木”问题提建议。方道茂、范景柱、王莉代表提出《关于机动三轮车必须限量，做到严格管理，令其自行消亡的建议》，建议中反映的问题仍是此前其他代表的建议中反复提及的问题，但尖锐地指出了“发展到现在这个局面，有关部门难辞其咎”，对政府有关部门未能及时解决人大代表年年提的建议问题提出了批评：

> 目前由于管理混乱，（“麻木”）呈失控之势。就电三轮的排放尾气而言，对城市空气污染远超汽车，而且其乱停乱放，上下班高峰时更是占据交通要道乱行，使本够拥挤的街道更增混乱。稍有空当，它就挤上前，加剧了行路难，也增加了交通事故的发生，影响了武汉畅通工程的形成，破坏了武汉大城市的形象。其中不少驾驶员为外地农工，难免藏污纳垢。如阅马场、中南路口、小东门等处十分突出，已发展到非加大整治力度不可的地步了。无证经营者数量逐渐增多，恶性膨胀，利用时间差与交管人员打开了游击战。发展到现在这个局面，有关部门难辞其咎。
>
> 建议：
>
> 1. 以街道为地段，重新登记营业牌照，严格控制数量，只能减少不许增加。采取积极疏导措施，规定集中停靠，坚决取缔无照经营。
>
> 2. 向上海、南京等城市学习。随着城市的发展逐渐淘汰机动三轮车，先期可以人力三轮车替代，减少空气污染，最终要全面禁止和淘汰此类车辆的运行。
>
> 3. 堵塞源头，防止新的“电麻木”三轮车投入运营，不下此决心，实难达到禁绝和淘汰的目的。①

同年，武汉市人大代表王震宇也提出《关于逐步取缔“麻木的士”的建议》，针对武汉街头“麻木的士”呈现的“多、乱、黑、杂”状况，建议由责任单位停止“麻木的士”的审批，不允许继续增加合法车辆的营运；坚决杜绝外地有证“麻木”进城经营；选择一种安全性能好、无污染、轻便、美观的观光车逐步取代现行的残疾助动车，争取一至两年内推

---

① 2001年武汉市人大代表第052号建议。

行，并逐步淘汰现行的“麻木的士”。①

武汉市公安局在对这两件建议办理情况答复时明确透露市委、市政府逐步清除全市2万多辆有证“三车”的政策计划：

> 目前，市委、市府正积极借鉴兄弟城市的经验和做法，在妥善解决好“三车”从业人员车辆收购、就业安置、生活出路等问题的前提下，采取分阶段、分步骤进行的方式，力争逐步清除我市2万多辆有证“三车”，确保城市道路交通秩序的良性发展。

可以看出，经过人大代表多年反复地提建议，政府已改变以往与“麻木”车主打游击战的一阵风做法，采取综合配套措施从根本上清除“麻木”已纳入政府的城市管理计划。由于解决这一问题的政策尚未出台，代表们继续就此问题向政府提建议。

2002年，熊继彩、曹远平等60多位代表提出包括“关于在七城区取缔‘麻木’”在内的4件议案原案。代表们联名疾呼，要将行政措施与市场手段并举，力争在七城区取缔“麻木”。

2003年，程杰等十余位市人大代表再次提出“关于取缔‘麻木’的议案”。议案原案客观分析了街头“麻木”得以存在并久禁不止的原因，还提出了如建设轻轨、的士降价、增设小型巴士、完善社会化城市管理等疏导措施。②

政协委员们也经常就“麻木”问题提交提案。湖北省政协委员孔可立先生从1997年起，已连续7年提出解决“麻

---

① 2001年武汉市人大代表第044号建议。

② 韩红：《依法解决“麻木”顺民意》，http://www.cnhan.com/big5/content/2003-07/22/content_275792.htm

木”问题的提案，“1994年，我姐姐从美国回来探亲，看到‘麻木’与公汽抢道，摇摇头说无法理解这座大都市。2002年，一位国外朋友来汉投资考察，有10年驾龄的他说满街跑的‘麻木’太可怕。”法国驻武汉前领事尚多礼先生离任时，对这座城市感受最深刻的是“‘麻木’太多，有损城市形象”。①

……

人大代表、政协委员借助大众媒介对“麻木”问题的报道加深了对此问题的认识，促使他们迅速并反复就此问题提出议案和提案。代表、委员们的议案和提案又成为大众媒介进一步报道的内容。大众媒介对议案和提案的内容进行公开报道，并对相关议案和提案所指的问题进行进一步调查，使代表、委员关于规范管理和取缔“麻木”的声音得到进一步强化和放大。相对于普通公众而言，人大代表和政协委员属社会精英群体，他们离决策层更近，影响政策的能力更大。大众媒介公开并集中放大社会精英群体的意见，便对政府决策部门提出了加快制定相关政策的要求和压力，从而形成了促进政策构建的加速剂。

3. 政府将“禁麻”问题纳入政策议程

2001年武汉市人大副主任单大年率队到北京、沈阳、大连、上海、杭州、南京及周边的南昌、长沙、宜昌、黄石等城市调研这些城市整治“三车”情况，就意味着此次武汉市政府开始有了彻底整治“麻木”的政策初想。过去历次整治“麻木”，都是把整治对象盯住无证“麻木”，同时又给无证的“麻木”办证，其结果不仅有证“麻木”越来越多，无证“麻木”也因侥幸心理越来越多。当武汉市政府到异地取经的目

① 江华：《“麻木”告别城市》，《南方周末》2003年8月21日。

光盯住整治“三车”的经验时，意味着武汉市将把无证正三轮摩托车、有证正三轮摩托车和有证人力三轮车一起作为整治对象，纳入解决“麻木”难题的政策内容，通盘决策。

2002 年底，武汉市委办公厅等 8 部门联手到南京、上海、昆明、贵州等地再次考察当地清理整治三轮车的情况，进一步表明政府解决困扰武汉城市发展的“麻木”难题的决心。

2003 年初，武汉市市长李宪生在《政府工作报告》中明确提出要把妥善解决“麻木”即正三轮摩托车的问题作为当年政府工作一项必须完成的重要任务。此时，政府并未明确解决这一问题的具体办法，但已明确提出要在这一年内解决“麻木”问题，这就意味着“麻木”问题已正式进入政府的政策议程。

接着，政府便着手为此项公共政策的出台做具体的准备。2003 年 2 月 9 日上午，武汉市人民政府召开第一次常务会议，会议听取并原则同意市法制办、市公安局关于《武汉市道路交通管理若干规定修正案》（草案）有关情况的汇报。此次会议强调，组织整治武汉市城市道路交通管理秩序，是全市广大人民群众的普遍呼声和强烈要求，是市人代会、政协会多次会议的讨论话题，为社会各界广泛关注，市委市政府对此十分重视，认真进行调查研究，提出了在全市上下形成共识的基础上下决心进行整治的方案措施。

2003 年 2 月 22 日，武汉市委召开书记办公会议，专题研究解决正三轮摩托车（“麻木”）的问题。

经过广泛而深入的调研，2003 年初，取缔“麻木”就正式进入武汉市政府的政策议程。围绕着制定取缔“麻木”的相关政策，专题研究的会议集中而频繁，预示着彻底解决武汉市“麻木”问题的时机已经成熟。这期间，每一次市委、市政府专题研究解决“麻木”问题的会上，都明确指出“麻木”问题是新闻媒介频繁报道的焦点、人代会、政协会年年讨论的话题。这无疑表明，新闻报道、人大代表和政协委员的建议推动“麻木”问题进入政策议程。

从“麻木”问题被关注到精英群体意见的形成和传达再到进入政策议程，其间的每一步都与大众媒介的功能发挥息息相关。因为大众媒介的报道，“麻木”问题由零星分散的个案成为集中而严重的社会问题，媒介对此类问题集中而重复的报道增强了作为社会精英群体的人大代表和政协委员的忧虑感，促使他们反复就此问题提出议案和提案，这些议案和提案经媒介再次报道放大了精英群体的声音，对作为政策决策部门的政府形成了压力，促使政策问题尽快进入政策议程。

并非人大代表和政协委员的建议都能迅速进入政府的政策议程，这其中存在着条件和时机是否成熟的问题。武汉市历次禁止无证“麻木”上街运营、规范有证“麻木”运营区域和线路等措施，都是对这些建议的反应和重视。由于其间决策者之间对解决“麻木”问题存在着意见分歧，加上对解决“麻木”问题并未与解决车主的再就业问题、车主购车成本补偿问题、残疾人及生活困难车主的生活保障问题等综合考虑，其措施总是局限于办证和限行，致使“麻木”车主与交管人员的“游击战”演变成了“持久战”。即使如此，人大代表和政协委员年复一年地就“麻木”问题提建议，加上大众媒介对这一问题的事实及意见的反复报道，对于促使这一问题进入政策议程形成的累积效应，则是不应被忽视的。

当然，并不能说这次“麻木”问题进入政策议程完全是因为媒介与人大代表、政协委员共同促成的。因为早在 20 世纪 90 年代，武汉市政府就企图通过强制的行政管理措施，上街收缴“麻木”，虽未成功，但也说明解决“麻木”问题一直是政府部门希望解决并切实采取了措施的。因此，可以说，是政府内外多方力量的共同作用促成“麻木”问题进入了此次政策议程。也就是说，媒介、人大代表、政协委员和政府部门都参与了解决“麻木”问题的公共政策的输入过程。

二、公共政策的输入类型：内输入和外输入

公共政策的输入是指向政策制定系统提出要求和支持的过程,① 亦即发现和促使社会问题转化为公共问题进而转化为政策问题、进入政策议程的过程。

要弄清公共政策的输入机制首先必须弄清政策问题的如何确定的。

1. 政策问题搜寻系统

任何公共政策所要处理和解决的都是社会问题、公共问题或政策问题。社会问题是公共政策的起点。概括地说，所谓社会问题是指社会实际状态与社会公众期望之间的差距，是理想与现实的差距，亦即社会公众期待解决的社会矛盾。我国社会学家郑杭生分别对社会问题作了广义和狭义两种界定。“广义的社会问题，泛指一切与社会生活有关的问题；狭义的社会问题特指社会的病态或失调现象。”“狭义的社会问题，指的是在社会运行过程中，由于存在某些使社会结构和社会环境失调的障碍因素，影响社会全体成员或部分成员的共同生活，对社会正常秩序甚至社会运行安全构成一定威胁，需要动员社会力量进行干预的社会现象。”② 虽然任何社会都存在很多社会问题，但是并非都能引起人们的共同关注。那些有广泛影响、迫使社会必须认真对待的社会问题，被称为社会公共问题。社会

① 李杰、杨荣军：《我国公共政策输入机制探析》，社会科学研究 2005 年第 5 期。

② 郑杭生：《社会学概论新修》（第三版），中国人民大学出版社 2003 年版，第 358 页。

问题如果没有得到恰当的表达和足够的察觉与关注，就不能成为公共问题。公共问题如果没有适当的方式和途径进入政策制定部门的视野并被重视，就不会成为政策问题。可见，政策问题不仅是一种客观存在，更是一种主观认识和价值判断的结果。

“政策问题虽然是一种客观现象，但是必须有人发现和提出它才能有意义。一般来讲，个人、团体、政府、政党、新闻媒介、专业研究机构都可能发现和提出问题。”① 对于一个国家、一个地区来说，必须主动、全面地搜寻问题，及时发现问题、抑制问题恶化，尽早解决问题，才不至于等问题趋于恶化了再想办法而陷入被动，因此，有必要建立健全政策问题主动搜寻系统。所谓政策问题搜寻系统“是指针对政策问题的搜寻和发现，政府、政党、社会团体、企事业单位、新闻媒介和专业分析机构所构成的及时、准确地发现政策问题的工作体系。这种工作体系的完善，将形成一种机制，使政策问题一旦出现便会被及时发现”②。这些部门由于工作性质不同，职能范围不同，因而关注政策问题所涉领域也各不相同。政府和政党因为站在一个国家或地区发展的全局高度，关注的是宏观性的全局发展问题，因而对政策问题的关注也属于影响一个国家或地区发展的全局性问题。社会团体更多地代表着团体成员的利益，因而其关注的政策问题也与团体系统的成员利益相关。企事业单位更多地面对的是自身生存与发展中亟待解决的问题，带有明显的行业特点。新闻媒介是一种属于全社会的传播工具，它承担着全面反映社会面貌的重要职责，自然也包括搜

---

① 王骚：《政策原理与政策分析》，天津大学出版社 2003 年版，第 113 页。

② 王骚：《政策原理与政策分析》，天津大学出版社 2003 年版，第 115 页。

寻和发现全局或局部的社会问题。政策问题专业分析机构也是在全社会内搜寻问题，作为分析研究的对象。还有一些个人研究者如专家学者，他们根据专业不同，研究对象有所不同，总体来说他们政策问题的搜寻涉及社会的各个领域。这些机构和个人对政策问题的搜寻和分析，都必须反馈到政策决策部门，才显示出其价值。

由于大众媒介的触角无处不在，因此，无论政策问题搜寻系统中主体是谁，往往都与大众媒介发生了极为密切的关系。无论政府和政党、还是社会团体、企事业单位、专业分析机构和社会个人，都是大众媒介采访报道的对象，他们对政策的搜寻都会成为媒介报道的内容。借助大众媒介，他们搜寻的政策问题也可以得到集中放大，进而引起更多的社会关注，得到更多的舆论支持。除了反映这些机构和个人搜寻的政策问题外，大众媒介自身还独立地深入社会的各个领域，搜寻和发现政策问题。这里，借用王骚提出的“政策问题的搜寻系统”，笔者在政策问题反馈到政府的过程中加入大众媒介这一重要中介，图示如下：

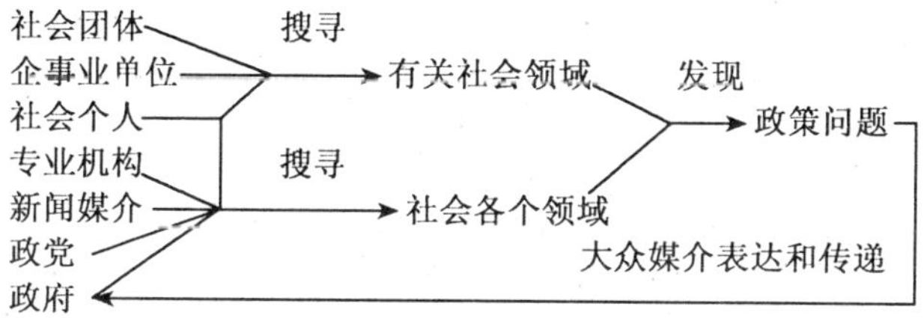

政策问题的搜寻系统

在政策问题的搜寻系统中，政府和大众媒介都发挥着双重职能。政府既担负着主动搜寻社会各领域的问题的职能，又担负着接受来自其他机构、团体和个人搜寻的政策问题信息的职能。大众媒介也是一样。它既担负着主动搜寻社会各领域的问题的职能，又担负着传递其他机构、团体和个人搜寻的政策问题信息的职能。

武汉的“麻木”问题并非哪一个组织或个人单独搜寻的，它是各类机构共同搜寻的对象。随着“麻木”数量的剧增，其带来的交通混乱、安全等问题有目共睹，作为社会“守望者”的新闻媒介首当其冲地承担了搜寻和反映各类社会问题的重任，负有城市管理之责的政府部门也不可能对此问题视而不见，代表人民行使参政权的人大代表们也纷纷就此问题提建议。无论是政府还是人大代表，只要提起“麻木”问题的严重性，皆以媒介的报道作为例证，这在很大程度上说明大众媒介不遗余力地报道“麻木”问题对于此问题的被关注起到很大作用。

我们以《武汉晨报》为例，仅仅是在取缔“麻木”前一年的2002年，有关“麻木”问题的报道就达近40篇：

1月4日　百米取款路　硬收二十元　“麻木”“摩的”用“元、角”俗语欺客

1月6日　菜市场里停“麻木”　马路两旁摆菜摊

汉正街“麻木神探”朱启友

“麻木”钻进卡车“嘴”里

1月8日　租“麻木”三盗铝线

1月11日　“麻木”,该不该取消?(“两会”特别报道)

“麻木”夫妻——“不是为了吃饭，哪个愿开‘麻木’”?

“麻木”司机群体调查——多数为下岗工人，月收入500~800元之间

人大代表：取消“麻木”——历届人代会，“麻木”都是热门话题

城市发展了，“麻木”终将退休——环保

部门介绍，“麻木”排污量是轿车的8倍，是尾气治理的最大障碍；交管专家钱光强谈“麻木”；“麻木”取缔关键是政府决心

1月13日　“黑麻木”拼装倒卖流程图

1月15日　汉正街的“可怜之家”

1月23日　500师生行路难　新江夏一中盼通公汽
“麻木”宰客，加大师生经济负担

2月1日　火车撞“麻木”　四人丧生

2月5日　“麻木”李鬼撞见李逵
嫌“麻木”碍事　打斗出人命

2月26日　面包车撞“麻木”乘客重伤

2月27日　违章“麻木”　烧车抗罚

3月16日　铁路道口上演惨烈真情　鄂州男子掷开儿子挡火车　边三轮被撞出100多米

3月23日　偷卖的“麻木”来路不明　记者暗访捉现行
武昌佰汇商场旁　专线车与“麻木”相撞“麻木”司机重危

4月5日　“黑麻木”撞伤环卫工人

4月16日　频频引发交通事故　扰乱出租车市场　武汉严禁“摩的”　“摩的”为何屡禁不绝

4月17日　“摩的”，危险！带人乱窜　出事就跑　乘“摩的”摔成骨折

5月18日　“狠人”车碾执法者

6月24日　“摩的”司机为逃检　竟称乘客“是我儿”

7月20日　“麻木”穿针　游艇引线　磨山逃费“黑路”

7月25日　“麻木教授”导演蜗牛骗局

8月3日　千余交警夜查“摩的”“三车”　纠正违

章 2234 起　暂扣证照 290 本、车辆 1019 辆　17 名无证驾驶者拘留

8 月 10 日　民警扮“麻木”　逮住“摸奖帮”

一男子在“麻木”上离奇死亡　警方查明：吸毒过量

9 月 5 日　警方端掉特大“麻木”拼装点　收缴“麻木”82 辆

9 月 19 日　狂追“麻木”偷内衣

10 月 5 日　长途车为对付检查站交警　用“麻木”转运超载客

11 月 10 日　公汽掀翻“麻木”

11 月 18 日　货车侧翻　压翻“麻木”

12 月 18 日　“醉麻木”变哑巴

12 月 19 日　学生伢放学不回家　坐“麻木”冲进黑网吧

12 月 21 日　“麻木”闹事堵交通　警方扣留全部肇事车辆　为首“麻木”戴某拘留七天

12 月 26 日　躲“麻木”翻了车　棉包拦路半小时

大众媒介长年不断地对同一个问题进行报道，就使这一问题被广泛关注，因而实际上也就起到了搜寻政策问题的作用。

2. 政策问题的确定与政策议程的建立

政策问题是指经过有权制定政策的主体的认定，认为应该而且可以通过特定的公共政策加以解决的问题。各机构、团体、媒介和个人搜寻的政策问题，严格说来还是没有得到政策制定主体认定的社会问题，这些问题被认为可以通过制定或修改公共政策得到解决，因而急于向政府决策系统反映，以争取尽快得到认定。

政策问题的认定是指政策制定部门对需解决的政策问题的实质的认识和确定。一般来说，政策问题提出后，人们只是知道问题的存在，对于问题的性质、程度和范围并不十分清楚，因此需要对政策问题进行讨论和分析，以弄清问题究竟是什么。对政策问题的讨论分为社会公众讨论和政府议程中的讨论两种。一项政策问题被提出后，有可能直接进入政府的议事日程进行分析讨论，也有可能先通过大众媒介在公众中进行广泛的讨论，然后再进入政府的议事日程，也可能两者同时进行。一般来说，社会公众的讨论因为人数众多、构成复杂、认识水平参差不齐，他们对政策问题的讨论偏重于现象陈述，当然其中不乏直指问题实质的真知灼见，而政府的分析更趋理性，因而侧重于对问题实质的探讨。由于政策问题目标对象涉及的公众群体范围较广，政策问题的认定一般应经过社会公众的讨论，这种参与既有助于政府加强对相关问题的认识，也有助于培育和增强公众在政策过程中的主体意识和责任意识。

在政策问题认定过程中，大众媒介应该而且必须充分发挥其作用。一方面，它要及时整合并公开提出政策问题，动员公众参与讨论，另一方面，它必须提供充足的版面、时段供公众发表意见。即使公众在讨论中发表的意见与政府的意见不一致，媒介也应有其释放的空间。要让各种言论充分展示，为政府传递最真实的公众声音。况且，公众对政策问题的讨论更多的是建设性的意见。随着公众文化素质和民主参与素质的提高，公众意见的参考价值会越来越大。武汉市的“麻木”问题在媒体报道相关事实和政府意见的过程中，公众通过各种媒介发表的意见，并非囿于个人利益，而是有着全局的视野和长远的眼光。在2003年初的武汉市“两会”期间，汉网“长江日报论坛”上就有网友发表如下看法：

“麻木”曾经是武汉的一道风景，不仅解决了不少下岗工人的就业问题，而且给手头不够宽裕不愿打的的市民带来方便，但是随着城市的发展，“麻木”的负面愈来愈严重，应该是武汉市“麻木”终结的时候了。

“麻木”存在的问题：

一、有损城市形象，一到武汉，满街“麻木”，感觉像县城。

二、污染大，噪音大。你在大街上留心一下，声音大、冒烟多的大半是“麻木”。

三、造成交通隐患。大多数“麻木”都疏忽交通规则，逆向行驶，人行道及大街、小巷到处乱窜。①

当然，对政策问题的认定最终仍应由政府部门来实施。一方面它可以广泛听取公众讨论，从大量的有价值的意见中深化对政策问题的认识，另一方面它集中了各领域的专家，对政策问题实质的认定能力更强。

当政府对政策问题的实质认定清楚之后，政府将为解决政策问题进行一系列的研究、讨论等工作，即制定政策的过程，这就意味着政策问题正式进入了政府的政策议程。一旦政府在对政策问题的实质进行认定之后发现解决问题的条件尚不成熟，还需要暂时任其发展，那么政策问题还没有进入政府的政策议程。

可见，政府的态度对于政策问题能否或何时进入政策议程起着决定性的作用。因为政府是公共政策的制定者，也是政策议程的设计者。哪些问题被认为是亟待解决且条件已经成熟，哪些问题被认为可以暂缓解决或条件不太成熟，都取决于政府部门对相关问题的认识和态度。政府在决定政策问题能否进入

---

① 《长江日报论坛网友关于两会的一些疑问》，http://www.cnhan.com/gb/content/2003-01/10/content_238506.htm

政策议程的过程中，既要承受来自普通公众、利益群体、政治领袖等方面的压力，也必须考虑解决问题的条件和时机、当前能否彻底解决问题等。当然，政府是否站在公众的利益角度思考问题，是否发自内心地急群众之所急，也直接影响着政府决策部门解决相关部门的态度，进而影响政策议程。

大众媒介在其中的关键作用不可低估。大众媒介在传递各界人士意见和要求、集中放大政策问题的过程中，通过反复报道事实，发表各种评论，也集中并放大了公众对政府部门的舆论压力。当这种压力达到一种程度，就会对政府部门产生影响，促进政策问题进入政策议程。

虽然公众呼吁取缔“麻木”多年，人大代表和政协委员也反复就此问题提建议，但最终认定解决“麻木”问题的根本是保留或取缔“麻木”的问题，仍然只能是政府。当武汉市政府决定要彻底取缔“麻木”时，政策问题便确定了。这期间，大众媒介对街头“麻木”横行所带来的问题的报道及公众、人大代表、政协委员意见的报道，无疑对政策问题的确定起了助推作用。

3. 公共政策的内输入与外输入

美国学者罗杰·W. 科比在《比较政治过程的议程制定》一文中，根据政策问题的提出者在议程中的不同作用以及扩散其影响力的范围、方向和程序，把政策议程的模型划分为三种类型，即外在提出模型、动员型、内在提出模型。外在提出模型主要是指政策问题的发现和提出者是执政党和政府系统以外的个人或社会团体，他们给决策者以足够影响力，使问题进入正式议程；动员模型主要是指政治领袖自己提出政策问题，并把它列入政策议程的过程；内在提出模型主要是指政策建议或政策方案起源于执政党和政府内部的某个单位，或者起源于接近执政党和政府的某个团体，提出者并不希望把问题列入公众议程中，而希望凭借自身的力量直接将问题纳入正式议程。①

根据政策问题提出者的身份所属，我们可以将科比提出的动员型和内在提出模型归为一类，都是由执政党和政府系统以内的组织提出的。这样，我们将政策输入机制分为内部输入和外部输入两种类型。所谓内部输入是指政策制定部门即党和政府部门主动提出政策议题并将其纳入政策议程的过程，而外部输入则是指政策制定部门以外的个人、群体或组织向政策制定部门表达利益要求、提出建议并促使其纳入政策议程的过程。

考察我国的公共政策制定过程，我们发现，我国公共政策的制定呈现出突出的内部输入特点。我国学者胡伟在《政府过程》一书中，运用系统分析方法，研究中国政治决策的过程，突出了权力精英在中国政治决策中的作用，借用了伊斯顿《政治生活的系统分析》一书中提出的“内输入”的概念。他指出：“决策过程中的利益要求不是由政治体系外部的社会结构输入政治体系（决策中枢），而是由权力精英自身来进行利益要求的输入，即‘内输入’。”在他看来，内输入是当代中国决策过程中利益表达与综合的主导形式，亦即当代中国“人民的利益”是由权力精英“为民做主”的；它所依靠的不是多元决策下的社会互动过程，而是权力精英的政治折中。②我国公共政策的制定之所以形成内输入的主导机制，可从我国特殊的经济、政治、文化因素分析。（1）长期的计划经济模式，导致社会利益结构分化不明显，利益表达组织缺乏，个人的表达意识和能力也极其微弱，公共政策的制定基本上是自上而下的政府主导模式。政府在政策问题确认中主动介入以发现

---

① 转自陈振明主编：《公共政策分析》，中国人民大学出版社 2003 年版，第 189-190 页。

② 胡伟著：《政府过程》，浙江人民出版社 1998 年版，第 283-284 页。

并解决问题，而个人、团体基本上不介入或很少介入。① 当然，政府自上而下地进行政策输入，总是以代表人民表达利益要求的方式出现的。（2）高度集中的权力管理体制和运行模式，使得政策问题的提出和纳入政策议程的权力集中于政府手中，虽然在这种权力体制下，提出政策问题的政府也会征求群众的意见，但政策问题的轻重缓急安排、权力精英对民众诉求的体认，都有赖于权力集中的上级政府"为民做主"的态度和水平。（3）在中国的传统政治文化中，政府官员是人民的"父母官"，人民的利益要由政府官员来体察和照顾。这一点对当代中国仍有很大的影响。在当代中国，一般情况下民众仍把维护自身利益的希望寄托在重要的权力精英身上，并不直接采取行动去影响决策。因此中国的权力精英必须具有比较强烈的责任感和使命感，自觉维护和代表社会公众的利益，否则将会产生严重的政治后果。②

与此同时，我们必须看到，随着经济、政治的迅速发展，我国公共政策的制定日渐增加了外部输入的特征。改革开放以来，经济体制改革促使社会的利益分化倾向愈益明显，公民的利益表达愿望日益增强，政治体制改革则使利益表达的渠道更多更畅通，我国公民的政治参与出现了由过去的"革命型政治参与"和"动员型政治参与"向"建设型政治参与"和"自主型政治参与"的巨大转变。③ 无论是影响国家发展的重大政策，还是影响一个城市的公共建设、一个社区、一个群体的公共利益，公民都会积极主动地发出自己的声音，表达自己

① 李杰、杨荣军：《我国公共政策输入机制探析》，《社会科学研究》2005 年第 5 期。

② 胡伟著：《政府过程》，浙江人民出版社 1998 年版，第 284 页。

③ 梁丽萍、邱尚琪：《建国以来中国公民政治参与模式的演变分析》，《中国行政管理》2004 年第 5 期。

的意愿，以求影响最后的政策制定。在这一过程中，公民采取向人大、政府部门反映情况、上访甚至极端的方式表达意见，媒体发现社会问题、反映民众声音，以影响公共政策的制定，都是公共政策外部输入的表现。

三、大众媒介参与公共政策的内输入机制

一般说来，公共政策的内部输入机制遵循着这样的轨迹：制定公共政策的党的领导和政府官员们通过走“从群众中来、到群众中去”的路线，了解民情，倾听民声，发现社会问题，或者由层层控制严密的党政组织系统代表群众进行利益表达和利益综合，发现社会问题并形成政策问题，或者在总结历史和借鉴他国管理经验的基础上主动发现和提出政策问题，或者根据管理国家和社会的需要提出配套的政策问题；将政策问题提到政府的政策议程，拟制定达到一个明确目标的政策；提出若干可供选择的政策方案……由于这种内部输入机制是在党政组织系统内部自上而下运行，在不同的社会体制下，它可能遵循不同的运行轨迹。在集权体制下，公共政策由政府一手制定，无须通过公众讨论，公众既无参与决策的权力，也无参与决策的意识和能力，政府组织只需把自己的意愿直接当做公共政策提出就行了；在民主体制下，党和政府制定公共政府虽然许多仍沿袭内部输入机制，但其过程已发生了根本的变化，即公众参与了公共政策问题的讨论。我们这里讨论的是民主体制下大众媒介参与公共政策的内部输入机制问题。

1. 政府通过媒介公布政策动议以获得民意支持

简言之，政策问题的提出过程就是利益表达和利益综合的过程。虽然在内部输入机制下，利益表达和利益综合过程往往较多地由党政部门集中进行，但在现代民主决策的体制下，即

使是内部输入，公共政策也不可能无视公众的决策参与权而由政府部门一手包办。因为公共政策说到底是对社会公共利益进行选择、综合、分配和落实的过程中所制定的行为准则，① 整个公共政策过程就是利益关系分配和调整的过程，公众的利益要求和支持有没有表达的渠道、能否得到有效表达，直接关系到政府部门制定政策时是否会考虑这些利益主体的要求，也直接关系到政府制定的公共政策能否得到广泛的支持和有效的执行。因此，在内部输入机制中，政府部门提出政策动议后往往会通过大众媒介予以公布，看看公众对这些动议的反应。公众对政府政策动议的反映也是表达利益要求的过程，输入自己的要求和支持。如果政策动议能获得公众支持，政策输入就可能得以继续；如果政策动议未能获得公众支持，政策输入就可能会被中止。政府政策动议的公布分为正式公布和试探性公布。

（1）政府部门正式公布政策动议

政府部门通过大众媒介向公众公布政策动议，往往是在大量调查分析的基础上经过审慎研究，包括政策智囊机构如各级党委和政府政策研究室充分酝酿出可行的政策报告等，才可能告之公众。虽然此前政府并未在政策问题进入政策议程过程中动员公众参与讨论，但是，作为拥有政策决策权的政府即使在政府系统内部的讨论中对某项政策动议取得了一致，仍有必要在进入政策制定程序之前公布政策动议，邀请公众进行讨论。

政府借助大众媒介公布政策动议的功能有三：

第一，信息告知。政府决策部门通过大众媒介发布政策动议，预示着政府将政策制定的全过程从一开始都公开在公众的视线之内。这种公开为政策赢得公众信任奠定了基础。同时，对政府决策动议的公布，也令公众对即将出台的政策提前有了

① 陈庆云：《公共政策分析》，中国经济出版社 1996 年版，第 9 页。

心理准备，这种准备既有利于人们适时调整自己的工作和生活决策，也有利于人们决定参与政策制定的态度。信息告知是赢得信任的最基础前提，这既是对信息接收主体的尊重，也是信任公众的重要内容。政策动议虽是政策制定过程的开始，但公开与否直接关系到公众对自身在政策过程中的地位的判断，因而也直接影响其对公共政策的态度。一旦公众认为政府即将制定的政策对他们实行了信息屏蔽，那么怀疑、冷漠便成为最自然的态度。

第二，引导参与。“媒体决定着什么会成为‘新闻’，而新闻则为公众设定了将要讨论什么的日程表。”① 大众媒介告知公众政府的政策动议，目的并不仅仅在于让公众知晓，更重要的在于引导公众参与讨论，在讨论中表达自己的利益要求和支持。大众媒介发布政府的政策动议，相当于发布了一个时期内的重大新闻事件，也就设置了公众在一个时期内集中讨论的话题。公众对公共政策的动议进行讨论、发表看法，这些观点和意见通过媒介获得了交流和向政府决策部门提供意见信息的平台，从而实现对政策制定的参与。

第三，获得支持。政府决策部门经过广泛调查和充分论证而提出的政策动议选择恰当的时机向社会公布，往往事先就对可能赢得公众的支持握有一定的胜算，而政策动议的公开和允许公众就政策问题进行讨论，实现了政策问题的信息沟通和对公众政策制定参与权利的尊重，进一步增加了公共政策方案动议获得公众支持的可能性。所以，大众媒介对政府部门政策动议的公布并不只是一种过场，而是一种有着实质意义的程序，这种程序为政策问题进入政策议程、政策动议顺利输入政治系统提供了必不可少的公众支持。

---

① 托马斯·戴伊：《自上而下的政策制定》，中国人民大学出版社 2002 年版，第 51 页。

当然，公布政策动议并非我国公共政策过程的常设环节。政府将要就某一社会问题制定政策，虽在政府系统讨论得非常热烈，公众并非都能知晓。公众往往是在政策制定环节已经结束、政策动议已成为正式政策条款后才知晓相关信息。政府动议对于普通公众来说成了非常稀缺的信息资源。虽然政府制定公共政策是以公众利益为出发点的，但是政府政策动机、动议对公众的信息屏蔽无疑会增加公众与政府之间的距离。虽然我国的许多公共政策未事先公布政府动议亦能得到贯彻执行，但历史条件的特殊性并不表明它就是最完善的政策程序。随着公众对政策信息量要求的提高，公布政策动议必将成为一种必经的程序。

（2）政府部门试探性地公布政策动议

政府部门提出的政策动议并非都能赢得公众支持，或者说这些动议提出者并不能肯定其政策动议能赢得公众支持，即使有些政策动议是合理的，但因为时机并不成熟，也可能得不到公众支持而变得不合理。当政府部门尚不敢肯定某一政策动议能否得到支持时，他们可能试探性地向媒介透露这一动议，目的在于试探民意。这些试探性的政策动议往往是以匿名的方式向媒体透露的，这样便于在公众无论持什么态度皆可掌握主动。美国政治传播学者班尼特教授分析政府控制新闻形势时指出："有时在一个难以控制的形势下运作，最有效的办法是藏在幕后，以匿名的、消息泄露的方式发布信息。消息泄露对于许多不稳定的情况下发布信息都是非常有用的。在某些情况下，一位官员可能支持某项政策但是却不知道公众会如何反应，通过匿名泄露这一政策，官员可以有机会在反对呼声过于强烈时改变路线。"①

---

① W. 兰斯・班尼特：《新闻：政治的幻象》，当代中国出版社2005年1月版，第179页。

这种试探性地公布政策动议，我国新闻传播学者孙旭培教授称之为“决策气球”：“它是在某个公共问题已经形成并有一定的政策诉求后，有关部门在考虑相关政策制定与否、该如何制定时，尽可能广泛地听取舆情民意的一种试探性方法，具体做法是通过新闻媒体传播有关信息，以激发利益取向不同的公众参与讨论，各抒己见，建言献策。”①这种试探性的政策动议往往是一些涉及较大范围的公众切身利益、较为敏感的主题。比如，2004 年 9 月 8 日，《北京晨报》报道称劳动和社会保障部新闻发言人胡晓义在接受记者采访时说，他们正在考虑延长职工的法定退休年龄，首要是女性的。由于事关公众切身利益，这则新闻一经报道，立即引来公众的热烈反响，网上新闻反馈激增，各类媒体评论云集，反对声占据压倒多数。五天后，劳动和社会保障部副部长刘永富便通过媒体表示延长退休年龄的问题很敏感，涉及方方面面，还没有最后抉择。随后，郑斯林部长对此正式表态说“延长退休年龄并不是当前中国立即需要实行的政策”，目前只是在吉林、黑龙江开展试点。

关于政府有无必要通过媒介施放“决策气球”，或者说媒介有无承担悬挂“决策气球”的职责，还存在一些争议。孙旭培从现代公共政策问题日益复杂化、公共政策的政治公正标准和社会可行标准、公共舆论是公共政策决定的重要准则三个方面论证了施放“决策气球”的必要性。他特别强调，政府的公共权力和公共事务管理的被授权、被委托的地位和职能，以及由此产生的公共政策的“公共”性质，决定了政策全过程都应当尊重民意。这一观点提出后很快遭到了反驳。雪汀撰文指出：“各级党和政府每天都在制定各种各样、各方各面的政策，若都通过媒体来‘施放气球’，只能带来麻烦、繁琐和

① 孙旭培、吴麟：《新闻媒体与决策“气球”》，《新闻爱好者》2005 年第 3 期。

形式主义：且不说媒体也没有那么多的版面和时段，去容许许多多的‘气球’悬挂在自己的‘平台’上，而把决策可能出现的各种意见特别是反对的意见，都一股脑儿登出来，非但做不到，也无必要。”① 也就是说，政府制定公共政策是经过充分讨论了的，是深思熟虑的，没有必要再通过施放“决策气球”让公众来参与讨论，尤其是没有必要让公众发表反对的意见。

对于政府有无必要在对相关问题进行决策之前试探民意的问题，说到底是关于决策者是完全理性的人还是有限理性的人的问题。完全理性理论是以理性人假设为前提的。所谓理性人是指人在从事经济活动时，总是以追求个人利益最大化为前提的。基于理性人假设建立起来的完全理性决策模型，强调决策者知道所有的社会价值偏好及相对权重，能够估计每一政策方案可能得到或失去的社会价值比例，能够选择最经济有效的政策方案。林德布洛姆将完全理性决策模型的要点概括为：决策者面对一个既定的问题；理性人清楚自己的目标、价值或要求，然后予以排序；能够列出所有达成其目标的备选方案；调查每一备选方案所有可能的结果；比较每一备选方案的可能结果；选择最能达成目标的备选方案。② 理性人的假设遭到了西蒙、林德布洛姆等人的批评。按照赫伯特·A. 西蒙的观点，现实生活中的人是介于完全理性和非理性之间的有限理性状态，即人是有限理性的。因为：第一，人的知识有限，不可能对复杂多变的现实情况和未来的发展有完全了解，既不可能掌握全部信息，也无法认识决策的详尽规律。第二，人的计算能

① 雪汀：《关于施放“决策气球”之我见》，《新闻爱好者》2005年第5期。

② 陈振明：《公共政策分析》，中国人民大学出版社2003年版，第524页。

力有限，一方面讲话的速度不足以对须臾万变的情况进行最优处理和跟踪；另一方面，即便能够得出问题最优解的所有变量和方程组，但其数量如此庞大，以至于连速度最快的计算机也无能为力。第三，人的时间和注意力有限，不可能同时圆满对待和处理诸多复杂的情况。第四，人的想象力和设计能力有限，不可能把所有备选方案都一一列出，并从中择优。第五，人的价值取向和多元化目标并不总是始终一致的，往往互相矛盾和没有统一的度量标准。第六，现实决策环境是高度不确定和极为复杂的。① 虽然在此讨论的是正式决策前的政策动议，但任何动议往往都意味着决策者提出时已初步勾画了预想方案。由于决策者处于有限理性状态，必须广泛征集意见，包括来自普通公众的意见，以提高对政策问题的认识水平和把握能力。

当然，政府部门试探性地公布政策动议，还可能借助媒介进行民意调查。

无论是匿名泄露还是公开表态，通过媒介试探性地公布政策动议都表明舆论直接影响公共政策的输入方向。

从武汉市取缔“麻木”的政策输入过程来看，当市政府决定以取缔“麻木”的手段作为彻底解决困扰武汉多年的“麻木”问题时，武汉市民并不知晓政府的这一政策设想和计划。政府既未试探性地公布取缔“麻木”的政策动议，让公众参与讨论，表达意见，也未在决心已定之时正式公布这一政策动议，让公众早做应对打算。一位不愿公开姓名的政府官员称，之所以未事先公开政府的政策计划，主要是因为担心一些“麻木”车主知道政府要取缔“麻木”后闹事，影响政府制定政策的步骤顺利推进。他认为，取缔“麻木”的政策得到顺利推行足以证明，武汉市政府未提前公布政策动议是正确的、

---

① 鲍宗豪：《决策文化论》，上海三联书店 1997 年版，第 191 页。

可行的。而《湖北日报》2003年6月6日的报道中称，雄楚楼社区车主黄群香的“麻木”，是当年3月刚买的，办完所有证照花了近万元。社区主任许晓莉上门劝他交车时，黄群香把桌子拍得山响：“我的车还没‘捂热’呢，让我交车，没门！”这表明未公布政策动议给政策目标对象的生活抉择带来了较大影响，也影响到他们对待政策的态度。虽然这种情绪并不足以影响取缔“麻木”的政策执行，但是不应忽视其存在。一旦这种情绪呈现出较大的普遍性，对政策执行的影响是不容轻视的。况且，我国的许多公共政策未事先公布政府动议亦能得到贯彻执行是基于我国特殊的历史条件，包括公民意识还比较缺乏、对政策制定还存在较明显的疏离感、习惯于被动服从等政治文化的影响很深，但历史条件的特殊性并不表明它就是最完善的政策程序。随着公众对政策信息量要求的提高，公布政策动议必将成为一种必经的程序。

2. 政府通过媒介公布政策动议以获得“民智”支持

政府的政策动议是把政策问题提到政策议程，但并非都有明确的政策方案。大众媒介的参与不仅使政府决策部门获得了相关政策动议的民意基础，而且公众通过媒介积极建言献策又使政府决策部门得到了“民智”支持。这种“民智”支持使得公共政策的内部输入实现了与外部输入之间的互动。

现代公共政策因其涉及利益相关群体越来越广泛、利益指向越来越多元化、政策问题及政策环境越来越复杂、可参照因素越来越多，政策制定的难度就越来越大。一方面，政府决策部门纵然可能站在客观公正的立场，经过广泛的深入调查，全面考虑最广大公众的利益，仍可能出现因未考虑周全而忽视甚至伤害一部分人的利益的政策动议，毕竟公共政策的实质是对公共利益进行权威性分配，一部分人（即使是占绝大多数的一部分人）因为政策而得利往往意味着有一部分人的利益被忽视、被剥夺、被侵占。政府的政策动议通过媒介公布以后，每一个社会群体、每一个人都可能提出代表自己利益的方案，使众多方案交汇，便构成更能代表最大多数公众利益、更趋公正合理的政策方案。另一方面，政策问题的复杂性也增加了政策方案科学性的难度，也对政策方案的科学性提出了更高的要求。有人指出，公共政策追求公平的价值诉求，不存在科学不科学的问题。这种说法显然有失公允。任何政策都存在水平高低之分，它不光指其是否照顾了尽可能多的人的利益、是否可行，还指其所能带来的经济效益和社会效益大小、持续时间长短。一项耗费成本远远大于收益（经济效益和社会效益）的政策即使在利益分配方面尽可能做到了公平，也是不科学的。同样，一项缺乏可持续性的、短命的政策也是不能算做科学的政策的。政策的科学化有赖于对社会事实的全面掌握，有赖于对事实科学理性的分析，必须广开言路、广求善策、广纳群言。媒介公布政府的政策动议，分布于社会各个群体、各个岗位、各个地方的人们不仅向决策系统提供决策必需的大量事实，而且贡献他们的智慧，建言献策，为决策者提供可选择的政策方案。当公众在政府的政策动议公布之后向决策系统输送要求、事实、方案时，他们也就从党政系统外部向系统内部输入了政策议程。

当然，更多的人倾向于认为普通公众对于政策问题和政策动议提不出有价值的意见。托马斯·戴伊根据一项对美国国会议员、总统手下的工作人员、高级总裁经理就“对于您所面临要解决的问题，您是否认为美国民众有足够的智慧来提供明智的意见和解决办法”进行的调查做了分析，并指出：“不到三分之一的国会议员相信美国民众有足够的智慧对公共问题提出明智的意见和建议；而那些非当选人的精英们——白宫的工作人员和高级总裁经理们，则对于民众的智慧更不信任。他们中四分之三以上的人不相信美国民众能够对公共事务提出理智聪明的意见和建议。"① 他多次表达这样的观点："大部分决策制定者接收到的沟通信息来自于其他精英——新闻工作者、利益集团的领导者和其他有影响力的人物——而并非来自于普通民众。"② "受过良好教育的、见识广博的精英比大众更清楚地知道政府的行为"，"精英们的意见比大众的意见对公共政策更有决定作用"。③ 虽然我们也不否认普通公众比起社会精英无论对政策问题理解的深度和广度还是对政策建议的科学性上都处于更易被忽视的地位，但是必须明确的是：第一，普通公众对政府的政策动议所提的建议并不是可以忽略的，他们并非不能提出任何有价值的建议，他们即使站在个人或群体利益立场上提出的建议，往往也蕴含着丰富的智慧，对于政策动议的完善是必不可少的。第二，"受过良好教育、见识广博的精英"只要没有进入政策决策系统（如关注政策制定过程的知识分子），就属于政府系统之外的公众，他们的意见同样属于公众的声音，集中了他们丰富智慧的意见和建议对于完善政府动议，必然能够提供"民智"上的支持。

以中国医疗体制改革政策为例：2005 年 5 月，国务院发展研究中心社会部专家递交的一份认为医疗改革"基本不成功"的报告一出，立刻引发了全国范围内的关于医疗改革的讨论。"医疗改革的方案卫生部曾经设计了几套，但一拿出来就会遭到各方质疑。"2006 年 9 月，有关 11 个部委组成的医疗改革体制协调小组已经成立、医改小组比较青睐政府承担公共卫生及全民基本医疗的"英国模式"等新闻频频见诸报端，

① 托马斯·戴伊：《自上而下的政策制定》，中国人民大学出版社 2002 年版，第 11 页。

② 托马斯·戴伊：《理解公共政策》，华夏出版社 2005 年版，第 29 页。

③ 托马斯·戴伊：《理解公共政策》，华夏出版社 2005 年版，第 32 页。

公众就不同消息广泛发表言论，《中国青年报》还就医疗改革方案进行在线调查，结果显示，79.7%的人对医疗改革新方案充满期待。① 针对各种沸沸扬扬的消息，卫生部一位参与医疗改革方案起草、同时也是新成立的医疗改革体制协调小组成员的知情人士说："我们最近抛出一些想法，想看看各界的反应。"② 这就是说政府部门就是想通过媒体发布非正式消息，试探公众的反应。对于公众的参与热情，卫生部新闻发言人称，中国的医改走什么样的道路，本应尊重大多数人的意见，这是避免决策失误的一个重要方面。公众积极建言献策，充分表达自己的意见，这对医改是有建设性的。如果没有公众的参与，即便有良好的愿望，也有可能偏离实际，那样，就会背离"为谁而改"的根本。因此，政府部门应顺乎民意，广泛倾听各方的声音。而在方案出台之前，也应向公众征询意见，以集中全民智慧，获得最佳解决方案。③ 这里，政府明确指出要集中全民智慧。接着，国家发展和改革委员会（简称"发改委"）在其网站上开辟"我为医药卫生体制改革建言献策"专栏，面向全社会征求医改意见和建议。发改委表示，真诚欢迎社会各界提出意见、建议。发改委将对这些意见、建议及时汇总整理，供有关部门在研究深化医药卫生体制改革中参考。④

大众媒介试探性地公布政府的政策动议，为动员公众参与政策讨论和贡献智慧设置了议程。通过大众媒介搭建的公众意

---

① 董伟：《79.7%的人对医改新方案充满期待》，《中国青年报》2006年10月9日。

② 王世玲、定军：《医改小组成员详解新方案：新模式为英德美混合物》，《21世纪经济报道》2006年9月23日。

③ 白剑峰：《中国医改尚处调研阶段 绝不能依赖外国"药方"》，《人民日报》2006年9月27日。

④ 刘铮：《发展改革委：医改研究工作正积极开展中》，新华社2006年10月9日电。

见表达的平台，公众的智慧就可能广泛地传递和影响公共政策的议程。

虽然早在2003年1月就有市民向市长写信，希望政府能通过一定的渠道和方式，向市民征集解决“麻木”问题的方案，但是，武汉市政府取缔“麻木”的政策计划在正式公布之前对公众实行封锁，公众在政策制定期间就根本谈不上对政策方案建言献策，贡献智慧。

3. 公共政策的内输入与大众媒介的参与度

在公共政策的内输入机制中，政策问题输入的主体是政府部门，大众媒介对公共政策的参与度取决于政府对待大众媒介的态度。一方面，政府部门可以通过控制信息源决定政策动议是否借助大众媒介予以公布；另一方面，政府部门可以通过对新闻单位发号施令控制媒介对政策过程包括政府动议的报道。虽然大众媒介以报道公众感兴趣的任何信息包括政府的政策动议为己任，但掌握所有政策信息的政府是否愿意向记者透露相关信息，其主动权完全掌握在政府决策者手里。如果政府认为公共政策事关公众利益应该将决策过程的每一步信息都公之于众，以获得民意支持和“民智”支持，那么政府会主动通过大众媒介将政府的政策动议迅速传播于公众。如果政府认为公共政策公之于众不仅在提高其公平性和科学性方面没有多大作用，相反还可能带来一些麻烦，就会尽量对外包括对媒介封锁决策过程的任何信息。此时，大众媒介纵使有参与报道政府政策动议的愿望，作用也是微乎其微。不仅如此，政府还会通过其掌握的对媒介的控制权（目前中国的传媒体制下政府对媒介拥有充分的控制权），控制媒介报道政府信息的内容范围、时机等。政府可以要求新闻单位报道什么，不报道什么，什么时间可以报道，什么时间不可以报道。作为党和政府喉舌的中国大众媒介严格遵循党和政府的规定，因而在公共政策的内输入机制中，大众媒介对公共政策的参与度取决于政府认识媒介的开明度和对媒介控制的开放度。

武汉市政府取缔“麻木”的政策动议很难说是来自政府系统外还是政府系统内。虽然我们回顾2003年禁止“麻木”在市区运行的历程可以看出，大众媒介的报道、公众的建议、人大代表和政协委员的议案和提案等共同促成了取缔“麻木”的要求进入政策议程，但我们仍然不能由此说它就是来自政府系统外。因为武汉市禁“麻”行动已反复进行过好几次，它已成为历届政府迫切要解决的一道难题，自然也是历届政府提高工作效率的内在需求。因此，可以说它也是一种内输入的结果。2003年初，武汉市第十一届人民代表大会第一次会议批准的《政府工作报告》中，将妥善解决正三轮摩托车问题，明确作为当年政府工作一项必须完成的重要任务。政府既把禁“麻”这项多年未能解决的老大难问题当做当年必须解决的任务，应该说是经过认真考虑，认为可以解决的，而且已经有了可行的初步方案。然而，从当时的武汉地区新闻媒介的报道中几乎看不出政府将采取什么措施解决这一问题。早在2003年2月，武汉市委书记办公会就明确提出了对有证的车辆采取收购等方式、对无证的车辆采取先逼后整的整治方案，甚至对整治所需总资金1亿多元都进行了估算。为什么媒介没有报道这些初步方案呢？武汉市委对此次禁“麻”行动的宣传要求中指出，这次整治“麻木”的行动要做到“内紧外松”，宣传工作要帮忙不添乱，做到令行禁止。要求中指出，此项整治工作政策性强，牵涉面广，社会敏感度高，各新闻单位要切实增强大局意识，严格遵守新闻宣传纪律，要严格保守有关秘密，不得擅自采访和发布消息，要做到一切行动听指挥，有令必行、有禁必止，多请示、多报告，把握宣传报道口径，重要稿件严格送审，出现失误将严肃追究责任。根据这一总体原则，新闻媒介被要求在整治准备阶段即2月20日至3月25日期间都保持沉默。通过查阅这一时段的报纸发现，这期间媒介几乎没有关于取缔“麻木”的只言片语。

当政府以政策内容“社会敏感度高”为由而把即将制定的公共政策当做“秘密”对公众“严格保守”时，即使政策制定者考虑到了公众利益，但它已在政府和公众之间竖起了一道屏障。本是为着全市的发展创造和谐的交通环境，为了顺应百姓的呼声，也为了解决“麻木”车主的生存出路，市政府提出了根除武汉市“麻木”问题的政策方案，但是，因为对群众不理解、抗议而破坏政策环境的担心，政府部门对政策出台前的动议、调研、讨论等信息一律封锁。这种做法看似谨慎，实际上既是对政策目标对象的不信任，也是对政策内容的不自信。如果一项公共政策在酝酿和规划时充分顾及到了各方利益，即使公布后有争议，甚至有剧烈的反响，也可以通过解释、讨论达成共识。经过充分的讨论之后，理性公众的意见会占据绝对优势。在这部分公众的带动和解释下，其他的公众也会慢慢理解政策，进而成为政策的支持者。

四、大众媒介参与公共政策的外输入机制

公共政策的输入机制由确定政策问题入手，而政策问题的发现并不都是党政系统内的精英分子完成，党政系统外的普通公众、社会团体、企事业单位以及媒体工作者也是政策问题的重要发现者。他们构成公共政策外部输入机制的重要组成部分，并与大众媒介密不可分。或者可以说，只有借助大众媒介的参与，政策问题的外部输入才有了可能。

1. 大众媒介与公共政策的触发机制

公共政策的产生，缘于社会公共问题累积到了社会的一个部门或若干部门必须采取行动的程度。一个问题进入政策议程

要经过“社会问题——公共问题——政策问题”过程，社会问题要累积到一定程度才能上升为公共政策，而且中间往往需要一个触发机制，即一种促使政策制定者关注和下决心制定政策的关键因素。关于什么是触发机制，学界很少有明确的定义。拉雷·N. 格斯顿在《公共政策的制定——程序和原理》一书中这样表述：“如果一种进步或一种行动引起公众的明显关注和公众对变革的普遍要求，那么它就被认为是一种触发机制。而如果一种过程未引起显著反应，则不是触发机制。”① 任何公共社会问题进入政策议程，都离不开这种触发机制。“作为公共政策的催化剂，触发机制的价值来自于三个因素的相互作用：范围、强度和触发时间。这三个因素共同构成要求政治变化的核心因素。”② 这就是说，影响政策问题进入政策议程的关键要素发生作用的范围越广、强度越大、时机越成熟，政府部门制定相关政策的可能性就越大。

对于公共政策的触发机制主要包括哪些内容，学者们有不同的总结。格斯顿从国外和国内两个方面分析公共政策的触发机制。他认为“内部触发机制有五个重要的来源：自然灾祸、经济灾难、技术突破、生态迁移和社会演变。这些来源对触发机制和因其发生而可能产生的公共政策起着源头作用”。③ 我国学者胡宁生从政策主体分析了影响公共政策的触发机制。从公共政策过程的实际过程来看，对政策问题进入政策议程产生影响的因素主要包括这样几条：大众传播媒介对政策问题强烈反应；政策问题已经在相当范围内成为共识；受政策问题影响

① 拉雷·N. 格斯顿：《公共政策的制定——程序和原理》，重庆出版社 2001 年版，第 24 页。

② 拉雷·N. 格斯顿：《公共政策的制定——程序和原理》，重庆出版社 2001 年版，第 25 页。

③ 拉雷·N. 格斯顿：《公共政策的制定——程序和原理》，重庆出版社 2001 年版，第 30 页。

的利益群体产生诉求；政治精英和专家学者产生预测性发动。① 除了包括政府决策者在内的政治精英产生的预测性发动之外，包括专家学者的预测性发动在内的其他几种因素属于公共政策的外输入机制，即党政系统以外的机构、团体或个人向作为决策部门的政府输入政策动议。这些因素对公共政策的议程产生影响，在很大程度上依赖于大众媒介的关注和充分报道。

社会问题是公共政策的起点，但社会问题能引起公众关注，往往是在一起或数起重大事件爆发之后。重大事件因其突发性、显著性而易于被人关注，但大多数事件都不是孤立存在的，它往往是问题长期积累后的集中爆发。人们关注事件，也往往只是短时地关注事件本身，更能吸引人们注意力的是事件背后普遍的社会问题。自然灾祸、社会事件能成为政策问题，得益于大众媒介的强烈反应。大众媒介除了关注事件本身，也会探讨事件的一般性价值诉求，即同类的社会问题所指向的公共政策问题。“自然灾祸的发生不受个人和政府所从事活动的影响。虽然自然界中没有政治，但自然事件及其结果却可能改变政治价值和政治的优先顺序。”② 因为自然灾祸之祸是针对人和社会发展秩序而言的，危及人的生存和社会发展的自然灾祸就成为必须通过社会手段包括政策措施予以预防和控制的政策问题。况且，自然灾祸并不都是自然发生的，其中有些是对人过度使用和破坏自然的“报复”，预防和控制此类自然灾祸更是公共政策可以有所作为的。防灾减灾的相关政策即属此类。社会事件则完全是政策问题的产物，既可能是因为政策不

① 胡宁生：《现代公共政策研究》，中国社会科学出版社 2000 年版，第 138-139 页。

② 拉雷·N. 格斯顿：《公共政策的制定——程序和原理》，重庆出版社 2001 年版，第 30 页。

合理导致的问题，也可能是政策执行不力（也是一种缺乏配套政策的政策不合理）导致的问题。比起没有政治属性的自然事件，社会事件出现之后更易引起人们对政策问题的关注，从而成为公共政策触发机制的可能性也更大。孙志刚广州被打致死事件引发《城市流浪乞讨人员收容遣送办法》废止和《城市生活无着的流浪乞讨人员救助管理办法》的出台，即属此类。社会中存在的矛盾、冲突、问题，经过量的积累，到一定的关节点，就会爆发出来。社会事件就是社会矛盾、冲突、问题的集中爆发。对于这些自然灾祸和社会事件反应最敏锐、最强烈的是大众媒介。大众媒介不仅对这些事件进行连续的报道，而且还会进行评论，借以引导社会舆论，从而促使事件成为重要的政策问题并促使其进入政策议程。虽然社会事件爆发的形式各异，剧烈程度不一，一旦表现出来，就必然对现实的公共政策产生震撼。如果社会能以平常的态度接受某些自然灾祸和社会事件，那么触发机制的影响则是最低限度的。如果触发机制成了社会压力的催化剂，压力反过来引起人们要求新的公共政策出台或改变现有的公共政策，那么事件的触发机制作用则是巨大的。

政策问题如果仅仅是少部分人的认识，其进入政策议程的可能性会很小。如果某一触发事件反映的政策问题被广泛的公众所认识，在很大程度上达到共识，则更有利于政策问题进入政策议程。也就是说，政策问题被越来越多的人所认识，某一触发机制所产生的影响则更大。政策问题为广泛的公众所认识，主要得益于大众媒介的广泛传播。大众媒介对政策问题的报道，使政策问题在公众中得到扩散，大众媒介在报道政策问题的同时发表评论引导公众认识和讨论，从而使政策问题在越来越广泛的范围内形成共识，促使其更迅速地进入政策议程。

政策问题形成之后，不仅仅严重地影响了社会的正常运行，也必然严重地损害了相当一部分人的利益。共同的利益使这些人结成利益群体，进而产生共同的政策诉求，希望制定新的政策解决社会问题，维护他们的利益。这些利益群体的诉求并非直接进入政策议程，往往先进入大众媒介的报道范围，通过公开利益群体的诉求，让公众充分了解政策问题的严重性，以赢得更广泛的公众支持，进而促使其进入政策议程。

一些社会问题专家在调查和研究的过程中常常会发现各种社会问题，他们深谙分析社会问题的各种理论，能透过现象看清问题的深层本质，能基于现状预测问题的未来走向，同时这些专家对其他各个国家的同类社会问题了如指掌，了解此类问题可能造成的严重后果，因此，他们在研究政策问题之后会预测性地提出加快制定相关政策的建议。这些建议也会成为公共政策建立的触发机制。当然，这些建议并非都能直接到达政府部门，它们通过大众媒介报道之后更易为政府部门所关注。因为大众媒介把专家的意见公开化，迫使政府不能无视专家的科学预测。政府部门一旦重视专家对政策问题的科学预测，大众媒介迅速报道政府的态度，就可能加快政策问题进入政策议程的步伐。

反观武汉市取缔“麻木”的政策输入过程，促成“麻木”问题进入政策议程的触发机制显然不是某一起重大的社会事件，而是几个方面的因素共同构成了取缔“麻木”的政策的触发机制，包括大众媒介对“麻木”问题长期而详尽的报道使得这一问题受到社会的高度关注，整治乃至取缔“麻木”的呼声不断；人大代表和政协委员历年不间断地就整治和取缔“麻木”问题提建议，这些言辞越来越激烈、思路越来越清晰的建议经媒介频繁报道后进一步向政府施压；政府对“麻木”危害的自觉认识和对彻底解决“麻木”问题的探索等。

2. 公众议程→传媒议程→政策议程

自传媒议程设置、公众议程设置、政策议程设置被提出之后，传媒议程、公众议程、政策议程就成为政策过程研究的重要概念。罗杰斯和迪林提出的议程设置过程模型①中，社会问题进入政策议程遵循着从传媒议程到公众议程到政策议程的发展路径，也可能直接从传媒议程到政策议程，或者从政策议程到传媒议程的路径，但他们没有把公众议程当做整个过程的起点。在公众议程、传媒议程和政策议程三个环节中，每一个环节都可以成为整个过程的起点。

我们先分析一下从公众议程到传媒议程再到政府政策议程的过程。

公众议程是指某个社会问题引起社会公众和社会团体的普遍关注而向政府部门提出政策诉求，要求采取措施加以解决的一种政策议程。一般而言，社会问题转变为政策问题先要经过公众议程，然后才能进入政府议程。因为公众是社会问题最直接的接触者，公众每天面对各种各样的社会问题，或亲身感受，或耳闻目睹，当这些社会问题成为人们生活或工作中的困扰因素时，就成为一定范围的人们时时议论的公共话题。当某个社会问题发生的范围越广、影响强度越大，就越有可能成为较大范围的公众讨论的焦点话题。随着讨论的深入，公众越来越明确地意识到必须借助制定或修改公共政策才能解决这一社会问题。公众对社会问题的讨论一般可能出现这样几种走向：一定范围的公众进行群体内的人际传播，即没有任何实际行动的私下议论；向大众媒介传递个人或公众的利益诉求；形成利益群体内的公众议题，如果能在群体内解决就在群体组织内制定决策，如果超出群体组织的能力就反映给政府部门；个人、团体或机构通过权力代表或直接向政府部门提出政策诉求等。

① 埃弗里特·M. 罗杰斯、詹姆斯·W. 迪林：《议程设置的研究：现在它在何处，将走向何方?》，收于奥格尔斯等著《大众传播学：影响研究范式》，中国社会科学出版社2000年版，第67页。

在公共政策外输入机制中，无论公众意见和要求的表达渠道有何不同，都有赖于大众媒介的中介作用。或者说，传媒议程是公众议程进入政策议程的中介。虽然我们不能说它是公众议程到政府政策议程的必经环节，但事实上它也确实扮演着重要的助推角色，因其介入，加速了公众议程进入政府政策议程的进程。

众所周知，公众议程要进入政府的政策议程，最关键的因素是政府对待公众议程的态度，或者说，政府的态度起着决定性的作用。在议程建立的过程中，政府对待公众议程的态度可分为任其产生和鼓励其产生两种。任其产生的态度是指政府采取消极放任的态度对待公众议程。在这种情况下，政府往往要等待事态的发展，视公众对某一社会问题的主流意见在规模和程度上的状况而决定其态度。如果政府对公众讨论的问题不很关注，或者认为目前尚不是列入政府决策议程的恰当时机，就可能置之不理。这其中也存在因为政策制定的隐蔽议程而使公共问题不能进入政府政策议程。隐蔽议程理论认为，在政策制定活动中由于受到偏私利益集团的操纵，政府有意对公共问题不反应，公共议题因此被排除在政策议程之外。这就出现了“公共当局设法忽视一个问题，或者有人成功地阻碍了公共当局提出一个问题”①的局面。政府鼓励公众议程产生的态度是指政府采取一种积极主动的态度对待公众议程。政府持这种态度，往往是公众在对社会问题的认识上达到了共识，这种共识与政府的意见不谋而合，或大体一致，政府认为公众提出的意见和要求是列入政府决策议程的恰当时机。

政府对待公众议程的态度，取决于公众讨论的议题能否得到很好的表达。“当今问题的选择，无论是什么事，都是以忽

---

① 拉雷·N. 格斯顿：《公共政策的制定——程序和原理》，重庆出版社 2001 年版，第 73 页。

视那些不善表达的人群的方式来进行的。"① 公众讨论的社会问题，有些能在社会上引起范围广、持续时间长的关注，成为一段时间的社会热点，而另一些社会问题却始终寂静无声，最后不了了之，其中很重要的原因在于大众媒介参与的程度差异。首先，大众媒介的参与可以使公众讨论的问题表达得更明确、更清晰。公众对问题的讨论，因为各人理解不同，关注点不同，表达也各不相同。大众媒介对相关问题的报道往往抓住其最主要的核心问题，剔除缠绕在主要问题上、分散焦点的枝节问题，从而使公众最关注、最迫切希望解决的社会问题得到很准确的表达。其次，大众媒介的参与可以扩大政策诉求群体。大众媒介传递信息的快捷性和广泛性，使得它能在很短的时间内把少数人发现和提出的社会问题、政策意见和要求广泛传播，从而争取更大范围的公众支持。再次，大众媒介的参与可以增加政策舆论压力的强度。大众媒介对公众议程中的社会问题及公众利益诉求的集中报道，使政策问题具有突出的焦点效应，就加大了舆论对政府将公众议程纳入政策议程的压力。总之，大众媒介的参与扩大了公众议程中的公众范围和压力强度，从而推动了公众议程进入政府政策议程的进程。

政府的智囊们不是一般的普通公众，但也不都属于政府系统。因为其中既有政府系统内部的政策研究人员，也有来自社会政策研究机构（包括高校、研究院所）的专家学者，后者虽就某一项政府政策贡献智慧，但与政府的关系是松散的，不属于政策系统。这些智囊们的决策建议往往直接送达政府决策部门，而不是公开他们的政策建议而成为公众议程，因为他们担心政策建议会被公众反对以致被政府决策者否定，他们直接与决策者对话，希望他们的政策建议进入政府的政策议程。但

---

① 拉雷·N. 格斯顿：《公共政策的制定——程序和原理》，重庆出版社 2001 年版，第 75 页。

是，一旦他们的政策建议在政府内部存在反对的声音，他们往往也会借助大众媒介的平台，通过公开他们的政策建议，争取公众的支持，借助舆论的压力，扫除决策者接受自己建议的障碍。有人把这两种模式称为“内参模式”和“借力模式”。①

一些非政府组织常常也通过向政府上书的方式争取影响政府制定或修改公共政策，同样也离不开大众媒介的支持。向政府上书的人往往是“具有知识优势、社会地位的人，只有这种人才拥有某种‘话语权’，才了解上书的管道，提出的建议才可能被重视”②。他们向政府上书的同时也借助大众媒介的扩散功能，寻求舆论支持。怒江水电开发方案的停工就是一例。2003 年 8 月中旬，国家发展与改革委员会通过了怒江流域水电开发方案。怒江兴建水电站的决定立即引起一批环保组织的反对。一方面，他们通过媒体发出反对建坝的声音，争取舆论支持；另一方面，他们上书国务院领导，要求停止怒江水电梯级开发。2004 年 2 月中旬，在发改委上报国务院的报告上，国务院总理温家宝亲笔批示：“对这类引起社会高度关注、且有环保方面不同意见的大型水电工程，应慎重研究，科学决策”，暂时搁置了一度箭在弦上的怒江水电工程。2005 年 7 月，温家宝总理赴云南考察工作期间，地方官员向他反映怒江水电建设停工已久，地方不知如何进退，希望中央能尽快定夺。温总理回京后，即指示发改委、环保总局、水利部等有关部门“加紧论证研究，尽快拿出自己的意见”。由于担心怒江工程重新启动，61 个环保组织和 99 位个人又于 2005 年 9 月起草一份公开信，并将它呈送国务院、发改委、环保总局等有关

① 王绍光:《中国公共政策议程设置的模式》,《国情报告》2006 年第 10 期。

② 王绍光:《中国公共政策议程设置的模式》,《国情报告》2006 年第 10 期。

部委。与此同时，支持开发怒江水电的人也上书中央领导，希望该工程早日上马。正反两方面的上书形成拉锯战，大众媒介的参与也使这一问题成为全国范围内的焦点话题，讨论非常热烈，鉴于此，中央迟迟没有对怒江工程定案。

当然，“政府的行动是和政府所受到的推动力的大小成正比的”①。大众媒介对公众诉求的集中报道所形成的政策舆论，即是为政府营造的推动力。大众媒介对公众议程所涉问题的选择及报道力度的选择，控制着为政府营造的推动力的大小。

3. 传媒议程→公众议程→政策议程

“议程设置”作为一种理论假说，最早见于美国传播学家M. E. 麦库姆斯和D. L. 肖于1972年发表的论文《大众传播的议程设置功能》。他们是这样描述的：“大量不容忽视的证据已经逐步表明，在编辑和广播员们每天选放新闻时，他们在塑造我们的社会现实中起着主要的作用……大众传媒的这一作用——影响个人认知变化、构造他们思维的能力——已经被认作是大众传播的议程设置功能。这里可能还有大众传播最重要的影响力，即在头脑里为我们安排和组织世界的能力。简言之，大众媒介在教导我们怎样思考上可能并不成功，但在告诉我们思考的内容上惊人的成功。”② 这段话的中心思想是：大众传播具有一种为公众设置“议事日程”的功能，它们通过新闻报道和言论传播设置各种“议题”，影响着人们对周围世界的“大事”及其重要性的判断。换句话说，“媒介的议程设置功能就是指媒介的这样一种能力：通过反复播出某类新闻报

---

① 赵成根：《民主与公共决策研究》，黑龙江人民出版社2000年版，第224页。

② 斯蒂文·小约翰：《传播理论》，中国社会科学出版社1999年版，第600页。

道，强化该话题在公众心目中的重要程度”①。

公众投书媒介影响政策议程，政策的发现源于公众，媒介只是充当了特殊的中介。但是，大众媒介并不只是一种中介，在传播新闻的过程中，它常常主动发现问题，并积极设置议程，不仅影响公众，也最终影响政府决策者。

（1）大众媒介发现和“唤醒”社会问题

大众媒介报道的社会问题除了一部分由公众反映给媒介外，绝大多数是记者亲自调查研究得来的。新闻采访是一种特殊的调查研究。记者的调查研究就是要深入到社会生活的各个领域发现深藏于纷繁复杂的社会现象背后的社会问题，通过报道问题，研究问题的形成原因，促成问题解决。这些社会问题，许多形成于政策原因，问题的解决也有赖于政策的调整和完善。媒介在关注这些社会问题的时候，就不能不探究现象背后的政策问题。随着公众对深度报道需求的增长，媒介对社会问题的报道尤其是采用焦点化操作方式进行社会问题的报道越来越多，这种焦点化操作新闻报道的方式对于凸显社会问题的严重程度起着催化作用，从而推进媒介议程进入公众议程。

大众媒介报道新闻对于社会问题、公共事务起到了发现机制的作用。罗杰·柯比（Roger Cobb）和查尔斯·艾德（Charles Elder）把传媒发现社会问题使之诉诸公共议程的活动称为“唤醒”：“拜传媒之赐，将（问题）传播到更广大的公众之中，使冲突的范围变得更广。……‘唤醒’本身是自足的，容易滚成雪球。当传媒对一个情况感兴趣时，它们通常盯住不放，使越来越多的重视和关注产生。”② 社会问题原本

① 沃纳·塞佛林、小詹姆斯·坦卡德：《传播理论：起源、方法与应用》，华夏出版社 2000 年版，第 246 页。

② 拉雷·N. 格斯顿：《公共政策的制定——程序和原理》，重庆出版社 2001 年版，第 60 页。

是客观存在的，进入媒介报道视野之前，它不为人关注，处于被忽视、被遗忘的状态，大众媒介的报道使问题得到社会关注，使沉积的问题被唤醒，开始引人瞩目。

社会问题尤其是重大的社会问题被发现和报道之后，媒介一般不会停止行动，他们往往会集中时间、集中报纸版面或广播电视时段，进行系列报道，以期形成一个时期公众和政府关注和议论的焦点。

(2) 大众媒介在引导讨论中主动收集民意

大众媒介深谙公众对什么感兴趣，能够把那些重要的、迫切需要解决的社会问题，以能够引起公众兴趣的方式报道出来，进而引导公众关注和讨论这些重要的社会问题，引导公众议程。托马斯·戴伊指出："在政策制定过程中，媒体的权力体现在'制造'问题，并将这些问题进行装扮，使之变成'危机'问题，使人们开始关注并谈论这些问题，最终迫使政府官员不得不采取措施解决这些问题。"他甚至说："媒体不关注的问题决不会成为政府加以解决的问题。换句话说，媒体不关心的问题也就是政府可以忽略不计的问题。"① 虽然这种说法失之极端，但在一定程度上也确实符合实际。

媒介的报道为公众设置了讨论的议程，他们会就相关问题发表意见，这些意见有少数会以新闻评论的形式借助媒介表达出来。报纸、广播、电视、网络等各种媒介评论专栏、专版规模的扩大为公众表达意见搭建了广阔的平台。尤其是网络，克服了传统媒介的版面和时段等容量限制，其海量的信息空间为民意表达提供无限的可能。更重要的是，网络以其零门槛的特点，让网络言论主体更广泛，表达更完整、更真实。与传统媒介相比，网络言论没有门槛，谁都可以在网络平台上发言。发

① 托马斯·戴伊：《自上而下的政策制定》，中国人民大学出版社2002年版，第136页。

表网评者越来越多样化，既可能是长于思辨、写得一手好文章的人文社会科学学者，也可能是不擅长文字写作的技术工作者，更可能是文化程度较低、只能通过只言片语表达观点的人。网评不拘形式，可以长篇大论，也可以寥寥数句，只要能表达清楚自己的观点，就是一篇或一条评论，就可以自由地发表。因此，网评的作者队伍越来越庞大。同时，网评没有指向约束，多指向甚至对立的观点都可以畅所欲言。在网上，各种针锋相对的观点汇集，甚至一些言辞激烈、情绪色彩浓重的言论也能完整地得以呈现，在一定意义上具有了“观点的自由市场”的意味，因而在很大程度上实现了言论的自由表达。自由而完整的表达最符合作者的本意，因而也是最真实的言论。网络一经设置议程（新闻报道或专题），立即会有成千上万条评论涌进网络，媒介议程很快就成为了公众议程。

此外，大众媒介还会通过民意调查使媒介议程成为公众议程。调查题目一经公布，就为公众设置了一个时期讨论的话题，调查的结果就是公众意见和要求的统计结果，也就是民意的结果。

当民意达成较为一致的倾向时，媒介适时向决策部门强力传达这些民意调查结果，就为推进政策输入提供了压力和动力。

武汉市“麻木”问题进入政策议程，可以视媒介议程为其起点。“麻木”数量激增及其在街头横冲直撞所带来的交通混乱、安全事故、空气污染等种种问题频频见诸报纸、电视、广播，就是媒介发现和“唤醒”易被忽视的“麻木”问题。媒介的频繁报道使“麻木”问题越来越多地受到公众的关注，集中表现为人大代表的关注。人大代表广泛搜集群众意见、就治理“麻木”问题频频提出建议，表明这一问题进入了公众议程。当代表建议通过媒介报道予以公开，向政府施加压力，就促进“麻木”问题进入政策议程。

较早向政府提出整治“麻木”建议的武汉市人大代表喻俊芳在与笔者交谈时以个人的深切体会，肯定了代表建议对于促进政策议程的作用。以下是笔者对她进行访谈的部分记录：

> 问：你把整治“麻木”作为建议案提出的动因是什么？
>
> 答：武汉市“麻木”问题实在太严重了。“麻木”在街头横冲直撞，既阻塞交通，也常常让行人提心吊胆，生怕被撞。即使这样，仍然经常有“麻木”撞伤撞死行人或“麻木”被撞致乘客伤亡的事故发生。混乱的交通秩序严重影响了武汉这样一个大都市的城市形象，必须彻底整治。
>
> 问：你对武汉市“麻木”问题严重程度的判断是基于自己的观察还是其他途径？
>
> 答：既有自己的日常观察、与人交流获得的相关信息，更多的是来源于媒体的报道。报纸、电视对一件件具体的“麻木”事故的报道，频繁地冲击着我作为一个人大代表的神经，促使我对这一社会问题予以关注；同时，报纸、电视还经常对“麻木”事故进行总结性的反思，这些报道对一段时间内“麻木”事故的数量进行统计，对“麻木”事故给受害人家庭带来的伤痛予以描述，就像无声的语言在控诉“麻木”问题，更加深了我对这一问题的认识。可以说，大众媒体对“麻木”问题的频繁而集中的报道，使我反复受到同类信息的刺激，加深我对“麻木”问题的认识，也促使我下决心就整治“麻木”问题提出建议案。
>
> 问：人大代表提建议案总是能够受到政府的重视吗？
>
> 答：是的。人大代表就人们关心的问题向政府提出意

见和建议，理应受到政府的重视，而且也确实受到了政府的重视。人大代表提出的任何一项建议，作为承办单位的政府部门都必须就建议的办理情况进行答复。尽管这些办理情况并不都能令人满意，但对建议办理情况进行答复的制度必然会推动建议所涉问题逐步得到解决。

问：代表建议是否都能促进新的政策形成？

答：代表们的建议并非很快变成政府的决策。政府制定一项公共政策，需要各方面的条件都具备。人大代表提建议时可能只考虑到某一社会问题的严重性，认为应该马上得到解决，但由于各位代表分散各处，对于解决问题所需条件的考虑可能欠周全，如果站在全局高度考虑问题的政府认为制定相应政策的条件不具备，人大代表的建议就不会立即进入政府制定政策的程序。

问：就武汉市取缔“麻木”的政策来说，人大代表提出建议很多年，政府才制定相应的政策，我们能否认为人大代表的建议促进了这一政策的形成？

答：应该看到人大代表就解决“麻木”问题提出建议的累积效应。人大代表提出的建议虽然不能马上变成政府决策，但代表们年复一年地就同一问题提建议，政府部门每年都必须予以答复，这本身就推动了政府的工作，也对政府彻底解决这一问题形成了一定的压力。这些压力促使政府积极思考对策，包括创造解决问题的条件。当然，人大代表的建议中也包括解决这一问题的诸多有益的办法，也为政府提供了解决问题的思路。当这些建议累积到一定的程度，解决问题的条件具备了，政府制定政策的时机就成熟了。可以肯定，人大代表反复地提出“麻木”建议，促进了政府制定取缔“麻木”的政策。

问：如何评价媒介在促进取缔“麻木”的政策形成中所起的作用？

答：首先，报纸、电视对“麻木”问题的频繁报道促使人们包括人大代表、政府决策部门去关注，我们提出治理“麻木”问题的建议在很大程度上是以媒介的报道为基础的；其次，人大代表的建议又成为媒介报道的内容，这些报道进一步促使“麻木”问题成为社会关注的焦点，对政府制定应对措施形成了一定的压力，促进取缔“麻木”进入政策议程。

第五章
大众媒介参与公共政策转化的机制

公共政策的转化是指政策问题进入政策议程之后产生具体的公共政策的过程，也可以说是公众利益诉求转化为公共政策的过程，简言之，就是指公共政策的制定过程。这一过程包括公共政策的规划、决策环节。

当政府根据自己对社会问题的认识或对公众利益诉求表达的把握认为需要对某一社会问题采取行动时，决策者首先要决定行动的步骤，即制定政策的程序。由于公共政策的实质是公共利益的权威性分配，因而政策制定程序的规范便成为影响政策公正性评价的重要环节，亦即政府部门制定的公共政策是否具有权威性的重要衡量标准。“政策视角的民主理论，不只是简单地探讨政策过程中公民参与的程度，而是着眼于研究参与是否导致政策结果的差异。”① 公众利益诉求影响公共政策的实现集中于政策制定阶段。

大众媒介参与公共政策的制定，主要体现在对公共政策规划和决策过程的公开，将公共政策的整个制定过程置于公众的视线之内。公共政策制定过程的公开，既能促使决策程序因公众参与监督而趋于规范，同时也使公共政策因公众全程监督而获得信任，因而也更具合法性和权威性。

本章结合武汉市取缔“麻木”的政策转化过程，探讨大

---

① 赵成根：《民主与公共决策研究》，黑龙江人民出版社 2000 年版，第 46 页。

众媒介参与公共政策转化的机制。

一、武汉市取缔“麻木”的政策转化过程分析

“麻木”问题进入武汉市政府的政策议程之后，即开始了取缔“麻木”的政策制定过程。在整个由政策要求和支持转化为具体政策的过程中，由于新闻主管部门要求新闻单位保持沉默，因而大众媒介基本处于无为的状态。

1. 政府制定政策依法而有情，大众媒介被集体“禁声”

当武汉市委书记陈训秋在市委十届三次全会上明确提出了有计划地解决“麻木”问题的工作要求、市长李宪生在2003年初的《政府工作报告》中明确提出将妥善解决正三轮摩托车问题作为当年政府工作一项必须完成的重要任务，政府部门便已开始着手取缔“麻木”的政策制定准备。

如同每一次取缔“麻木”的政策出台时政府内部都有不同的声音，这一次取缔“麻木”的政策并非自始至终一帆风顺。其间也进行过多次讨论、修正、补充和完善，其过程内容是十分丰富的。每一次讨论、修正、补充和完善都是政策转化过程的重要环节，也是政策信息的重要组成部分，然而，翻阅这期间的各大报纸，我们无法获知这些具体的决策过程信息。按照武汉市委的统一部署，在整治“麻木”的整个政策准备阶段，新闻媒体必须保持沉默。市委宣传部按照整治指挥部的要求，选择合适的时机组织新闻通气会，由有关部门向中央及省市新闻单位通报情况。

武汉市第十一届人代会第一次会议批准的《政府工作报告》把妥善解决正三轮摩托车问题作为当年必须完成的一项政府工作。“两会”刚结束，市政府即召集有关部门并邀请法学专家进行专题研究。此次会议讨论的主题是取缔“麻木”

的政策的合法性问题。经过讨论达成共识：从修改法规着手解决"麻木"问题而不能仅仅靠政府发文禁止"麻木"营运，只有有法可依才能走出原来"治了又治"的怪圈。因为此前的1998年市人大委员会颁布实施的《武汉市城市道路交通管理若干规定》并未禁止有证"麻木"营运。

2月9日，市政府听取市法制办、市公安局关于《武汉市城市道路交通管理若干规定修正案（草案）》有关情况的汇报，并原则同意修正案。市政府迅速着手使其进入法制化的程序。2月13日，市人大主任会第一次听取了市政府关于修改《武汉市城市道路交通管理若干规定》的汇报。市人大主任会对规定的修改表示肯定，但提出在修改法规的同时，应该同步制定出有关政策，以解决"麻木"车主的再就业出路问题。武汉市有证的"麻木"近1.8万辆，无证的"麻木"还有相当多的数量。踩"麻木"曾作为就业的一条渠道，一辆"麻木"养活一家人。有人担心取缔无证"麻木"、禁止有证"麻木"营运将带来很多不安定的因素。因此，在武汉市人大主任会上，讨论的焦点集中在如何为"麻木"车主解决出路的问题上。这是制定一项政策必须考虑和制定的配套政策。几位人大副主任提出，修改法规是很必要的，但在"堵"的同时还应周密地考虑"疏"。"麻木"车主主要是一些年龄偏大、文化素质偏低的企业下岗者、残疾人及其他就业能力低的人员，离开"麻木"之后他们还能做些什么，政府必须考虑。另一个集中的焦点是取缔"麻木"后如何为市民出行提供方便。尽管"麻木"在制造交通事故、污染环境等方面遭遇各界口诛笔伐，但它也的确为市民出行提供了很多方便。取缔"麻木"后，习惯了坐"麻木"的市民的需求如何满足，也是政府必须同时考虑的问题。

显然，武汉市政府对取缔"麻木"的政策细化配套方案还未确定。市人大主任会认为在这种情况下仓促将修正案草案提交常委会审议是不合适的，也难有说服力，所以建议政府深入调研拿出细化的配套政策方案。

2月22日，市委书记办公会专题研究并同意妥善解决“麻木”问题，同时要求在学习上海等外地经验的基础上，结合武汉本地的实际，拟订法规和措施，做到依法管理，有情操作，并做好相关准备工作。这次会议上，市政府明确提出了用“赎买”的办法以高于“麻木”车主购入价回收有证“麻木”，不让车主经济上受损失。

2月27日，武汉市政府组织有关部门赴上海和南昌，学习考察两市解决正三轮摩托车和规范残疾人专用车的做法和经验。与此同时，在拟订相关配套政策的过程中，有关部门也吸取了历年来人大代表、政协委员的建议意见中有参考价值的具体意见，如收购有证“麻木”、完善公交线路、政府提供岗位等。

法规尚未获得通过，但市政府已组成专班，制订并完善具体的实施方案和相关的配套措施。市政府有关部门深入进行调查摸底，摸清车辆类别及车主的家庭构成、收入等详细情况，做到一车一表，并进行归类分析。

为了给“麻木”车主交车后能有挑选自己较满意的工作岗位的余地，市政府决定按1比1.5为其提供岗位。为解决市民出行问题，市政府决定实施公交线网优化，尽可能填补公交空白。市政府吸收一些人大代表的建议，将出租车的“起步价”降至3元，让那些习惯了坐“麻木”的乘客习惯坐“的士”。

3月14日，市人大主任会第二次听取汇报。为了尽快促使法规出台，市人大常委会在三月份增加了一次常委会，专题审议法规修改问题。市政府细致完善的解决方案令人大常委们感到满意。法规修改获得通过后，随后省人大常委会也批准了修正案。

在整个取缔“麻木”的政策制定过程中，武汉地区的媒体一直保持着沉默的态度。以上这些政策反复修改和完善的全过程，是在有证“麻木”交车已近尾声、媒体在总结成功的经验时回顾的。①

其实，一项政策的制定过程，无论是顺利还是费尽周折，无论从新闻价值还是从宣传价值来说，都是极具报道价值的。从新闻价值来看，取缔“麻木”是一项关系到武汉市数百万市民利益的重大政策，其重要性、显著性，不言而喻。随着公民政治素质的提高、参与意识的增强，人们对政策制定过程的关注需求也越来越强，人们不仅需要知晓出台后的政策规定是什么，可能会给自己的生活带来哪些影响，也需要了解这些政策出台的前后过程。过程不只是一种形式，过程更重要的是一种程序，程序本身也是内容。程序如何，直接关系到内容如何，也关系到内容在多大范围、多大程度上得到了认可。对这些信息的了解，直接影响着人们对政策内容的认识和理解，而理解是自觉执行的前提。从宣传价值来看，武汉市取缔“麻木”的政策制定过程是依法行政和有情操作理念的充分体现。完整地报道这一政策的制定过程，对于公众而言，可以充分了解政府在出台这项政策之前做了大量的调查研究、讨论、修改、完善政策的工作，了解市政府使用柔情手段、采取“赎买政策”、实现“刚性目标”的现代政府行政思路，从中也可以看出政府行政的平等意识，了解市政府将政府规章上升为法规的法治意识和严谨作风。对于这些内容的报道无疑可以大大增强政策的亲和力和感染力，从而增强政策对象进行换位理解和执行政策的自觉性。

由于我国各级政府尚未习惯于让公众看到政策制定过程尤

① 金娜、褚朝新：《依法禁“麻”赢得民心》，《武汉晨报》2003年5月27日。

其是看到其间可能出现争论或反复修改甚至被否定，因而一开始就将政府制定过程完全封闭起来，通过打招呼的方式宣布禁止报道政策制定过程的新闻纪律。因为受纪律约束，从政府部门讨论取缔“麻木”的政策开始（即整治准备阶段）直至包括法规在内的政策公布，这期间大众媒介都保持了一致的沉默。

2. 大众媒介“失声”的同时也失去了搭建公共舆论平台的时机

政策制定阶段，决策者听取来自各个方面的不同意见是一种必需。这是整个决策系统中信息咨询系统发挥作用的重要体现。决策中的咨询并非仅限于向专家咨询，也包括倾听来自民间的不同声音。作为政策的目标对象，普通公众对于政策问题的感受最直接，政策诉求的表达最迫切、最真实。大众媒介此时就应为公众表达意见搭建广阔的舆论平台。然而，由于在这一阶段大众媒介被新闻主管部门要求对取缔“麻木”的政策保持沉默，因而凡是与取缔“麻木”的政策相关的内容在这一阶段都不被允许报道。这就意味着来自各个方面的声音失去了公开表达的平台。

2003 年 1 月，民盟武汉市委委员杨云彦写信给市委书记陈训秋，提出运用价格手段调控交通市场的建议。他提出将出租车的“起步价”降为 3 元，用市场这只“看不见的手”，通过价格机制将“麻木”逐步挤出武汉市的主要街道路段；同时要进一步调配公交运力，延长和调整公交线路，进一步为市民出行提供方便等。

同月，一位署名“吾言”的市民来信寄到了武汉市信访办，后交至胡绪鹍副市长。信中提出三条建议：必须在解决“麻木”问题的同时解决踩“麻木”人的生活出路；降低出租车起步价；政府通过一定的渠道和方式向市民征集解决“麻木”问题的方案等。

虽然这些建议中有许多成了后来取缔“麻木”的政策本身及配套政策内容，但当它们被提出时并未成为大众媒介报道的内容。如果这些建设性的意见能够通过大众媒介报道出来，很可能成为一种示范，引导更多的有识之士建言献策。然而，大众媒介的“失声”无疑也丧失了搭建公共意见平台的功能，一些有益于政府解决难题的建言也失去了表达的平台。

这些意见中也存在对政策的不同意见。比如有一个“麻木”车主对取缔“麻木”的政策表达了自己的不满情绪。4月14日，署名为“武汉市部分肢残人员”向政府发出了“致武汉市人民政府的一封信”；5月20日，署名为“再一次受到伤害的残疾人”发出了“致全市广大市民的一封公开信”。两封信表达了共同的意见：这些残疾车主把“原来的代步工具变成了自食其力、成家立业的‘资本’”，自从有了“麻木”之后，他们不再成为家庭和社会的包袱，第一次感到自己是一个对社会有用的人，因为“麻木”，他们获得了别人的尊重，也获得爱情，组建了家庭，是“麻木”让他们获得了新生。

正常的政策过程和公众建议都未能公开报道，这些针对政策的不满情绪自然未能获得通过大众媒介公开传播的机会，它注定只能成为历史的档案。而这些建议和意见原本都是正常的政策过程不可缺少的内容。

3. 信息传递不及时导致“麻木”车主聚众上访或滋事

四五月间，由于信息传递不及时，武汉发生了几起部分“麻木”车主聚众上访或滋事事件，后经有关部门做工作，事态才不致扩大。在这种背景下，市委、市政府作出重要指示，要求各级政府部门深入家庭，细致宣传政策，要动员、组织和发动全社会各方面的力量，调动一切积极因素，做好稳定工作，形成强大的社会和宣传舆论氛围。市委要求各部门高度重视可能出现的聚众上访事情发生，不可掉以轻心，要缜密调查，摸清情况，在调查清楚的基础上做好思想工作，化解矛盾。

分析这些事件发生的原因，我们不难发现，在政策制定的过程中，政府与群众之间缺乏有效的信息沟通。一方面，政府制定政策的过程信息对公众是封锁的。公众既无法知晓政府此次制定“禁麻”政策上升为法规的严肃性，以为可以像以往“禁麻”政策一样可以讨价还价，又无法知晓政府在制定政策的过程中充分细致地考虑“麻木”车主的利益，不仅对现有“麻木”实行高价赎买政策，还制定了相应的就业安置等配套政策。信息不畅就为传言提供了充足的空间。传言的蛊惑性在信息继续封闭的环境中使其具有更强的张力，很快弥漫开来，成为聚众示威的媒介。直到5月20日通过大众媒介公布了湖北省、武汉市人大常委会审议批准的《武汉市城市道路交通管理若干规定》时，市解决正三轮摩托车问题领导小组致信有证正三轮摩托车车主和有证残疾人正三轮摩托车车主，才对此次取缔“麻木”的政策作详细介绍。正是通过大众媒介对这封信的公开发布，才打消了“麻木”车主的疑虑。另一方面，政策目标对象的意见缺乏畅通的表达渠道，囿于认识问题的立场，他们担心取缔“麻木”之后自己将失掉赖于生存的手段，认为政府制定政策从来都不倾听他们的心声，从来都不顾及他们的利益，因而固执地与可能危及自己利益的政策相对抗。

当然，我们从各大媒介也可以看到市民和专家对政府取缔“麻木”的态度和建议。如《武汉晚报》2003年5月22日刊登了12名记者在街头对百名市民的随机调查，其结果90%的人认为“麻木”不安全；58%的人认为“麻木”穿行于闹市，影响了城市市容，噪声污染也很大；92%的人表示全力支持政府禁行“麻木”，6%的人表示在禁行“麻木”的同时若能解决好市民出行的问题，也支持政府的行动。① 5月25日则请环境和法学专家从城市交通工具必须适应时代进步的要求、必须有利于改善人类生存的环境等视角谈“麻木”退出城市舞台的必然性。② 应该说，无论普通市民还是专家，他们通过媒介表达观点，都是一种民意表达，都会对政策目标对象认识和理解政策产生影响，形成压力。但是，这些民意表达的时机并非在政策制定过程中而是在政策宣布之后。时机不同，传播效果大相径庭。直到取缔“麻木”的政策公布之后，还有市民通过媒介建议在取缔“麻木”的同时降低出租车起步价，而这些内容正是配套政策早已制定了的。

早在2003年2月底的时候，武汉市政府就开始了解决“三车”的相关准备工作，包括外地考察、前期的摸底工作和方案的初步规划等。而有些人当年3月还在买“麻木”，花了近万元办所有证照。从前文提及的雄楚楼社区车主黄群香3月份还在为“麻木”办证这一事实看，至少在此之前武汉市政府没有出台停办“麻木”牌、证的规定，也没有向社会透露将要彻底“禁麻”的规划。如果在决定取缔“麻木”、规划相应政策之初就向社会公布政府的这一决定，让现有车主有时间筹划未来职业，避免其他市民因不知情盲目投资购买“麻木”造成新的损失，就可减少车主与政府的对立情绪。

客观地讲，武汉市政府制定取缔“麻木”的政策从广泛听取专家意见先立法后决策，到以高价赎买的办法回收“麻木”和安置车主就业的有情操作方案，都充分体现了现代决策的理念。但是，由于政府不愿将政策制定过程公之于众，未

---

① 胡俊等：《禁行“麻木” 顺乎民意》，《武汉晚报》2003年5月22日。

② 胡俊等：《治理“麻木”三人谈》，《武汉晚报》2003年5月25日。

及时将政策依据向公众解释，失去了赢得公众理解的绝好机会。政策制定过程信息的封锁，使公众失去了表达意见、影响决策的机会，也为传言的蔓延提供了机会。武汉市解决正三轮摩托车领导小组的一位负责人称，从中央到地方的政策制定过程，很少能完全公开。正是这种普遍存在的封锁决策过程的做法，使得武汉市制定此项政策的过程禁止媒介予以报道成了一种“常态”，并未对此政策的执行产生太大的影响。

二、实质正义和程序正义：公共政策制定的价值基础

作为政府行政管理的手段，公共政策以效率为追求目标是天经地义的。但是，如果仅仅追求以效率为导向的工具理性，就可能把民主社会的基本价值（自由、民主、平等、公正等）抛在一边。也就是说，“工具理性指导下的种种行动，将使行政工作越来越远离社会价值的体现，只是斤斤计较地减少行政成本，从而沦为公务产生过程中的工具，以致完全丧失作为行政体系行动本身的‘道德系统’”①。政府在制定政策过程中只考虑提高政策制定和政策执行的效率，而减少必要的程序如公开政策制定程序、为公众提供表达意见的平台等，即使政策制定中政府可能主动考虑了目标群体的利益（具体到取缔“麻木”的政策表现为有情操作），实现了公共利益的权威性分配，政策制定的过程也大大缩短，但对于民主制度下的公民平等参与权的实现来说也是一种不尊重。因此，公共政策的制定者和执行者在政策制定和执行时应秉承程序正义和实质正义的理念，实现社会正义。

---

① 颜廷锐：《实质正义与程序正义：公共政策的价值基础》，《中共杭州市委党校学报》2003 年第 5 期。

1. 程序正义与公共政策的合法化

在西方思想史中，正义一直是个非常重要的概念，但含义并不一致。柏拉图把正义的讨论置于成就一个和谐的城邦背景之下，从而得出正义就是正确的分工，各司其职。① 亚里士多德则认为正义在于公正地分配和矫正，因此正义寓于平等之中。他说："政治学上的善就是正义，正义以公共利益为依归。按照一般的认识，正义是某种事物的'平等'（均等）观念。"② 康德认为正义就是自由，自由是属于每个人唯一原始和自然的权利。因此正义就是"任何一个按照自由的普遍法则与其他人意志相协调的各种条件的总和"③。在近现代西方思想家那里较多地被用于作为评价社会制度的道德标准，被看做评价社会制度的首要价值。在罗尔斯的正义论中，正义的对象是社会的基本结构，即用来分配公民的基本权利和义务、划分由社会合作产生的利益和负担的主要制度。他说："正义与否的问题只涉及现实的并且被公平有效地管理着的制度。""当谈到一种制度因而社会的基本结构是一种公开的规范体系时，我的意思是说，每个介入其中的人都知道当这些规范和他对规范规定的活动的参与是一个契约的结果时他所能知道的东西。一个加入一种制度的人知道规范对他及别人提出了什么要求。"④ 也就是说，公开的制度正义是实现一切正义的前提。

正义可分为个人正义和社会正义。社会正义又可分为实质正义和形式正义，其中形式正义包含着程序正义和规则正义。

---

① 柏拉图：《理想国》，商务印书馆 1986 年版，第 172 页。

② 亚里士多德：《政治学》，商务印书馆 1981 年版，第 148 页。

③ E. 博登海默：《法理学——法哲学及其方法》，华夏出版社 1987 年版，第 242 页。

④ 约翰·罗尔斯：《正义论》，中国社会科学出版社 1988 年版，第 55 页。

一些学者也把规则正义表述为制度正义，它们实际上也可理解为程序正义的一部分。就公共政策的制定过程来说，政策制定程序的规范与否直接与公共政策的合法化密切相关。

关于公共政策的合法化问题，学者们给予了不同的界定。德国哲学家哈贝马斯认为，合法化是指一种政治秩序被认可的价值，“只有政治秩序才拥有或丧失合法性，只有它们才需要合法化”①。我国学者张金马认为：“通常，公共政策要具有合法性，必须经过一个合法化过程，这种使政策具有约束性或合法性的过程可以是一套法律规定的程序，也可以是一套习惯性程序……无论哪种程序，只要人民认可、接受，都可使政策具有合法性。”“政策合法是指经政策规划得到的政策方案上升为法律或获得合法地位的过程。它由国家有关的政权机关依据法定权限和程序所实施的一系列立法活动与审查活动所构成。”② 从这一界定来看，政策的合法化包括法律化和来自社会公众的普遍认同、接受。陈振明也指出，政策合法化“不等同于政策法律化”，“政策法律化只不过是政策合法化的一种重要而又特殊的形式。研究政策合法化，既要研究法律，更要研究其他形式的公共政策的合法化”。③ 无论是公共政策的法律化还是被公众普遍认同和接受，都必须遵循相应的规范程序。“政策合法化的程序是政策方案获得合法地位的步骤、次序和方式。”④

---

① 哈贝马斯：《交往与社会进化》，重庆出版社 1989 年版，第 184-185 页。

② 张金马主编：《政策科学导论》，中国人民大学出版社 1992 年版，第 23、172 页。

③ 陈振明主编：《公共政策分析》，中国人民大学出版社 2003 年版，第 197 页。

④ 陈振明主编：《公共政策分析》，中国人民大学出版社 2003 年版，第 202 页。

(1) 公共政策法律化中的程序问题

公共政策的法律化是指“政策向法律的转化”，即“享有立法权的国家机关按照立法权限和程序，将成熟、稳定而有立法必要的政策转化为法律”。① 政策一旦转化为法律，就具有了国家强制力量，必须服从和执行，因而法律化是公共政策确定其合法性、提高其权威性的最根本途径。因其具有至高无上的权威和强制力，政策的法律化程序理应特别规范。在我国，虽然理论上享有立法权的权力机关有独立的地位，但由于受执政党领导的特殊体制影响，加上我国的许多公共政策是党政部门联合制定，因而权力机关进行政策转化为法律的过程即政策立法并非完全独立。在这种特殊的背景下，立法程序的规范尤为重要。

并不是所有的党政部门制定的政策都能转化、上升为法律，政策要转化为法律必须具有一定的条件。虽然政策和法律都强调稳定性，但与政策调整的灵活性相比，法律则更为稳固、成熟。政策常常在实践中不断进行修改、补充、完善，而法律则比较定型和规范，一旦制定下来，其修改、补充或废止都必须经过严格的法定程序。因此，转化为法律的公共政策往往是那些经过实践检验被证明是成熟的、具有长期稳定性的政策。

同时，并不是党政决策部门提请立法的公共政策立法机关都立即照办，立法机关按照程序会经过反复讨论，认真研究。由于立法的过程又具有政策规划的性质，因而立法机关对于政府部门提请立法的不完善的政策也会提出修改和完善意见，退回进一步修改和完善。如此反复，也是政策法律化程序的题中之意。

---

① 陈振明主编：《公共政策分析》，中国人民大学出版社 2003 年版，第 206 页。

从武汉市取缔“麻木”的政策制定过程来看，由于历次整治“麻木”的政策并未收到预期的效果，甚至可以称之为失败，因而2003年的政策吸取了以往失败的教训，力求更科学、更成熟、更稳妥，希望能借此次整治彻底解决困扰城市十多年的“麻木”难题。通过对此次取缔“麻木”的政策制定过程的分析可以看出，它的每一步调整和修改都是针对过去的不完善之处而进行的，具备了政策法律化的必备条件。首先，历次整治“麻木”的政策目标对象都是无证“麻木”，不仅有证“麻木”不在整治之列，而且还在整治无证“麻木”的同时给“麻木”办新证。如此一来，有证“麻木”与无证“麻木”皆满街乱窜，区分并不十分明显，形成“你中有我，我中有你”的混乱局面，无证的在有证的掩护下泛滥得比有证的还多，且屡禁不绝。2003年解决“麻木”问题首先在“麻木”——代表落后的交通工具应完全退出现代化大都市这一点达成了共识，不再纠缠于有证还是无证问题，而是全部取缔，而且将长期禁止其在城市道路上行驶。政府的决心使得此次取缔“麻木”的政策具有很强的稳定性，也为政策的法律化提供了可能性。其次，此次全面取缔“麻木”的政策与1998年颁布的《武汉市城市道路交通管理若干规定》在具体条款上有冲突。当时的法规明确了对无证“麻木”的管理规定和处理手段，但没有说明有证“麻木”可不可以营运。按照世界通律，法不禁止即被允许。对于地方性法规未设定的禁止性事项，行政规章也不能设定，否则就与地方性法规相冲突。这种政策与法规的冲突为此次全面取缔“麻木”的政策法律化——修改法规提供了必要性。

当政府制定的政策规划提交权力机关——武汉市人大常委会审议时，市人大主任会第一次讨论时对政策规划缺乏关于被取缔后的“麻木”车主的就业问题等配套政策提出了修改意见。市人大主任会明确提出，在政府部门对取缔“麻木”的政策细化配套方案还未确定的情况下仓促将《武汉市城市道路交通管理若干规定修正案（草案）》提交常委会审议是不合适的，也难有说服力，建议政府深入调研拿出细化的配套政策方案。当政府部门通过大量的调研，制定出为“麻木”车主按 1∶1.5 的比例提供就业岗位、降低出租车起步价、优化公交线网等配套政策时，市人大常委会才审议通过修正案并报湖北省人大常委会审批。

从公共政策的法律化程序来看，武汉市取缔“麻木”的公共政策严谨而规范，其合法化过程实现了程序正义。这是其成功的保证。

（2）公共政策公众认同的程序问题

奥地利著名心理学家弗洛伊德把认同“看做是一个心理过程，是个人向另一个人或团体的价值、规范与面貌去模仿、内化并形成自己的行为模式的过程，认同是个体与他人有情感联系的原初形式”。① 认同可分为主动认同与被动认同。就公共政策制定过程而言，政策法律化之后，由于法律所具备的强制和权威地位，公众对其产生的认同就属于因其约束而产生的服从、接受到认同的被动认同。如果公众自始至终对某一项公共政策高度关注，并认为个人意见与政策结果有着某种一致性，公众对政策的认同就属于主动认同，这种认同就可能“内化并形成自己的行为模式”。我们这里分析的公众认同就是这种主动认同。这期间，公众参与是公共政策得到公众认同的关键环节。

在现代社会，社会公众的普遍认同和接受是公共政策的合法性基础，也只有当政策得到广泛的社会支持时，它才能拥有较高水平的合法性，获得较高水平的政府效能。公众参与公共

① 梁丽萍著：《中国人的宗教心理》，社会科学文献出版社 2004 年版，第 12 页。

政策制定过程对于提高公共政策的合法性基础主要体现在两个方面：一方面，公众参与扩大了决策资源的提取范围，增强了政治体系的利益整合功能，能更好地协调社会各种利益关系，从而增加社会公众的认同感；另一方面，公众参与决策满足了公众参政议政的心理需求，增强了他们的政治功效感、影响感和尊严感。①

作为公共政策的主体构成要素之一，公众参与公共政策过程有其规范的程序。首先，政策信息的公开是公众参与决策过程的最基础前提。无论是基于政策问题的内输入还是外输入，一旦政府将某一政策问题纳入政策议程，拟制定相应政策，就应向公众宣布政府的政策计划。这种事先公布政策计划，不仅有利于作为公共政策目标对象的公众及时调整自己的生活或工作决策，而且有利于他们有计划地搜集相关信息、表达自己及所属群体的政策诉求。这就要求政府的政策活动具有透明性和公开性，要求大众媒介充分发挥其信息传播的功能，将政府的政策信息全面及时地予以传播为公众所知晓。其次，公众参与要有畅通的渠道和广阔的平台。公众参与政策制定过程最主要的方式是表达对政策的意见和建议，而其最主要的途径就是通过大众媒介传递他们的意见和建议。无论是对政府政策动议的建议，还是对政府初拟政策方案的意见，哪怕是批评的声音，大众媒介都应及时刊播，因为这是公众参与公共政策制定的必经程序。如果舍弃这个环节，公众参与政策制定只能成为一句空话。再次，政府部门认真对待公众意见，与公众平等交流，体现公众参与的实质。参与意味着平等对话，意味着参与者的意见能对参与对象产生影响。如果公众发出的声音不能被认真对待，不能对决策产生丝毫影响，那么，所谓的参与至多不过

---

① 周晓丽、马晓东：《公民参与公共政策合法性的路径选择》，《理论探讨》2005 年第 4 期。

是一种粉饰。

公众参与公共政策的制定程序，无论在哪一个环节，都与大众媒介的功能发挥密切相关。从政策信息的公开到公众意见的表达再到公众意见对政策制定的影响，都有赖于大众媒介搭建良好的公共信息平台。从这些程序的规范性审视武汉取缔“麻木”的政策制定，必须承认，公众对此次公共政策制定的参与是不充分的。前面提及的公众参与程序中的三个环节，大众媒介都保持了沉默。

媒介沉默的态度表面看起来只是媒介的失职，实则是对公众参与权的漠视。当公众参与感在参与受挫中渐渐丧失，他们对与自己关系密切的公共政策的认同感也大为减弱。一旦出现有关“政策伤民”的传言，缺乏认同感的一些人很容易轻信，进而出现与政策部门对抗的行为。

2. 公众参与的程序正义具有更突出的价值

罗尔斯在《正义论》中明确使用了“实质正义”这一概念。在他看来，实质正义是一个社会的结构问题，是一个社会合理分配权利和价值的基本原则。他还通过与形式正义的对比论述了实质正义的概念。他认为实质正义就是社会制度，特别是法律制度本身的正义。“制度确定的正确规范被一贯地坚持，并由当局恰当地给予解释。这种对法律和制度的公正一致的管理，不管它们的实质性原则是什么，我们可以把它们称之为形式的正义。”① 可以看出，实质正义实际上指的是人们关于事实平等和结果平等的一种价值追求。形式正义实际上指的是对实现这种价值分配的规则的管理和遵循，程序正义包含在形式正义之中。

---

① 约翰·罗尔斯：《正义论》，中国社会科学出版社 1988 年版，第 58 页。

程序正义和实质正义密不可分。程序正义是实质正义的前提和保证，尤其是在现代社会人们对于程序正义的要求更为迫切，因而这种情形更为显著。另一方面，实质正义是程序正义的标准和最终目的。如果脱离了实质正义，那么程序正义也就缺少了赖以存在的实际意义。总体说来，程序是为着实现实质目标而设定的程序，因而二者理应是协调的。但是，程序正义强调凡是正义的行为必须超越人的意志，符合人们事先约定的道德或法律的规范，只有符合规范的行为才可能是正义的行为。这在立足点上与实质正义不同。实质正义是一种目的论的正义原则，只要人们的行动体现了他们内心所认定的正义价值和原则，那么这个行动就是正义的。由此便出现了哪个更"正义"的冲突。罗尔斯将程序正义理论作为其社会正义论的核心部分，把程序正义作为一个独立的范畴加以类型分析，提出纯粹的、完善的、不完善的程序正义分类。纯粹的程序正义(pure procedural justice)，指的是一切取决于程序要件的满足，不存在关于结果正当与否的任何标准；完善的程序正义（perfect procedural justice)，是指在程序之外存在着决定结果是否合乎正义的某种标准，且同时存在着使满足这个标准的结果得以实现的程序，在这里，程序总是导致正当的结果；不完善的程序正义（imperfect procedural justice)，是指"当有一种判断正确结果的独立标准时，却没有可以保证达到它的程序"①。尽管程序正义总是被与通过程序而达到的结果公正联系起来考察，但是程序正义的价值更为突出。罗尔斯关于程序正义的理论给人的启示在于，"在对一种至少会使一部分人的权益受到有利或者不利影响的活动或决定作出评价时，不能仅仅关注其结果的正当性，而且要看这种结果形成过程或者结果据以形成

① 约翰·罗尔斯：《正义论》，中国社会科学出版社 1988 年版，第 86 页。

的程序本身是否符合一些客观的正当性、合理性标准”①。

公共政策的制定中，实质正义并非必然是程序正义的结果。比如政策制定者能够主动进行广泛的调查，并能在调研中听取各方的政策诉求，制定的公共政策也能体现“公共利益的权威性分配”这一实质，但由于自上而下的政策制定模式中政策程序对公众是封闭的，公众缺乏表达利益要求的渠道，公共政策即使实现了实质正义，也只能是政府精英的价值观念转化，在程序上是有缺陷的。

在民主社会，以对公共利益进行权威性分配为本质的公共政策制定，程序正义具有更为突出的价值。民主是规定多数人参与政治活动的制度。它不仅把多数人参与政治活动作为制度的一项目标，也必须规定一定的程序，即规定多数人如何有序地参与政治活动。因此，程序是作为民主的一个不可或缺的组成部分而存在的。吴忠民教授用程序公正的概念论及了程序正义的五项基本功能：保证社会成员的基本权利；协调复杂的社会利益结构；限制政府权力对社会公正的不当干扰；减少社会公正实现过程中的技术性失误；形成社会成员对社会的普遍认同和信任。② 这些功能在公共政策制定过程中，最突出地体现在规范和保障公众参与政策制定的程序上。通过对程序的规范和保障，公众在积极参与中实现利益的有效表达，进而实现公共利益的公正分配。

现代社会程序正义的实现必须遵循这样一些原则：第一是多方参与原则。它要求在制定法律和重要的公共政策时，应当也必须让多方人员参与，尤其是要允许相关社会群体有充分的

---

① 参见肖建国等：《程序公正研究》，《新华文摘》1999 年第 10 期。

② 吴忠民：《关于程序公正的几个问题》，《中共中央党校学报》2002 年第 4 期。

参与和表意的机会，使之能够充分地表达自己的意见，维护自己的利益。第二是平等对待原则。它要求裁判者在整个程序中给予相关主体平等参与的机会，保护每个人基本的平等的权利。第三是信息公开原则。它要求所有信息都要公开，保障任何社会群体、社会成员对于事关切身利益的信息享有平等知晓的权利，“每个人都有这样的权利，即可以公开得到或可以得到足以充分显示用于他的裁决程序是可靠和公平的（或不亚于其他使用程序的）信息，他有权利得知他是在受某种可靠和公平的体系处理。若缺少这种对他的展示，他可以保卫他自己，抵制那种相对不熟悉的体系的强迫裁决，当这种信息是可以公开获得时，他就能知道这一程序是否可靠和公平”①。同样，这些程序正义的原则应贯彻于公共政策的制定程序之中。总的来说，我国的公共政策制定和执行在贯彻程序正义的原则方面还是比较薄弱的，无论是程序正义的意识、程序正义相应的手段，还是程序正义相应的制度设计，都是比较缺乏的。而恰恰是这种制度上的设计对于程序正义来说是必要的，不可或缺的。

武汉市制定取缔“麻木”的政策充分考虑了“麻木”车主的购车成本、就业机会和成本、市民出行习惯等，因而在政策设计中包含了高价赎买旧“麻木”、为“麻木”车主提供就业岗位并免费培训、降低出租车“起步价”和优化公交线网等。但是，从政策动议到政策规划，整个过程的所有信息对公众都实行封闭，公众对于政府正在制定的取缔“麻木”的政策既不知晓，更无参与。尽管政府制定的取缔“麻木”的政策在本质上实现了公共利益的权威性分配，但并不是公众的利益表达实现了对政策过程和政策结果的影响，充其量是政府精

---

① 罗伯特·诺齐克：《无政府状态、国家和乌托邦》，中国社会科学出版社 1999 年版，第 108 页。

英为公众利益服务的价值观念的转化，因而在程序上是有缺陷的。武汉市取缔“麻木”的政策之所以引起一部分车主集体抗议，反映了这次公共政策在遵循公众参与的程序正义原则上存在较多的欠缺。尽管此项政策的实质体现了多数人的意愿，但缺少必要的公众参与程序，引起不满是不可避免的。“程序可以吸纳不满”①，如果程序规范，此次取缔“麻木”的政策可以赢得更广泛的支持。

3. 程序正义和实质正义是公共政策制定的价值基础

我们强调程序正义的重要价值，并非把程序正义视为可以代替实质正义的独立存在之物。这两类价值应该相互融合在一起，“这就是，一种程序的正义总是依赖（除赌博这种特殊情况之外）于其可能性结果的正义，或依赖于实质性正义。因此，程序正义与实质正义是相互联系而非相互分离的”②。程序正义和实质正义共同构成公共政策制定的价值基础，单独强调某一方面都可能造成价值判断和实践的偏差。

公共政策的制定中，实质正义并非必然是程序正义的结果。比如政策制定者能够主动进行广泛的调查，并能在调研中听取各方的政策诉求，制定的公共政策也能体现“公共利益的权威性分配”这一实质，但由于自上而下的政策制定模式中政策程序对公众是封闭的，公众缺乏表达利益要求的渠道，公共政策即使实现了实质正义，也只能是政府精英的价值观念转化，在程序上是有缺陷的。同样，程序正义有时也会背离实质正义，“程序规则的公平性完全取决于由这些规则是否总的

---

① 贺卫方：《程序本身是一种文化》，《中国图书评论》2006 年第 7 期。

② 约翰·罗尔斯：《政治自由主义》，译林出版社 2000 年版，第 449 页。

来说有助于产生公正的结果，但是，即使在最严格地遵循规则的情况下，也不可能保证在每一特定的案例中都会产生公正的结果”①。民主制度下的程序正义强调的是多数人比少数人更有决定的资格，但由于人本身的局限，一定数量聚合的人群并不能确保意志的合法性与正义性，即多数人也不一定总是对的。卢梭在《社会契约论》中说：“公意和众意之间经常有着很大的差别。公意总是着眼于公共利益，而众意则着眼于私利，它只是个体意志的总和。”多数人的意志只是众意而非公意，其局限是显而易见的。有时，政策制定者为了使政策能够得到大多数人的认同，也很有可能会或多或少地存在某些迎合的心理，这就势必会对政策的制定与实施产生不利的影响，使程序正义在实际上出现变异。同时，程序的遵循也要求人们对参与对象具有准确的判断力，“但判断是具有一定程度的不确定性的，这样，结果往往不是程序试图要产生的那样”②。

单独强调实质正义或程序正义都存在无法避免的缺陷，实质正义和程序正义两者共同构成公共政策制定的价值基础。只不过由于我国各级公共政策的制定对于程序的制度设计和执行上较为薄弱，因此人们更多地关注这一过程中的程序正义。对于大众媒介参与公共政策的制定过程而言，其职责也更多地在于政策制定的程序规范。

三、程序正义遭遇决策“黑箱”

根据程序正义的信息公开原则，公共政策制定过程的每一

① J. 范伯格：《自由、权利和社会正义——现代社会哲学》，贵州人民出版社 1998 年版，第 172 页。

② 戴维·米勒：《社会正义原则》，江苏人民出版社 2001 年版，第 104 页。

个步骤都与公众切身利益密切相关，因而都应成为公开的内容，大众媒介也应大力加强这方面的内容报道。然而，由于作为决策部门的政府对政策制定过程实行封锁，致使程序正义的追求遭遇决策“黑箱”。“黑箱”是一个信息学的概念，指的是内部结构不能直接观察的系统，要了解其内部结构，只能向它输入信息，再根据它的输出信息来推断。对于公共政策的制定过程而言，所谓的“黑箱”主要是指公共政策的制定是少数人“秘密”商议的结果，在政策方案正式公布之前，整个决策过程对于公众而言是一个无法弄清的神秘系统。

1. 权力的隐蔽运行与决策“黑箱”的普遍性

除了应对临时性的突发事件而出台的决定，一般来说，一项公共政策的制定都不可能是突发的，都有一个较长时间的酝酿、争论和拍板的过程。“在最直接的政策制定者热火朝天地忙于政策制定过程之前，有关政策制定主要内容的日程表就早已经设定了，政策变革的大局方向也早就决定了。而且，大众传媒也早就做好了舆论造势，使公众和他们的代表对政策变革有充分的思想准备。”① 也就是说，政府决定就某个政策问题制定政策时就应向公众公布，以便他们能对即将制定（或调整）的新政策有充分的准备。毕竟，一项公共政策对个人的生活和工作影响是较大的，影响时间也会是较长的，因此与某项公共政策相关的人们得知政府将对现行政策进行调整或制定新政策时，会调整自己的生活决策，会决定参与公共政策制定的态度和方式。然而，由于权力运行的隐蔽特性，作为决策部门的政府常常从决定制定一项公共政策之初就对公众封锁消息，意味着决策“黑箱”从一开始就形成了。

---

① 托马斯·戴伊：《自上而下的政策制定》，中国人民大学出版社2002年版，第9页。

隐蔽运行是权力的一个普遍特征。在专制社会，权力作为掌权者的私人工具，隐蔽运行是其本来含义。在民主社会，虽然权力是人民手中的公共资源，只是因为管理的需要而被委托给政府管理者手中，其使用和运行过程理应向其所有者公开，但是，由于权力意味着资源的占有，一旦它集中于少数人手中，就会以种种理由拒绝公开其运行过程。虽然各国的具体情况有所差别，但关于权力运行过程的公开化一直是政治改革努力的方向。从世界各国普遍存在的权力腐败的现实来看，尽管各国都力求建立完善的权力监督体制，但权力的隐蔽运行仍是一个普遍存在的痼疾。

公共政策的制定过程是权力运行的一项重要内容。权力隐蔽运行的普遍性决定了决策“黑箱”存在的普遍性。有时，政府部门对即将就某一社会问题制定政策的决定并未向公众保密，但一旦进入政策制定的具体环节，便将政策制定的过程全部封闭，公众既无从知晓政策制定过程中到底经历了哪些程序、每个程序是否规范、期间到底发生了哪些事情，更无从获得对政策及其程序发表意见、建议以实现决策参与权的机会。只有等公共政策制定过程完成、政策结果得以公布之后，公众才有机会了解政策内容。如果政府部门通过大众媒介回顾了决策程序，公众才可能了解政策过程。即使如此，政府提供给媒体的政策程序往往是经过过滤了的，公众是无法了解政策制定全过程的原态图景的。如果政府部门不向媒介提供政策过程信息，公众就根本无从得知政策制定程序的相关信息。如此看来，在公共政策结果公布之后，无论政府是否向媒介提供政策制定过程，对于公众而言，都是借助政府系统输出的信息作出的推断。因此，决策过程对于公众仍是不明就里的“黑箱”。

2. 决策“黑箱”与政策制定的程序正义本意相悖

政策制定的程序正义本身就包含着所有与政策制定相关的

信息都必须公开。这种公开不仅是满足公众充分知晓政策信息、有效参与政策制定的权利，也是实现公众有效监督政策制定过程、实现决策科学化的保证。当政策过程的决策阶段进入“黑箱”，本身就与政策制定的程序正义相冲突。即使未公开的决策过程包含了政府部门体察民情、以人为本、政策法律化等丰富内容，或者说决策中的其他程序都是规范的，但因其未遵循决策过程全程公开的程序正义规则，仍与程序正义的总则相背离。更何况，没有决策过程的全程公开，就没有公众的决策参与，也就根本谈不上程序正义。

决策“黑箱”使所有关于政策制定的程序对公众封闭起来，其间到底发生了些什么事情、经过了哪些具体环节、有哪些不同的意见参与讨论、参与决策者各持何种观点、最终确定的政策方案是一致通过还是多数人意见抑或是最高领导人意见等问题，都在决策“黑箱”里封存而与公众隔绝，而它们又是规范的决策程序中必不可少的内容。因为公众无从知晓决策过程，政策公布后公众有理由对政策的程序正义表示疑问。

首先，决策“黑箱”使公众有理由怀疑一项公共政策的制定程序不规范。因为面对决策“黑箱”，公众无法知晓决策程序是否规范，对其中可能存在的问题便有了想象的空间。按照科学的决策程序，政策问题一旦进入决策议程，决策部门就会就政策方案进行广泛咨询，包括调研、召开专家座谈会、向社会广泛征集意见和建议；在此基础上，提出多套政策备选方案，这是科学决策的重要前提；接下来要对备选政策方案进行评估，即进行讨论和比较；最后从多套方案中选择出最优方案（即使选中的最优方案也可能还需要补充和完善），若有必要，还将经过政策法律化过程，然后予以公布。这是一般的公共政策制定都应遵循的程序。在每一程序中，又有许多重要的环节值得关注，如进行政策讨论的方案是多个备选还是唯一一个、政策讨论中哪种意见占上风、最后确定的政策方案是遵循什么原则选出的等。这些程序和环节都直接影响着公共政策的公正性、科学性。由于决策“黑箱”，一项公共政策的制定到底经过了什么程序和环节无法看到，因为政府不允许这些程序进入大众媒介的报道范围，公众就有理由怀疑其间存在不敢曝光的程序不规范问题。

其次，决策“黑箱”使公众有理由怀疑政府部门有意制造“责任大锅饭”。公开公共政策制定的程序实际上也是一种公开决策者责任的程序。决策群体中的每一个成员，对最终的政策都是负有责任的。每一位参与决策的人，无论对政策方案持赞成意见还是持反对意见，都应当记录在案，以做到有案可查。如果实践证明某项公共政策是错误的，那么当初在决策阶段那些对此项政策投赞成票的人是有责任的。“决策是考核决策者的硬件，也是监督决策者的证据”①，决策者对待每一项公共政策的态度构成公众在投票选举时对他们进行取舍的重要依据。如果一个决策者不是站在公众利益的立场上选择公众政策，而是成为某个利益集团的代言人，那么他就可能因违背民意而受到惩罚。“惩罚的威胁往往比实际的惩罚更有效”，惩罚的威胁常常提醒决策者要代表公众的利益制定政策，诚惶诚恐地执政为民。然而，当决策的过程陷入“黑箱”，公众无从知晓决策者们各持何种意见，决策责任就无从落实。因为在集体决策的名义下，所有参与决策的人都实行正确的决策荣誉共沾或错误的决策责任共担，而所谓的责任共担往往意味着“责任大锅饭”，实则是谁都不承担责任。

再次，决策“黑箱”使公众有理由怀疑他们对公共政策的参与权被剥夺了。参与的前提是知晓。连公共政策的制定过程中有没有多套备选方案、有哪几套备选方案等相关信息都毫

① 孙焕英：《决策需要阳光程序》，《法制与社会》2002 年第 6 期。

不知情，公众何以向决策部门就公共政策提出意见和建议？连公共政策的决策者是谁、他们分别持何种观点、最终的政策方案如何选择等信息都毫不知情，公众何以对政策制定过程进行批评和监督？既不能提出意见和建议，又不能进行批评和监督，公众的参与权就只能是一句空话。而缺少公众参与的公共政策制定过程，无论从哪个角度来看，都与程序正义相去甚远。

由此看来，决策“黑箱”背离了公共政策制定的程序正义，即使其间的部分程序是规范的，仍改变不了其饱受质疑的命运。只有打开决策“黑箱”，让决策的所有过程都暴露于公众视线前，其间的决策程序是否规范才一目了然。

3. 决策“黑箱”会不会被打开？

打开决策“黑箱”是实现公共政策制定的程序正义的前提。随着政治体制改革的推进，公共政策的制定过程将越来越多地展现于公众面前，决策“黑箱”被打开必将成为一种必然。

首先，公众关注和参与公共政策过程的强烈愿望是打开决策“黑箱”的外在压力。公众参与政策过程的愿望强弱与一个国家的政治文化密切相关。美国政治学家阿尔蒙德和维伯根据人们对政治系统和自身的态度，把政治文化分为村民政治文化、臣民政治文化和参与者政治文化。① 村民政治文化是一种地域型政治文化，它以缺乏公民权为特色，人民以其所属的地域而非全国为认同目标，例如非洲的部落社会。臣民政治文化是一种依附型政治文化，身处其中的人们较为被动，认为自己对政府的影响力非常有限。参与者政治文化则是民主政治发展

① 参见加布里埃尔·A. 阿尔蒙德、西德尼·维伯：《公民文化》，华夏出版社 1989 年版，第 20-22 页。

所依托的公民文化，身处其中的人们对于政治很关心，并且认为大众参与政治事务既可期待又有效用。这些不同的政治文化与不同的政治结构相伴存在的，“一种村民文化、臣民文化或参与者文化，可能与它们各自相应的传统政治结构、中央集权制结构和民主政治结构非常协调”①。当中国的民主政治结构逐步建立，也逐渐培养了公众的公民文化。基于这种文化观念的主导，人们相信自己应该能够获得必要的政治知识和信息，并利用各种机会参与政治事务。当然，由于政治社会化程序的不完善，或个人智力、受教育机会等方面的限制，实际上任何国家的公民文化都是混合型的政治文化，但其中必有一种文化占主导地位。在公民文化占主导地位的现实环境下，公众表达利益诉求的愿望越来越强烈，因而迫切地要求参与公共政策制定的全过程，打开决策“黑箱”的呼声也日益高涨。近年来，我国各级政府制定的公共政策，往往都会引起各种不同意见的激烈争论，除了关于政策条款的合理性争论外，争论的焦点常常直指政策制定的程序缘何不能公开、不敢接受公众的监督。公众意见的压力构成了政府部门打开决策“黑箱”的外在条件。

其次，政府部门普遍推行的政务公开是打开决策“黑箱”的内在驱动和良好契机。如果说迫于公众的压力而公开决策过程信息是一种被动公开，那么把信息公开当做建设服务型政府、提高执政党执政能力的重要举措，就是一种主动公开。政府存在的意义在于为社会大众提供和分配包括安全、秩序、教育、公共卫生、社会福利、平等、自由等在内的各种价值。随着建设服务型政府的观念日渐形成，政府与公众的关系被重新理清：受公共权力所有者——公众委托对公共事务进行管理的

---

① 加布里埃尔·A. 阿尔蒙德、西德尼·维伯：《公民文化》，华夏出版社 1989 年版，第 24 页。

政府，其所做的一切都应让委托者知晓，不然，委托者对受托者所作所为何以放心，这就是我们常说的“主仆关系”。以往政府所做的事情大多对公众保密的做法与这种主仆关系是不相容的。基于此，我国正在制定的《政府信息公开条例》提出了“以公开为原则，以不公开为例外”的原则，即“公开假定”原则。不仅如此，对于政府来说，信息公开也有助于公众对政府及其工作人员进行有效监督，以利于提高政府服务公共事务的能力。正是在这种背景下，各级政府普遍推行了政务公开制度，提出公开权力运行过程，公开政策决策过程。到2006年9月底，全国31个省（区、市）和36个国务院部门都制定了政务公开规定，其中11个省（市）制定了政府信息公开的地方性法规，成为开展政务公开的重要依据。① 打开决策“黑箱”，公开决策过程，是政府信息公开的重要内容。

武汉市取缔“麻木”的政策制定过程对于公众来说就是一个无法知晓的“黑箱”。它的存在充分说明，在现实条件下，人们虽有参与公共政策制定的强烈愿望，但能否实现参与的权利，有赖于政府的开明态度。如果政府不愿主动公开决策过程，不愿邀请公众参与决策过程，人们仍能接受这种个人权利被忽视的现实，或者说除了表示出无奈，别无选择。当然，随着民主政治的迅速推进，公民参与决策的环境也逐渐改观。不仅政策动议通过媒介向公众公布渐成常态，通过媒介征求公众意见、公开听证等民主决策过程也越来越普遍。可以设想，如果武汉市取缔“麻木”的政策往后推迟几年，决策“黑箱”必然会被打开，至少会被部分打开。

谁承担打开决策“黑箱”的重任？大众媒介参与公共政策制定过程即政策转化过程就打开了决策“黑箱”。

① 李丽：《〈政府信息公开条例〉今年有望出台》，《中国青年报》2006年9月27日。

四、大众媒介参与公共政策转化的机制

公开公共政策的决策程序，促进公共政策制定的程序正义的实现，离不开大众媒介的全程参与。大众媒介参与公共政策的转化过程包括公布政府的政策目标、收集和传达公众的政策意见和建议、公布可供比较和选择的多套政策方案、全程报道公共政策的决策听证、公开报道政府决策部门讨论和抉择的过程、宣布公共政策的结果。建立大众媒介参与公共政策转化的机制就应围绕上述几个方面进行。

1. 及时公布政府的政策目标

大众媒介公布政府的政策目标是其参与公共政策转化的第一步。政策问题进入政府议程之后，一旦政府决定制定相关政策、提出政策目标，就意味着政策过程从要求和支持的输入阶段过渡到了政策转化阶段。政府的政策目标一旦确定，就应及时地通过大众媒介予以公布。

虽然公共政策问题能够进入政策议程，公众议程和传媒议程都是不可忽视的重要环节，但是，并不是所有进入公众议程和传媒议程的问题都能进入政策议程。有些问题拖了很久才进入政策议程，有些问题则让公众看不到进入政策议程的希望。因此，政府一旦确定将要对某一问题制定政策，政策的目标指向是什么，应立即告诉公众。无论从权力的归属关系、对公众生存权利的维护还是从对公众的政策参与权的尊重来看，都应如此。

从权力的归属关系来看，当政府运用权力的时候，就应向权力所有者报告。公众把权力让渡给政府管理者之后，只是为着管理的需要，把权力的使用权交给了管理者，并没有把权力的所有权一并让渡出去。当权力的使用者打算利用手中的权力

做什么的时候，是应该向权力的所有者汇报的。如果政府连打算做什么都不告诉公众，那么公众对交出去的权力使用权的运行是心存担忧的。如果公众的这种担忧到达一定程度，他们可以收回让渡出去的权力，重新寻找可以让渡的目标对象。政府决定制定某项公共政策，就意味着政府要利用制定政策的权力对某一社会问题采取措施，实施管理，理应让权力所有者知道政府的权力运行计划。

从对公众生存权的维护来看，政府制定一项公共政策，应给政策对象预留充足的制定应对策略的空间。一项公共政策的制定，必然会对政策目标对象——公众的生活产生很大的影响。当人们知晓政府即将制定某项公共政策，就会主动调整生活和工作决策，以应对政策的调整，这涉及公众的生存权的尊重和维护问题。生活和工作决策能否及时地顺应公共政策的制定而适时调整，对于人们的生存质量的影响是不可小视的。因此，任何一项公共政策的制定，都必须及时地将政府的政策目标告知公众，这既是对公众生存权的尊重和维护，也是减少公众的政策怨气、推动政策顺利实施的重要前提。

从对公众政策参与权的尊重和实现来看，只有先获知政府政策目标，才能有目的地发表意见并提出建议，为政府提供政策咨询。政府提出政策目标后，要进行广泛的政策咨询，拟订多套政策方案。“没有群众参与不决策，没有两套以上的方案供选择不决策”，已成为公共政策制定的公理，也是科学决策的必备程序。两套以上的方案从何而来，既可能是决策部门提出，也可能由普通公众贡献智慧。即使是决策部门提出的，公众也可能站在自己的利益上提出修改和补充意见。决策咨询的对象不只是专家，普通群众的利益诉求也是政策咨询必不可少的内容。无论是向公众进行决策咨询还是收集公众对政策目标的意见，都是公众参与政策制定的一种途径，这种参与的前提是公众知晓政府即将制定什么政策。不然，所谓尊重和实现公众的政策参与权，都只是空谈。

无论从哪种角度理解，与公众利益密切相关的公共政策从目标确立开始就应向公众宣布。大众媒介公布政府的政策目标既向公众报告政府的施政计划，也引导公众参与政策制定、应对政策调整。只要政策不涉及国家机密，任何政策目标都必须通过大众媒介及时予以公布。如果新闻单位获知相关信息而不予报道，即使是政府部门暂时不愿公布，也是大众媒介功能的缺失。

武汉市历次整治“麻木”的行动，都是针对无证“麻木”，而有证“麻木”的运营一直是下岗职工的一条生活出路。此次政府提出取缔“麻木”的政策目标，相对于以往政府给“麻木”办证，是一次“重订契约”① 的过程。既然要重订契约，就应提前让对方知晓契约内容，以便早做打算。然而，武汉市的媒介被要求对包括取缔“麻木”的政策制定过程严格保密，就凸显了签订契约双方地位的严重不平等。

2. 收集和传达公众的政策意见和建议

政府提出的政策目标虽然是初步的、粗略的，并未出台细致的政策条款，但政策目标既定，就能显现出即将制定的公共政策会对公众的生活产生怎样的影响。当公众知晓政府的政策目标后，很快会作出反应。毕竟，公共政策关系到与之相关的每一个人的切身利益。以武汉市取缔“麻木”的政策为例，它不仅与以“麻木”运营为生的车主有密切关系，也与生活于这座城市的每一个人的利益息息相关。这项政策一旦出台，不光是那些经常或偶尔乘坐“麻木”的人的利益与之相关，即使那些从不乘坐“麻木”的人也与这项政策发生着密切的

---

① 乔新生：《从武汉禁三轮车看制度变迁的成本》，人民网 2003 年 7 月 30 日。

关系，因为取缔“麻木”之后，城市的交通会畅通许多，空气会清新许多，交通事故会减少许多。

公众对政策目标的反应主要是通过提意见和建议表达出来。有些是通过发发议论或牢骚的方式表达出来，有些是通过静坐抗议等行动表达出来，还有一些是通过给政府部门写信、给媒体写文章等方式对政策目标提出意见或建议。无论公众采取哪一种方式，都是他们对政府提出的政策目标的一种意见表达。这些意见就是公众对相关政策目标的利益诉求。

公众的政策意见和建议，无论是以什么方式表达，大众媒介都应及时地传递他们的声音。

（1）收集并报道公众的反应

公众的反应包括意见反应和行为反应。

与公众利益密切相关的政策目标公布之后，人们必然会有不同的意见反应。公众对政策目标的意见反应主要是指公众对政策目标的观点态度。这些意见除了极少数会直接登上报纸的言论版，绝大多数并无公开表达的机会，只是群体内的一番议论或个人的“自言自语”。如果没有代言人将其传递到与决策层关系密切的部门或精英人物手中，作为公众政策诉求的这些意见将悄无声息地自生自灭。作为公众意见与政府决策之间的中介、桥梁，大众媒介无疑承担着公众意见代言人的职能。当政府的政策目标确定并公布之后，新闻记者就应立即深入到不同的公众群体之中，收集公众的政策反应，以新闻的形式公开报道。分散的个人或群体意见往往零碎而重复，需要记者通过大量的采访尽可能全面地予以收集，然后进行细致的分析、整理，进而有条理地予以报道。同时，公众的意见倾向也不尽一致甚至可能完全对立，大众媒介在传递他们的声音时也应尽可能全面、真实地反映原始的意见，要保持不同意见在传递中的平衡，让决策者通过大众媒介了解公众对政策目标最真实的态度，以便在拟订政策方案时全面考虑公众的政策诉求。当然，公众的意见反应还包括他们对政策目标的建议，这些建议与政策方案的关系更直接，有些可能直接进入政策方案，因而更应是媒介报道的内容。

公众对政策目标的行为反应主要表现为抗议政策目标的行动，比如静坐、游行等。公共政策的作用对象可分为目标对象和相关对象。目标对象主要是指公共政策所要解决的社会问题直接针对的那部分人，而受公共政策结果影响的那部分人则属于政策相关对象。任何一项公共政策对这两类对象的影响是不一样的。一项政策的直接目标对象受政策的影响最大，因而对政策目标的反应也最强烈。如果政策对目标对象有利，则皆大欢喜；如果政策令目标对象利益受损，且达到较严重的程度，他们往往会因共同的利益而很快聚集起来，通过静坐、游行等方式，表达自己对政策目标的强烈不满。比如武汉市取缔“麻木”的政策在政策目标未公开报道的情况下，“麻木”车主通过种种渠道获得政府正在制定政策取缔“麻木”的消息后，多次在市政府门前示威，要求与政府领导人对话。政策目标对象的这种行为反应形成一个个具体的事件，这些事件也应该通过大众媒介及时地予以报道。媒介对这类事件的报道有助于公众更理性地提出自己的意见和建议，也更关注政府的政策方案有没有尊重政策目标对象的利益诉求。如果政策的直接目标对象的行为反应不予报道，则意味着大众媒介对公众意见的反映是不全面的，说到底也是不真实的。

（2）搭建公众意见平台

任何公共政策的制定都必然在不同利益的交锋和不同观点的争论中进行，矛盾冲突不可避免。如何做到兼收并蓄，在广泛听取不同意见的基础上得到一个妥善的政策方案，需要决策者的耐心和信心。因害怕陷入复杂局面而回避倾听不同意见，拒绝接受质疑和批评，无疑是一种掩耳盗铃的做法。实际上，充分的讨论和激烈的批评不仅有利于提高决策者的决策水平，也有利于提高公众的认识水平和辨别能力，对于提高公共政策的公信力、树立决策者的社会威望，都是十分有利的。大众媒介在政策目标公布后的主要职责之一就是搭建公众意见的平台。

意见平台主要是指大众媒介为公众的政策建言开设专栏，为各种不同的意见提供表达的空间。随着公民政治参与意识的增强和参与能力的提高，越来越多的人通过撰写或长或短的文字表达对政策目标的意见和建议。这些诉诸文字的意见和建议除了少部分流向信访或政策相关部门外，绝大多数会汇集到大众媒介，希望借助大众媒介搭建的意见平台畅所欲言，实现对政策的参与。而搭建意见平台也正是大众媒介在公共政策目标公布阶段的主要职责。在公众意见平台上，基于不同视角产生的不同意见为政府打开了了解民意的窗口，也就为政策方案更充分地融入民意准备了必要条件。这些意见有些本身就是思考周密的政策方案，有些虽不完全合理，但因其代表了一部分公众的利益诉求，也成为政府拟订政策方案时必须考虑的因素，加上其中也存在一些合理的成分，也可以为政策方案提供智慧支持。在意见平台上，各种意见交汇、交锋，催生新的意见，从而使政府拟订政策方案时获得的民意支持更广泛、更理性。

搭建公众意见平台，传递公众对政策的意见，一要及时，二要全面。所谓及时，主要是指公众一旦把对政府的政策目标的意见投书大众媒介，媒介就应在最短的时间内把这些意见刊播出来。及时刊播公众意见对于公众而言，是一种鼓励，鼓励公众把对政策目标的赞成、反对意见抑或是对政策目标不尽合理之处的意见和建议及时地提出，使言路得以畅通，谣言失去生存土壤，公众可以获得明确的政策主体地位认同感，从而以积极的态度参与到政策的制定过程中去。对于政府而言，及时刊播公众意见可以在最短的时间内充分获得政策目标的民意支持信息，减少目标与民意的不协调性，为具体的政策制定赢得和谐的舆论环境。所谓全面，主要是指公众对政策目标的意见指向多种多样，媒体不应厚此薄彼，应让各种不同指向的意见都能登上意见平台，进行交流和交锋，以进一步帮助公众明辨是非。这就涉及西方新闻界提出的新闻报道的平衡原则。这一原则强调，当人们各持异议的时候，双方均应享有平等的机会让公众听到自己的意见。① 关于这一原则，还有其他的表述，如合众社创办人斯克普斯提出："在争论中，你一定不要带有倾向性或站在某一方面。你不可能做到总是完全客观，但你必须永远力争把争论双方的观点都反映出来。"美国联邦传播法1949年关于公平原则的规定：广播电视媒介保持公正和平衡的标准，在对公众而言十分重要的议题上，为冲突双方提供合理的辩驳机会。平衡报道原则不只适用于新闻报道，也适用于公众意见的刊播。在大众媒介为公众搭建的公共政策意见平台上，理应平衡地刊播公众各种不同的意见。这种对公众意见的全面刊播，无论对于政府还是对于公众来说，都有助于进一步认清政策目标的科学性与公正性。

然而，由于政府总是担心对政府提出的政策目标有异议会对政策目标的权威性造成冲击，因而常常要求新闻单位既不公布政府的政策目标，也不刊播公众的意见（公众从其他渠道获知政策目标信息后也会发表意见）。就像武汉市取缔"麻木"的政策制定过程从一开始就要求媒介"禁声"，在政策结果未出台之前不能做任何相关报道。政府的要求以"打招呼"的方式向新闻单位传达，无论这种"招呼"是否合法、合理，新闻单位一般都会照办。即使这其间有许多来自民间的声音极其有价值，比如武汉取缔"麻木"的政策制定过程中有一封署名"吾言"的市民来信，通过信访办交给了副市长胡绪鹍，

① 1792年，本杰明·富兰克林接办《宾夕法尼亚报》时提出上述观点。

信中表达了“希望政府能通过一定的渠道和方式向市民征集方案”的意愿，但我们仍无法从任何媒介看到这些建议的内容。无论基于什么原因，当大众媒介不能及时和全面地刊播公众对政策目标的意见时，都意味着大众媒介作为公众意见平台的功能的丧失。

作为公众意见的平台，大众媒介应把法规作为能否刊播公众意见的唯一依据。只要公众意见不违法，不危及国家和地方的安全，就应及时和全面地予以刊播。

3. 公布拟选的政策方案

经过公众充分讨论、专家充分酝酿，决策者们会筛选和拟定多套可供选择的政策方案，即备选方案。这些备选方案一旦确定，也必须通过大众媒介予以公布。对备选方案的公布，目的主要在于监督公共政策的决策之前有无可供选择的多套方案。

民主制度下的公共政策制定过程本身就是一个选择的过程。“比较和选择是政策规划最突出的特征，追求优化是政策规划当然的目标。”① 在设计政策方案时，一般不能只提出一套方案，而是要提出多套方案供决策者比较选择，或者综合各方案之长。因为在实践中，由于政策问题的复杂性，很难提出一套从各种角度衡量都完善至极、上下一致认可的政策方案。只有从不同的角度提出多种不同的方案，才有利于在比较的基础上进行选择，从而有利于政策的优化。在决策科学中，人们习惯把只有一个备选方案、没有其他选择余地的决策条件称为“霍布森选择”。1631 年，剑桥商人霍布森贩马时附上了一个条件：只准挑选离栏门最近的马。这种可挑选实际上就是不让

---

① 谢明：《公共政策导论》，中国人民大学出版社 2002 年版，第 137 页。

挑选，“霍布森选择”由此得名。当然，在情况非常严峻、无他路可走时，“霍布森选择”也有可能带来好的结果。但一般说来，在绝大多数的情况下都不会有好的结果。我国一些地方政府提出的“四不决策”规定即没有调查研究不决策、没有群众参与不决策、没有专家意见不决策、没有两套以上的方案选择不决策，就包含了政策规划的多方案可选择原则。

对于公共政策方案的设计而言，“没有最好，只有更好”。公共政策方案不可能只有哪种唯一正确的方案，每一种基于不同考虑的方案都有其一定的合理性。公共政策的制定过程就是在多种可能的方案中进行比较和选择。最后选中的方案往往是比较中选优或综合各方案之长而成的。如果公共政策方案的设计出现唯一的“可选择方案”，往往是集权决策体制的产物。在这种体制下，政府官员习惯于把个人意志当做政策方案。在民主决策体制尚不完善的条件下，作为决策者的政府官员自认为是公众利益的代言人、决策层又集中了一批有智慧的专家，他们设计的政策方案既不与公众利益冲突又不乏决策智慧，因而仍沿袭着“一言堂”的决策风格。当然，以唯一的方案进行讨论也可能结出公正的果实，但就其程序而言，也与民主决策背道而驰。

大众媒介公布筛选后进入择优环节的备选方案，正是对决策程序的维护。一方面，公众可以通过媒介监督政府制定一项公共政策前是否对多套备选方案进行比较和选择，以此作为判断其科学性的依据之一；另一方面，公众也可以对备选政策方案发表意见，促进其丰富和完善。无论政府设计的政策方案是多个还是一个，大众媒介都应无条件地予以公布。

虽然在是否彻底取缔“麻木”的问题上，决策部门讨论时也有不同的意见，但武汉市取缔“麻木”的政策在抉择前究竟有几套方案可供选择，媒介并没有公开。公众也无从参与讨论哪种方案更优。即使此次取缔“麻木”的政策是在历次整治无证“麻木”失败的基础上提出的，其间经过多次调研，方案也经过多次讨论和修改，但缺乏可供比较和选择的政策方案，仍然是一种程序的缺失。而在这方面，卫生部在网上公开医疗卫生改革方案以听取公众意见，则是十分可取的。

4. 全程报道公共政策的决策听证

拥有决策权的政府部门在综合多方意见的基础上拟订出多套备选政策方案，供决策时比较和择优，这是科学决策的必要环节。比较和择优的过程实际上是公共政策的相关者进行政策对话的过程，而听证是公共政策对话的主要形式，也是开展政策对话的主要路径。

听证（public hearing）是指政府组织在做出直接涉及公众或公民利益的公共决策时，应当听取利害关系人、社会各方及有关专家的意见以实现良好治理的一种必要的规范性程序设计。① 听证制度起源于英国古老的“自然公正原则”，它包括两个最基本的程序规则：第一，任何人或团体在行使权力可能使别人受到不利影响时必须听取对方的意见，每一个人都有为自己辩护和防卫的权利；第二，任何人或团体不能作为自己案件的法官。听证制度最初应用于司法领域，称为司法听证。后来被移植到行政领域，便有了公共决策听证。听证会上，不同利益群体的代表发表各自意见，为着群体或一定范围的公众利益激烈辩论，以求影响最终决策。由于听证会所讨论的议题绝大多数是较大范围的焦点问题，因而有较高的媒体和公众关注度。作为听证制度的重要内容和环节，媒介的有效参与必不可少，它直接关系到这一决策制度的民主本质的实现程度。政策问题专家林德布洛姆（又译林布隆）曾指出：民主理论提出

① 彭宗超、薛澜、阚珂著：《听证制度》，清华大学出版社 2004 年版，第 2 页。

了检测成功政策的标准，即为民之所愿、民之所选或民之所爱。①

大众媒介参与公共政策听证一般应遵循以下程序：

第一，预告听证信息。世界各国的听证会都强调让公众预先得知听证详情的重要性，用以让感兴趣的公众能及早做好参加听证的准备。② 预先通知的渠道各种各样，有的采取官方宣传渠道通知，有的则通过信函通知，最有效的预先通知渠道还是大众媒介。大众媒介的扩散效果是其他任何渠道都无法相比的。一旦决策部门决定对某项公共政策举行听证会，媒介就必须履行其信息告知的职能。任何听证必须在会前通过媒介公布听证的议题和相关资料，让公众有时间围绕议题方便地查阅资料、交流信息，以便向参加听证的代表传递个人观点，在决策中争取更多的利益。如全国人大决定于 2005 年 9 月 27 日举行个人所得税工薪所得减除费用标准（俗称“个税起征点”）听证会后，早在一个月前的 8 月 28 日便通过各大媒介公布了举行听证会的主题、时间、地点，并公布了听证陈述人及旁听人的报名时间、程序以及挑选原则和办法。据报道称，凡年满 18 周岁、有工资、薪金收入的公民，均可向全国人大常委会法制工作委员会报名申请作为听证陈述人，报名截止时间为 9 月 5 日 18 时。按照国际听证会的通例，提前一周时间告知报名方式等信息，此次听证会遵循这一规则通过大众媒介发布了相关信息。各类媒介公布了报名方式（可采用信函、传真或者网上报名三种方式）、信函地址、传真号码及报名网站，并提醒报名人在写明本人的姓名、性别、年龄、民族、职业、文

---

① 查尔斯·E. 林布隆著：《政策制定过程》，华夏出版社 1988 年版，第 156-157 页。

② 彭宗超、薛澜、阚珂著：《听证制度》，清华大学出版社 2004 年版，第 160 页。

化程度、公民身份证号码、工作单位及职务、通信地址、邮政编码、联系电话和月工资、薪金所得的同时，还需用不少于300字写明对减除费用标准的基本观点并说明主要理由（阐明个人观点是为了挑选听证代表时平衡持不同观点的人的比例，避免出现一边倒的声音）。听证人在确定听证陈述人和旁听人名单后，将于9月12日前向听证陈述人和旁听人发出书面通知。以个人名义参加听证会的京外人员的往返交通费用，由全国人大常委会法制工作委员会承担。此外，全国人大常委会法制工作委员会还将承担其在京参加听证会期间的食宿费用。公众可根据这些预告信息决定自己（是否报名参加）的态度。

第二，公布听证代表挑选方式和结果。听证代表的产生程序和结果是听证会前大众媒介参与的焦点。媒介对此环节的参与主要表现在报道和监督听证代表产生过程及结果的公正性和科学性。任何决策过程都是各利益群体的博弈过程。利益群体代表的广泛与否直接关系到有关利益主体平等的代表权问题。谁能在听证会上发言，他所代表的那个群体就有了争取利益的机会。因此，听证代表的挑选应注意利益代表性和群体分布的平衡性。一般来说，听证代表的初选名单采用自愿报名和经过一定范围的群体推荐产生，不应由组织者随机指定。媒介公布听证代表的挑选规则的同时也监督其运行程序是否遵循了这些规则。2002年的“部分旅客列车票价实行政府指导价方案”听证会的消费者代表，大都是自上而下挑选出来的，相当一部分人在得知自己当选时感到非常意外。最典型的当属湖北代表吴茂堂对听证会兴趣不大，是同事背着他替他报的名。这次听证代表产生的方式一直为各界所诟病。尤其令人意外的是，2001年12月26日国家计委向社会各界征集消费者代表，对外公布的报名截止日期是2002年1月5日，而正式代表早在2001年12月30日即已产生。这反映出那次听证会代表产生存在很大的随意性和隐蔽性。吸取了这些教训，后来的多次决策听证会在听证代表的挑选程序上规范了许多。2005 年的“个税起征点”听证会，按照东、中、西部地区都有适当名额，收入较高、较低的行业和职业都有适当的名额，带着不同意见的各方面都有适当名额的原则，从 4982 份报名申请中挑选出 20 位公众陈述人。据报道称，这 20 位公众听证陈述人中来自东部省市的 8 人，中部省市和西部省区市的各 6 人。他们从事的职业包括企业职工、公务员、农村进城务工人员等各不相同，其中年龄最小的 25 岁，最大的 55 岁。这 20 人中，赞成个税起征点从 800 元提高到 1500 元的有 7 人，认为应当高于 1500 元的 10 人，认为应当低于 1500 元的 2 人，对听证事项持其他意见的 1 人。有些媒体还公布了听证陈述人的姓名和职业，以增强听证陈述人信息的透明度，以利于公众对听证代表实施监督。对于此次听证陈述人代表的广泛性，公众是持肯定态度的。

第三，全程直播听证过程。听证一词在英语中是 public hearing，听证过程的完全公开当属其应有之义。听证过程的完全公开主要关注对象包括听证会的主持人对待陈述人的态度，包括各陈述人在座位安排、发言顺序上有无身份差异；发言时间有无长短不同；听证主持人有无设置陈述答辩环节；陈述人对待听证的态度等。听证过程的完全公开有赖于电视全程直播。是否对听证会进行全程直播，在很大程度上影响着公众对听证质量的判断和评价。并不是每个人都有机会出席听证会（陈述或旁听），电视、网络的直播在一定意义上就意味着实现了公众的“场外旁听”。媒体对听证过程进行全程报道（尤其是电视全程直播），听证会的一切程序和内容都暴露在公众面前，接受公众的监督。任何一个程序中的细小环节不规范、任何人的会中发言，都逃不过公众挑剔的目光。所以，听证会中无论是会议的程序安排、主持人的表现还是听证代表的态度及观点，都因为置于公众的目光中而不敢有半点随意。一旦出现异常，立即成为媒体关注的焦点。如清华大学法律社会学教授李楯分析2005年圆明园防渗工程听证会的程序设计弊病时指出：没有要求听证陈述人事先提供书面证言，听证会的举办者就难以做到当报名人过多时，保证不同利益和主张的人群都有代表参加、保证不同利益和主张的人群的代表人数相等；听证会没有由利益无涉的法律职业者主持，听证会主持人缺乏主持能力，或者是不能公正主持，影响到不同意见的充分展现；听证会没有设置规定，使利益和主张不同的听证陈述人分问题针锋相对地进行陈述；提问应是听证制度必不可少的环节，但听证会没有设置在陈述人于书面证言基础上作5分钟简短陈述后，与会者向陈述人提问的规定，这样，就缺少了对陈述人的主张及证据的展示、梳理和质疑听证，使得决策者和公众不能更全面地了解情况和把握问题，而陈述人的主张及其背后的利益也是展现不充分的。① 中国农业科学院的姜文来教授从另一些方面指出了此次听证程序的不足：作为听证代表，没有院士、教授、官员、百姓之分，都是平等的，在座位安排、发言时间等都应是均等的。本次听证座位安排存在等级差异，发言时间长短不一，有相当一部分积极发言的听证代表没有时间，伤了一部分听证代表的心。另外，听证会代表发言应该是随机的，不应安排一定的顺序发言，安排发言最大弊端是逃脱不了有“操作听证”之嫌。如果进行电视全程直播，这些听证程序中的问题就会暴露无遗。如果电视台对听证会采取分段直播的方式，对一些代表的陈述不予直播，实际上就是强行对“场外旁听”的观众实行了“信息屏蔽”，听证过程也失去了有效监督。

第四，公开会议纪要并审视听证效果。听证会上各方观点

---

① 李楯：《圆明园听证会：让一切展现在阳光之下》，《中国新闻周刊》2005年4月25日第225期。

的表达最终将形成会议纪要，并予以公布，让无缘参加听证会的公众对听证各方观点得以了解，并据此判断听证各方的观点对最终决策产生了多大影响。听证的公开不仅包括过程公开，而且包括听证会发言纪要是完全向公众公开的，其中甚至包括了曾经属于敏感事项的记述，例如政府官员的个人意见、政策制定的指导方针等。与此同时，有关部门举行听证会后的政策建议报告，也是完全向公众开放的。听证会上各方观点对最终决策的影响是衡量听证效果的重要依据。“一个国家的民主的程度，最终的体现是看其政府的公共政策，即政府向社会所提供的公共产品和服务，是否均衡合理地体现了有关阶层和群体的利益。”“政策视角的民主理论，不只是简单地探讨政策过程中公民参与的程度，而是着眼于研究参与是否导致政策结果的差异，研究参与和政策过程与政策产出的关系。”① 虽然最后决策并非在听证会上当即拍板，但听证意见影响最终决策当是听证制度的本义。公共政策的形成过程就是利益相关者的博弈过程，是就各方利益的公共政策论辩过程，如果论辩的过程无法对最终决策产生影响，论辩就失去意义，也不存在利益相关者的博弈了。在已举行的许多公共政策听证会上，虽然有众多与决策者主张针锋相对的反对声，但听证后的最后决策仍以有关部门最初的方案获得通过，以至于公众普遍发出了“听证会成了走过场”的叹息声。当然，我们也应看到，在“个税起征点”听证会上多数人的意见最终影响了决策。听证会上的20名公众陈述人，主张维持提议听证的1500元的有6人，主张高于1500元的有12人，主张低于1500元的有2人。2005年10月22日十届全国人大常委会第18次会议经过审议，个人所得税工薪所得减除费用标准在充分吸收立法听证会上公

① 赵成根著：《民主与公共决策研究》，黑龙江人民出版社2000年版，第46页。

众的意见后从1500元提高到1600元。如果听证过程的会议纪要不公开与公众见面，暗箱操作的空间就完全掌握在决策者手里，对于听证代表来说，“说了也白说”的心态驱使他们不愿参与此后的公共政策听证，对于公众来说，听证会就是一个过场而已。

武汉市制定取缔“麻木”的政策，事关数万名“麻木”车主和他们的家庭生存问题，也关系到生活于这座城市的每一个人的利益。一项涉及如此众多人切身利益的公共政策的制定，理应听取利害相关人的意见，进行决策听证。然而，取缔“麻木”的政策从一开始就处于保密状态，决策听证就只能是一种奢望。不过，决策听证在当时的中国才刚刚开始探索，还有很多不成熟之处，因此，我们不能苛求取缔“麻木”的政策必须经过这一程序。

5. 公开报道政府决策部门讨论和抉择的过程

决策听证说到底还是决策层广泛听取公众意见的阶段，政策方案的最终选择还是集中于拥有决策权的极少数人组成的决策层。

权力的集中为权力的隐蔽运作提供了空间。“许多权力的运作过程是以隐蔽的方式进行的，权力运作的成功可能也正是依靠这一点。”① 权力的隐蔽运作使决策过程出现了难以观察到的“黑箱”。“而黑箱中到底发生了什么，是政策过程的核心和关键。”② 决策部门讨论和抉择政策方案的过程，正是决策“黑箱”的特征最为明显的过程，也是公众最欲知晓、最

① 米切尔·黑尧：《现代国家的政策过程》，中国青年出版社2004年版，第22页。

② 米切尔·黑尧：《现代国家的政策过程》，中国青年出版社2004年版，第22页。

能体现大众媒介履行信息公开职能的内容之一。

公开报道政府决策部门讨论和抉择政策方案的过程，最大的阻力自然来自决策部门。他们总会以种种保密的理由维护其制定政策过程的神秘性，希望以神秘性来维护政策和政府部门的权威。“然而，权威的树立和维护并不是靠信息的封闭和保持神秘性就能实现的。况且，在现代信息社会，要实现这种信息封闭以保持神秘性已经不可能了，媒体的封锁只能助长相关信息的人际传播，进而使借以树立政策和政府威信的硬新闻在广泛的人际传播中失真，从而在人们的猜测中损害政策和政府的形象。”①

其实，我国各级政府部门决策层进行政策方案抉择的会议有些会邀请记者参加，其目的在于让他们清楚地了解政策内容、政策制定的背景，以便政策公布时能更主动地宣传政府的政策意图，更清楚地宣传政策内容。即使政府部门要求决策过程不予报道，但这些要求对于记者来说并不是必须遵循的法规，只能算做内部“招呼”。虽然对于中国记者而言，这种“招呼”实际上往往发挥着比法规更具效力的约束作用，但是，随着民主制度的健全，这种非法规性的内部“招呼”必然逐渐失去其约束力，公开的法规才是规定媒介报道范围的铁律。

大众媒介公开报道决策部门进行政策讨论和抉择的过程主要包括这样一些内容：

（1）决策层的人员构成

决策层的人员构成直接影响决策的科学性与公正性。这些人的年龄结构、专业结构如何，与选定政策所涉目标对象有何利益关系等，都是应该公开的决策层相关信息。

---

① 孙旭培主编：《中国传媒的活动空间》，人民出版社 2004 年版，第 136 页。

（2）政策方案择优的原则

公共政策的择优和决断要遵循一定的原则和标准，原则和标准不一样，选择的方案也不一样。在公共决策活动中，由于许多不确定和不可控因素，很多政策方案的结果是多向的并且是不确定的。在选择决策方案时，一般遵循下述三个原则：第一，保守原则，即决策时，态度比较保守，宁可收益小些，也不可损失过大，倾向于选择损益平均值小的方案；第二，积极原则，即决策时，倾向于乐观估计，注重的是政策方案的收益，为了较高的收益，即使失败也在所不惜，因而往往选择损益平均值最大的政策方案；第三，最小遗憾原则，这一原则考虑每一方案成功与失败之间的机会值，以尽量避免因为执行某一方案的结果与实际可能达到的目标之间的机会损失而造成遗憾，抉择原则以方案产生最小遗憾值为标准。决策过程中确定以什么原则选出最终方案，应该通过大众媒介予以公布。

（3）政策方案抉择过程

政策方案的决断过程是一个讨价还价的过程，也是一个争取与让步、妥协的过程。既如此，大众媒介就应全面公开决断的整个过程，让决策者的一言一行都暴露于公众的视线中，让公众了解谁在政策方案选择时持何种态度、动机和理由，让决策者在公众的注视下时时提醒自己代表公众的利益，谨慎地选择政策方案。同时，更为重要的是，政策方案的最终抉择遵循的程序规则，是少数服从多数还是最高领导拥有最终决定权，直接关系到一项政策方案的选择是否公允即是否有合法性的问题。因为它直接关系到该项政策是民主决策的结果还是个人专断的结果。公开是制裁专断的利器。大众媒介将决策过程全面公开，就给任何违背民主程序抉择政策方案的企图以最好的威慑，从而保证实现阳光下的公正。

由于有没有多套方案可供选择都没有公开报道，武汉市取缔“麻木”的政策抉择过程，更成为媒介报道的“禁区”。公众无从知晓哪些人参与了决策、他们分别持何种观点、抉择的原则和程序如何等。对于公众而言，政府决策的过程与他们无关已成为一种习惯。

6. 宣布公共政策制定的结果

经过在多套政策方案中择优，一旦最终方案确定，就应及时地通过大众媒介向公众宣布公共政策制定的结果。毕竟，新的社会结构的分化导致过去单位制社会结构发生了根本的变化，人口流动也非常频繁，沿袭已久的公共政策自上而下的组织传播模式遭到了社会结构变化的强烈挑战。组织传播已无法确保公共政策的全覆盖，大众媒介无处不在的传播优势使得它充当了公布公共政策结果的最佳渠道。

关于大众媒介如何更好地报道公共政策结果，将在下一章专门探讨。

从整个政策转化阶段大众媒介的参与状况来看，武汉市取缔“麻木”的公共政策制定过程，大众媒介几乎未发挥什么作用，媒介的功能处于丧失状态。由于被市委市政府“打招呼”要求保持集体沉默，大众媒介便自始至终在这项与数百万市民的利益息息相关的公共政策制定过程中未作任何反应。不仅政府提出了取缔“麻木”的政策预案和目标、政府进行决策前的多次赴外地调研、政府部门进行方案讨论等重要事实信息媒介未作报道，公众从一些非正常渠道获得这一信息后发表的意见和建议媒介也未予报道。这项关系整座城市居民生活的重大政策，无论从拿出亿元资金赎买“麻木”还是安置数万“麻木”车主、取缔“麻木”的城市交通改善等问题，理应有公众参与讨论的环节、召开决策听证会的环节，但这些环节都未设置，媒介也从未提及，因而政府部门未能感受到来自舆论的任何压力。直到政府最后公布政策方案，此前的所有决策过程对公众都是完全封闭的。公众既无从知晓决策过程，更无从参与决策过程，这样的政策转化过程在很大程度上表明，当前公众对于政策制定过程还比较习惯于被动地接受政策，主动参与制定政策的要求还不十分强烈。尽管在媒介提供公众言论空间时人们也会表现出强烈的参与意识，但如果政府的决策过程对公众实行“屏蔽”，媒介拆掉其搭建的意见平台，人们也能表现得比较超然。正是公众的这种态度使我国的许多公共政策制定过程还能继续忽视公众的知情权与参与权。

第六章
大众媒介参与公共政策输出的机制

公共政策的输出是指公共政策制定出来后向社会宣达、执行等整个过程。这一过程包括公布和告知政策内容、宣传政策、执行政策、评估政策、向政策制定系统反馈政策执行情况和公众意见等环节。

政府部门制定的公共政策必须向公众宣达，才能实现其调整和分配公共利益的目标。但是，并不是公布了公共政策就意味着有效地向公众宣达了政策的相关内容。这其中存在政策宣达的理念和技巧问题。政策执行的效果是政策目标能否有效实现的关键环节，而政策常常在执行中发生偏差，谁来扮演监督者的角色是政策执行的重要组成部分。政策评估是政策输出的必要程序，政策运行的效果如何直接决定着政策是否继续执行的重要评判标准。这些内容直接反馈到政策输入系统，从而进入政策修订（亦属新一轮政策制定）的程序。

大众媒介参与公共政策的输出，主要体现在及时而有效地报道公共政策的内容，在政策宣传中充当“意见领袖”，使政策内容迅速而准确地抵达政策接受主体；收集并报道政策执行中的民意；监督政策执行的过程及效果；评估政策；将政策运行的事实信息和意见信息反馈给政策输入系统，从而完成政策输出到政策输入的循环。

本章结合武汉市取缔“麻木”的政策输出过程，探讨大众媒介参与公共政策输出的机制。

一、武汉市取缔“麻木”的政策输出过程分析

从4月1日起，武汉市就在全市开始掀起了收缴无证“麻木”的行动，但由于政府对无证车一直持坚决取缔的态度，因而此次收缴无证车的政策并未予以公布，而是通过组织层层下达，统一执行。此时的收缴无证“三车”行动并未让人联想到它是一次全面取缔武汉市城区“麻木”行动的开始。此次取缔无证车的行动没有像历次先发布通告，也没有在集中整治的第一天即开始报道相关行动，而是在经过15天的深入宣传发动和收缴行动之后，于4月16日集中报道了此次行动大功告成的成就。这篇发表于《长江日报》题为《取缔无证正三轮摩托车成效显著　街头初步实现无“无证车”》的总结性报道，指出了取缔无证“麻木”的法律依据，即《中华人民共和国道路交通管理条例》规定：“车辆应经过公安机关检验、登记、集聚行驶证，并按规定悬挂号牌，方可上路行驶。”严格说来，关于取缔无证“麻木”的政策并不是此次全面取缔武汉城区“麻木”的政策重点，加上它采取了组织传播的方式，因而我们没有把这部分政策内容的输出作为讨论的重点。

武汉市取缔“麻木”的政策于5月20日在各大媒介公布，标志着这项公共政策的输出过程开始了。当地媒介对取缔“麻木”的政策报道严格说来也是从这时才开始。

1. 主管部门对“禁麻”政策及行动的宣传部署

早在2月20日，作为此次“禁麻”行动负责宣传工作的武汉市委宣传部出台了整治正三轮摩托车工作宣传方案。方案对社会宣传和新闻宣传的重点、报道要求及步骤都做了明确而具体的部署。

(1) 社会宣传

① 起草“整治正三轮摩托车宣传提纲”，作为整个宣传工作的蓝本；

② 统一制作整治正三轮摩托车宣传标语口号；

③ 适时上街宣传，进行社会发动；

④ 指导社区办好专题板报、墙报等。

(2) 新闻宣传

总体原则：按照市委、市政府统一部署，由市委宣传部统一调度，组织战役报道，各媒体协调作战，做到帮忙不添乱。

报道重点：

① 整治正三轮摩托车的重大意义；

② 整治正三轮摩托车的法律法规、范围、目标；

③ 市委、市政府整治正三轮摩托车的部署和举措；

④ 市委、市政府亲民、爱民的新形象；

⑤ 全市上下各相关部门为整治正三轮摩托车所做的艰苦卓绝的工作；

⑥ 社会各界、广大市民对整治正三轮摩托车的热烈反响；

⑦ 正三轮摩托车引发重大事故血的教训；

⑧ 整治正三轮摩托车的经验。

(3) 报道要求

① 高度重视，一把手负责。各新闻单位要高度重视，精心组织，主要负责人作为此次战役报道的第一责任人要亲自挂帅，报道专班要选派政治素质高、业务素质强的记者组成。

② 集中聚焦，造舆论强势。市属各新闻单位要积极配合整治工作进程，按照宣传部统一部署，开设专栏、专版，通过消息、通讯、言论、访谈、答记者问、电视讲话、图片、公益广告等多种形式，合力聚焦，形成强大的舆论声势。

③ 令行禁止，帮忙不添乱。此项整治工作，政策性强，牵涉面广，社会敏感度高，各新闻单位要切实增强大局意识，

严格遵守新闻宣传纪律，要严格保守有关秘密，不得擅自采访和发布消息。要做到一切行动听指挥，有令必行，有禁必止；多请示，多报告，把握宣传报道口径，重要稿件严格送审。出现失误，将严肃追究责任。

(4) 报道步骤

① 在整治准备阶段（2月20日—3月25日），新闻媒体保持沉默。市委宣传部按照整治指挥部要求，选择合适时机组织新闻通气会，由有关部门向中央省市新闻单位通报情况。

② 在整治实施阶段（3月26日—6月20日），新闻媒体要迅速启动。在第一周就要形成强有力的舆论声势，并逐步把报道引向深入。第一周要在重要版面、重要时段刊播整治《通告》、有关法律法规、市有关负责人答记者问、市领导电视讲话、公益广告等，广泛宣传发动；要发表社论、专家访谈、社会各界访谈，谴责“麻木”危害；要刊播“麻木”事故专版、专题，以血的教训警示人们等。

③ 在整治巩固阶段（6月21日—6月30日），新闻媒体要进行总结性深度报道。

后来，武汉市解决正三轮摩托车问题工作领导小组正式公布的实施方案对时间表进行调整，整个工作分四个阶段推进：

5月13日至5月19日为继续准备阶段，即在3月20日以来工作的基础上，制定解决正三轮摩托车问题工作方案和车辆处置、车主安置分流及相关配套政策，做好此项工作的时间计划，做好《有证正三轮摩托车车主情况调查表》、《致正三轮摩托车车主的一封信》，完成残疾人专用车造型工作，研究制定“的士”降低起步价、优化公交线路等配套措施；

5月20日至6月19日为宣传发动阶段，5月20日武汉市人大常委会公布《关于修改〈武汉市城市道路交通管理若干规定〉的决定》，新闻单位开始集中宣传此项法规和取缔“麻木”的相关政策；

6月20日至8月19日为分步实施阶段；

8月20日开始集中收缴阶段。

虽然整治“麻木”的具体步骤与最初的部署在时间上不完全一致，但受新闻主管部门的统一调控，当地新闻媒体很彻底地做到了令行禁止，与武汉市委宣传部门的要求步调高度一致。随着5月20日公布经湖北省人大常委会审议、武汉市人大常委会关于修改《武汉市城市道路交通管理若干规定》的决定，一切关于“禁麻”的报道都按照市委宣传部对于“禁麻”宣传重点的部署有条不紊地展开了。

我们列举武汉市属的一家都市报——《武汉晨报》对取缔“麻木”的政策报道篇目，就可以看出，虽然都市报平时报道受宣传部门管制不如机关报那样严格，但在重大政策的报道上，仍然严格地按照宣传部门的统一部署，步调一致地宣传政策，而没有任何对政策的“异见”报道。

《武汉晨报》关于整治“麻木”报道计划

取缔有证正三轮摩托车（“麻木”）是我市当前的一项重点工作，从5月20日拉开序幕，在未来几个月有步骤地对有证“麻木”进行整治。目前取缔有证“麻木”的工作正在按步骤进行中，为有效配合市委市政府的行动，武汉晨报编委会经研究，特制定如下报道计划：

一、宣传阶段（5月20日—6月19日前）

根据市委市政府整治“麻木”领导小组的统一安排，在一段时期集中版面，宣传报道对取缔有证“麻木”的进展。通过报道，反映这次整治政府决心大，人民期望高，经过这次整治一定能够达到目的。

报道安排：

（一）法规宣传：集中宣传《武汉市城市道路交通管

理若干规定》（修正案）。

第一天：根据统一口径，宣布市委市政府决定全市城区取缔“麻木”的重大新闻，同时开始对新修改的《武汉市道路管理条例》的宣传；

此后连续推出解释性报道：

1. 为什么要在全市城区取缔“麻木”？

2. 新修改的《武汉市道路管理条例》重点修改了哪些地方？为什么要这样修改？

3. 反映市委市政府决策的过程。

4.《武汉市道路管理条例》的修改历程。

版面形式：一版重点头条导读、二版整版《要闻纵深》的方式。

（二）案例及背景宣传：反映近几年来“麻木”问题对武汉市带来的“污染环境、阻塞交通、影响城市形象”的种种问题、案例，既发进行式报道，也要结合相关背景展开有关报道。

1. 反映“两会”期间人大代表、政协委员对取缔“麻木”的呼声；

2. 反映市民对取缔“麻木”的呼声；

3. 全国范围内大城市取缔“麻木”的相关报道，省内中心城市取缔“麻木”的相关报道。

通过对法规的宣传，通过专家采访和权威部门的访谈，形成报道强势，显示“麻木”问题对武汉环境造成的“灾难”——无论是对投资环境、交通环境还是生活环境。

版面形式：一版重点头条导读、二版整版《要闻纵深》的方式。

（三）解释报道

第一阶段要求宣传省市人大通过的《武汉市城市道

路交通管理若干规定》（修正案），有证“麻木”车主自行处理“麻木”车，是此项整治工作的总体安排和部署的体现。政府作出这一决定，既是对“麻木”车主的信任，也是对车主利益的考虑。通过报道，要让读者认识到，这一举措是政府人性化的管理，而非管理的软弱无力。

第二阶段进入有证“麻木”收缴阶段后，整治工作将进行严查收缴。在这一阶段，要向市民宣传市政府决心之大，力度之大，都是空前的，不是“一阵风”。向有关有证“麻木”车主和市民宣传：理解和支持政府的这一行动，是以自己的实际行动来美化我们的家园。

二、取缔阶段（6月20日—7月19日）

（一）现场报道：对整治力度进行正面报道，一方面反映市委市政府取缔有证“麻木”是顺民意、改善城市环境的重要举措，另一方面反映有证“麻木”车主踊跃上缴“麻木”车的情况，形成图文并茂的正面报道。

相关进展报道：自觉上缴的进行正面报道。

解释性报道：集中收缴的“麻木”如何处理？

版面形式：一版重点头条导读、二版整版《要闻纵深》的方式。

相关背景报道：反映“麻木”上街不仅违反了国家有关法律和规定，而且现实危害是“污染环境、阻塞交通、影响城市形象”的重要原因。这次整治，政府决心大，人民期望高。

案例：《幸福之家毁于“麻木”车下》

对各城区取缔“麻木”的积极进展进行及时报道，报道专家评价。

版面形式：一版重点头条导读、二版整版《要闻纵深》的方式。

（二）配套措施宣传：市委市政府为取缔“麻木”有哪些相关配套措施？

集中报道：

1. 市委配套方案：的士降价方案；

2. 劳动局、民政局等部门的配套方案：转化岗位方案、残疾人安置方案；

3. 工商局：取缔非法正三轮摩托车拼装、销售方案；

4. 交管局：关于部分地区货车出行方案。

版面形式：一版重点头条导读、二版整版《要闻纵深》的方式。

（三）经验报道：对有关部门妥善安置一些“麻木”司机生活和工作的经验进行及时报道，写出取缔“麻木”后车主对政府行动的理解和支持。

重点写一批执法者的正面形象：诸如《一个交警与“麻木”的多年周旋经历》的故事，反映交警和有关部门执法者的正面形象。

版面形式：一版重点头条导读、二版整版《要闻纵深》的方式。

（四）特别观察：《没有“麻木”的武汉》系列报道

版面形式：一版重点头条导读、二版整版《要闻纵深》的方式。

由于此次政策执行得非常顺利，整个取缔“麻木”的行动推进速度很快，因而新闻报道计划的落实也大为提前。

《武汉晨报》的相关报道只是各媒介对此次取缔“麻木”的政策报道的一个缩影。党管新闻的体制使得宣传部门制定的宣传纪律顺利地得到贯彻执行，从报道时间、报道规模到报道导向，都严格地执行宣传部门的统一要求和部署，在此前提下，各媒介自身加强报道策划，凸显自身的新闻报道智慧和实力。《武汉晨报》对政策的报道大打亲情牌，着力宣传区街干部以情感人动员“麻木”车主交车的做法，其组合报道《“麻木”车主的贴心人》包括《冯主任的“三绝招”》、《索祖元：“谈判专家”》、《社区书记的亲情观》等，突出地宣传了执行政策的基层干部的形象；同时，该报基于对此次“禁麻”实行有情操作是政府管理新思路的判断，推出总结性专版，从“麻木世家”的终结、亿元“买断”“麻木时代”、“禁麻”官员非常经历、“禁麻”体现新执政理念的不同视角，全面展示了武汉“禁麻”的可资借鉴之处，受到市委领导的高度表扬。而受到上级领导的表扬成为时下我国新闻界衡量新闻报道成功的重要标志。

2. 集中宣布取缔“麻木”的政策内容声势浩大

武汉市取缔“麻木”的政策是2003年5月20日通过大众媒介予以宣布的。报纸、广播、电视等各大媒介集中于同一天公布这一政策，对受众进行同一信息的重复传播，形成了强大的宣传声势。由于此前从未向公众预告政府要制定取缔“麻木”的政策，因此，公众也是通过当天的报纸、广播、电视等媒介首次获知政府制定取缔“麻木”的政策及其内容的。

我们从后来的报道中看到，在政策公布的当天，各城区的区、街政府官员一大早就赶到“麻木”车主家里做工作动员他们交车，一些“麻木”车主天刚亮就把“麻木”开到指定地点等待上交。这些事实表明，在媒体正式公布取缔“麻木”的政策之前，这一政策已通过组织的途径内部传达到了各级政府部门，以便这些部门能及时地深入到车主家庭进行宣传动员和说服工作。即使如此，公开的政策输出仍然以媒介公布这一政策为标志。

大众媒介声势浩大地集中公布取缔“麻木”的政策，是按照武汉市委的统一部署而进行的。5月20日，武汉市属的三家报纸《长江日报》、《武汉晨报》、《武汉晚报》都刊登了这样几条稿件：《市人大公布〈武汉市城市道路交通管理若干规定〉（修正稿） 我市解决有证正三轮摩托车有法可依》、《我市依法解决有证正三轮摩托车 市委市政府召开动员部署会》、《沟通理解 形成共识 市解决正三轮摩托车问题领导小组致信有证正三轮摩托车车主和有证残疾正三轮摩托车车主》。其中市解决正三轮摩托车问题领导小组分别发出的《致有证正三轮摩托车车主的信》和《致有证残疾人正三轮摩托车车主的信》，详解了禁止正三轮摩托车行驶营运的一系列相关政策：

车辆从优折价回收——对2001年前购置的有证链式传动正三轮摩托车按每辆2500元标准回收，2001年购置的按2800元标准回收，2002年及以后购置的按3000元标准回收，对全封闭轴式传动宗申牌正三轮摩托车按每辆5500元标准回收。①

鼓励自谋职业——对愿意自谋职业不要求政府帮助就业的车主，政府给予一定的补贴，对从事个体经营的，可向户籍所在地社区劳动保障站申请，经市、区劳动保障部门审核发放《再就业优惠证》，凭证享受国家和省市政府规定的减免有关税费优惠政策。

帮助介绍就业——市区政府和一些企事业单位设法提供一些工作岗位，对因身体等原因不宜就业的车主，可让其配偶或子女1人就业，对需要进行岗位培训的，将免费组织一次职业技能培训。

奖励自觉上交车辆——凡在2003年7月20日前上交车辆的，发给420元过渡期生活补贴，7月21日至8月19日上交的，发210元生活补贴，另视上交车辆时间给予奖励，即6月30日之前奖励600元，7月10日之前奖励400元，7月20日

① 这些价格都高于车主当时购车的价格。

之前奖励200元。

补贴残疾人代步车——残疾人车辆折价回收后，还将对其给予1500元的一次性补助（对其中二级以上下肢残疾的，给予2400元的一次性补助），用于置换符合国家标准的残疾人专用车，残疾人车主上交车辆后，其配偶和未成年子女户口在农村的，年底以前照顾解决武汉城镇户籍。

此外，《长江日报》还配发评论员文章《切实解决好有证正三轮摩托车问题》。同一天的报纸上，还刊登了湖北省和武汉市人大关于修改交通管理条例的公告和决议。5月21日，各报又刊发了对修订的道路交通管理法规的解读，如《长江日报》刊发了《解决有证正三轮摩托车的法律依据——解读〈武汉市城市道路交通管理若干规定〉（修正稿）》，《武汉晨报》刊发了《法规修改　改在哪里》。5月23日，各大媒介都刊登了《市解决有证正三轮摩托车领导小组办公室负责人答记者问》，对解决有证“麻木”问题的政策进行了进一步解读。对政策内容的公布、就百姓关心的政策问题进行通俗易懂的解读，让人们对政策内容了如指掌，这是大众媒介参与政策输出的第一步。

从这一阶段大众媒介的集中行动来看，党管新闻的体制显示了令行禁止、集中声势的独特优势。许多报纸从公布政策的那天开始就开设了相关专栏，预示着同一主题的相关信息将在一段时间内频繁地见诸媒介。各大媒介集中在同一时间报道某一政策内容，使得该项公共政策成为一段时间媒介传播的核心信息，人们在接受同一信息强刺激的过程中接受相关内容。

3. 宣传取缔“麻木”的政策报道铺天盖地

取缔“麻木”的政策公布之后，为了有效地推动政策的贯彻落实，各大媒介打响了一场集中而频繁地宣传政策的“战役”。这场“战役”的对象并非作为竞争对手的其他新闻单位，亦非不同类型的媒介，而是政策的目标对象亦即政策的接受主体。为了让政策的接受主体更好地接受政策，各大媒介加强策划，各显其能，通过相同的、不同的报道内容，使政策宣传集中而热烈，形成了浓烈的宣传气氛。

（1）解释政策背景

公布政策只是解决了让公众明白政策“是什么”的问题，要让政策得到贯彻落实，最重要的还是要让他们明白政策“为什么”的问题。理解是自觉接受的重要前提。要让政策目标对象自觉接受和执行政策，必须让其充分认识政策制定的背景。毕竟，理解后再执行比“不理解也要执行”的效果会好得多。取缔“麻木”的政策一经公布，各大媒介纷纷对政策的“为什么”问题做了解释性报道。

《武汉晨报》的《取缔正三轮摩托车的五大理由》、《武汉晚报》的《解决有证正三轮摩托车法、理、情解读》等，对政府制定此项政策的理由进行了全方位解读。这期间，各大媒介频繁而集中地回顾城市“麻木”在制造事故、拥堵交通、污染环境等方面一件件触目惊心的事实，进一步解读了取缔“麻木”是一种必然选择。频繁见诸媒介的这类政策背景解释无疑有助于政策目标对象理解和接受政策内容。

（2）调查民意引导舆论

政策公布后，公众的反应如何，直接影响着政策目标对象的态度变化。大众媒介搜集并报道公众意见，意在引导和形成公众舆论，并形成对于政策目标对象的舆论压力，促使其迅速接受政策。

取缔“麻木”的政策刚刚公布的当天，《武汉晚报》派出12名记者分赴武汉三镇进行民意抽样调查，调查所涉问题包括：您认为“麻木”给社会造成的危害表现在哪些方面？您支持政府禁行“麻木”的行动吗？您觉得政府此次禁行“麻木”是否有情操作？您认为此次政府行动能否彻底根治“麻木”？您在其他省会城市见过“麻木”吗？从第二天的报纸上可以看到，受访的100人中，100%都认为“麻木”对社会的确造成了危害，影响到社会的方方面面；92%的人表示全力支持政府禁行“麻木”的行动；87%的人认为此次行动政府做到了有情操作，对“麻木”不是强行收缴，而是补偿性上交，还帮助车主就业；67%的人对此次取缔“麻木”充满信心。《长江日报》5月27日在“圆桌”版发表市民对讨论“如何理解政府禁绝‘麻木’”，也收集、选择并传播了部分公众的观点，这些观点基本一致：“交通工具是城市文明的缩影，当一种工具不能适应乃至阻碍城市文明发展的时候，它必被淘汰出局。”“政府决策的执行，它必然反映了大多数人的愿望，具有一定的客观性、公允性和合理性，将取缔‘麻木’作为城市管理的一部分内容付诸行动，也表明了政府在处理遗留问题上的决心和勇气。”“解决‘麻木’问题需要‘麻木’车主的理解和支持。”这些报道表面看起来是了解公众对公共政策的评价，但我们根本看不到受访对象中不同意见的表达，因而实质上它是作为党的喉舌的新闻单位主动引导公共舆论的一种重要方式。

（3）发表评论做政策代言

除了报道政策内容等事实信息和公众态度等意见信息外，报纸、广播、电视纷纷直接发言，以评论员文章的形式争当公共政策的代言人。《长江日报》5月20日政策公布当天发表评论员文章《切实解决好有证正三轮摩托车问题》，站在市委市政府统揽全局的高度，直接阐明“禁麻”既是城市发展和建设的必须，也是广大市民的心愿：“正三轮摩托车是一种不符合规范的载重工具，在噪音、载客、尾气排放等方面违反了国家有关规定，对道路秩序、交通安全、空气质量以及市容市貌造成了严重影响。全国19个副省级以上城市除武汉外均已禁止了正三轮摩托车，省内黄石、襄樊、孝感、十堰等城市，也都在武汉之前禁止了正三轮摩托车。作为特大城市的武汉，至今还保留正三轮摩托车这一落后交通工具，与武汉的发展和建设极不相称。多少年来，广大市民一再呼吁，要求政府禁止正三轮摩托车。政府今天作出了这一决定，正是反映了广大市民的愿望和要求，符合广大市民的整体利益和长远利益。”5月22日《长江日报》再次发表评论员文章《以主人姿态参与“三车”治理》，针对一些车主抱着观望的态度，号召“全市市民包括当事车主，都要以不可动摇的法治意识和‘热爱武汉、建设武汉’的主人意识，做依法解决‘三车’的积极参与者、促进者”。机关报的评论员文章作为结合新闻事件或新闻报道配写的重头评论，旨在体现编辑部的立场、观点和态度，实际上也与党和政府的态度高度一致。《武汉晚报》从政策公布的第二天开始，几乎每天刊发一篇记者撰写的时评《“小车”与“大家”》、《大都市不要小“麻木”》、《环境的选择》等，虽然其评论的选题更微观、语言更平实，但它以前所未有的发稿频率形成媒介强势声音，为公众认识、接受和执行政策营造舆论压力，同时也进行理性引导。

（4）请专家为政策宣传造势

专家往往成为理性的代名词。专家的声音使政府的公共政策在科学性、权威性上赢得了支持，进而提高了公众对其合理性的评价。

在取缔“麻木”的政策公布之后，为了有效地推进政策执行，大众媒介请专家从不同的角度对这一政策的科学性进行解读。如中国环境资源法学研究会副会长、武汉大学蔡守秋教授指出，武汉市政府制定的“麻木”解决方案，意在减少和避免污染物的产生，保护和改善环境，保障人体健康，促进经济与社会可持续发展，是契合立法精神的。武汉市环境监测中心站姚天魁副站长用检测数据说话：全市“麻木”有1.8万辆，绝大部分是国家已禁止上牌的二冲程机动车，这种车型质量差、档次低，燃烧不充分，尾气污染排放量在各种机动车中“首屈一指”，一辆“麻木”的污染排放量与6～8台小轿车的排放量相当。如果淘汰“麻木”，全市机动车尾气达标率可望上升2%。中南财经政法大学朱书刚教授则从“一个城市吸引什么人的问题”角度提出“麻木”该退出舞台了：调查显示，“麻木”车主中有相当大比例是外地人，由此我们不能不思考城市发展应该吸引什么样的人，是大量文化程度不高、缺乏劳动技能的低层次人员？还是能够创造社会财富、能带动大批人员就业的先进人才？①

(5) 每天公布各区交车进度，形成竞争态势

严格说来，大众媒介跟踪报道政策执行的情况，属于政策执行环节的内容。但如果报道政策执行的进度是为了加快政策执行的进程，就应看做政策宣传的一种手段。

从取缔“麻木”的政策公布第二天开始，武汉市的各大媒介每天报道各城区、各社区“麻木”车主交车的进度。从《“江城第一麻”交车记》的个人交车、《12名车主集体交车》、《残疾人李莉亚率9位“麻木”兄弟交车》的集体交车，到《25个社区（村）无“三车”》、《有情操作温暖车主心 青山区创“青山速度”》的社区、城区交车进度，还有每天全市上交“三车”的数量，都成了各大媒介报道的重点。这些报道无疑营造了一种车主个人之间、社区之间、城区之间交车竞赛的氛围，客观上形成了交车进程中你追我赶的态势。

(6) 宣传政府部门落实政策以情感人

武汉市取缔“麻木”的政策包括相关的配套措施，如为上交“麻木”的车主提供就业岗位，解除其生活的后顾之忧。为了履行承诺，政府各部门齐心协力，与各企业、事业单位协

① 胡俊等：《治理“麻木”三人谈》，《武汉晚报》2003年5月25日。

商，筹集3万多个就业岗位，供交车的车主挑选。对于选择政府帮扶就业的车主，政府部门实行免费荐岗、免费转岗培训。一些上交“麻木”的车主很快就找到了工作岗位。对这些事实的报道一方面反映了政府部门有诺必践的诚信作风，增强人们对政府的信心，另一方面也反映了政府胸装百姓利益、依法行政又法内有情的情怀，感召人们服从和执行政府决策。

此次取缔“麻木”的政策并非靠坐等目标对象自觉履行政策条款来实现，需要各级政府部门深入社区、车主家庭做动员工作。7个城区和2个开发区共抽调10398名工作人员，层层建立责任制，深入一线不厌其烦地向车主及其家属耐心细致地做政策宣传、释疑和动员工作。在三番五次的劝说工作中，政府工作人员了解到车主们的生活困难，一一帮扶，还帮他们联系就业岗位。根据政策，一些上交“麻木”的车主拿到了梦寐以求的城市户口，为符合条件的车主办理了“低保”证明。对政府工作人员宣传政策工作中情真意切的行为进行报道，感动着一大批“麻木”车主们，在“不让居委会为难”的情感驱使下，他们纷纷主动上交“麻木”。

(7) 宣传“麻木”车主自主创业的成功范例

一些上交“麻木”的车主没有在政府为其筹集的岗位就业，而是选择自主创业。报纸、广播、电视纷纷报道这些车主自主创业各显高招的精彩生活，如《“麻木”轮子不转了，生活照样转得动》、《首位交车车主再当“领头羊” 自主创业开小吃店》、《上交“麻木”跑货运 “明天太阳会更亮”》、《交了“麻木”做家政》、《武昌3位“麻木”吃螃蟹 创办我市首家有偿失物招领公司》等，并介绍政府对于“麻木”车主自主创业减免税费的优惠政策，极大地鼓舞了尚处在观望心态中的车主的信心，坚定了他们上交“麻木”的决心。

4. 政策执行中的问题和公众意见报道较为稀少

政策执行是政策内容转化为现实的过程，“是为实现政策目标而重新调整行为模式的动态过程”①。大众媒介对政策执行的参与主要表现在关注政策执行中出现的偏差、政策执行中的公众意见、政策执行中的创新等，其目的在于审视政策的合理性和执行政策措施的合理性，以便更好地推行政策或修订、完善政策。任何一项公共政策，不管在决策前做过的调查多么充分，都不可能完美无缺，都不可能预料到制定的政策在执行中所有可能出现的情况。由于种种未曾预料到的因素的干扰，政策执行中出现一定程度的偏差是不可避免的。政策执行出现偏差的原因既可能是执行不力，也可能是政策本身不尽合理。无论基于哪种情况，都要求大众媒介对政策执行过程实施监测。在监测中既能监督政策执行部门加大执行力度，又能收集执行中的民意。

武汉市取缔“麻木”的政策实施后，对于政策执行中出现的诸如无证“麻木”与政府人员“打游击”继续上路行驶，出现“麻木”非法拼装点之类的事实，大众媒介都及时地予以报道。《长江日报》还在报纸上公开发布开通新闻热线专线的消息，请市民和“麻木”车主就解决有证“三车”问题发表想法或建议。②《武汉晚报》在政策公布当天所做的民意调查中，也有许多市民对取缔“麻木”后解决市民出行问题提出了建议。市民反映比较集中的问题是取缔“麻木”后出行不方便：出租车起步价 8 元太高，公交车很多小区无法到达。

---

① 陈振明：《公共政策分析》，中国人民大学出版社 2003 年版，第 224 页。

② 《听取对解决有证“三车”的想法建议　本报“新闻热线”开通专线》，《长江日报》2003 年 5 月 23 日。

针对这些问题，政府很快将出租车的起步价调整为3元，填补了“麻木”消失后留下的市场空当；调整32条公交线路和延长收班时间，方便市民出行。表面看起来，借助大众媒介表达的民意，促使政府及时完善相关配套政策的出台，进而有效地实现政策目标，但实际上此前政府所做的取缔“麻木”的政策准备即已包含这些内容。因为这些信息未公开，大众媒介进行民意调查时还设计了相关内容。公众的这些建议对于政策制定而言就失去了实质性的意义。而对于政策执行中诸如部分车主继续观望、因找不到工作而频频找区街政府等问题，则基本不予报道。

政策执行中市民尤其是“麻木”车主的意见，媒介的报道并不充分。不仅报道的数量极其稀少，而且对政府的配套政策不很赞同的意见，我们几乎很难从媒介上看到。比如各区为“麻木”车主筹集的就业岗位主要是保洁、保绿、安保、家政、陪护、搬运、家电维修、送水工、送奶工等。这些工作劳动强度比开“麻木”大，收入却比开“麻木”低得多，所以很多人不愿到政府筹集的岗位上班，宁愿拿低保过日子。对于这些人的意见，媒体的失语意味着其职能的缺失。《长江日报》虽然发布了开通新闻专线的消息请市民和“麻木”车主发表想法和建议，但基本上没有刊登什么意见。

5. 政策评估时媒介在规定的框架内好评如潮

随着政策目标实现程度的不断推进，该项政策是应该继续、调整还是终止，是政府部门不能不认真思考的问题。政策评估便成为政策运行过程必不可少的重要一环，它是决定政策走向的重要依据。“政策评估就是了解公共政策所产生的效果的过程，就是试图判断这些效果是不是所预期的效果的过程，就是判断这些效果与政策的成本是否符合的过程。"①

问题的关键在于谁是评估的主体。政策评估组织一般包括官方政策评估组织和非官方政策评估组织。"我国从中央到地方各级政府内部均设有相关的政策评估组织，但在实际运行中，这些机构往往摆脱不了对政府的依赖性，处于附属地位。这些机构在政策评估过程中常常受到来自上级领导的压力，无法独立、自主、客观和公正地展开工作，导致这些官方评估机构往往名存实亡，成为论证上级政策可行性的傀儡。非官方政策评估组织主要是民间政策研究组织和社会中介评估组织，在我国当前仍然相当缺乏。"② 武汉市取缔"麻木"的政策推行仅月余，即已初战告捷。到6月24日，该市解决"三车"问题领导小组宣布：武汉市整治"三车"工作取得全面胜利，回收车辆任务圆满完成。第二天，武汉市委召开顺利解决"麻木"问题座谈会，来自部分高校、省市社科院的专家学者和车主、基层群干、公安干警等各界代表一起认真总结经验。这也可以看做是对此次取缔"麻木"的政策进行的一次评估。武汉市委副书记程康彦对此次取缔"麻木"行动成功的原因概括为"决策正确、工作到位、群众支持、车主自觉"，参加座谈会的人也就一起总结此次政策的成功经验。从报纸对此次座谈会的报道可以看出，虽然名为解决"麻木"问题座谈会，但实际变成了经验总结会。通过一些政治学、公共管理学、社会学、法学、教育学等学科专家的讨论，把此次"禁麻"成功的经验概括为：化解疑难问题的关键是依法行政、有情操作；依法行政、有情操作的核心是以人为本；以人为本，必须

---

① 托马斯·戴伊：《自上而下的政策制定》，中国人民大学出版社2002年版，第203页。

② 陈振明：《公共政策分析》，中国人民大学出版社2003年版，第290页。

加强公共管理的规划和公共精神的培育。① 尽管我们在其他媒介读到过参与此次座谈的学者对此项政策总体肯定的同时指出其中值得吸取的教训，比如中南财经政法大学的乔新生教授就提出："在这个制度变迁的过程中，政府毕竟直接投入了1.5亿元，动用了两万多人的谈判队伍，耗费了巨大的成本。如果无视这些制度变迁中的成本，今后可能还会再发生类似的事情。"② 他的这一观点在很多场合都表达过，但此次座谈会的相关报道对于学者们的不同看法只字未提。

"大众媒介通常以自己独特的方式加入政策评估的行列。"③ 在托马斯·戴伊看来，大众媒介通过报道政策造成的恶果或带来不良后果的故事促使精英们对有关政策进行审视，然后做出自己的判断。我们可以把戴伊的这番话理解为大众媒介是通过报道政策带来的问题实现对政策的评估的。然而，由于我国媒介的特殊管理体制，大众媒介从一开始就被规定了报道的步骤和内容。在党管新闻的体制下，无论是《长江日报》的深度报道《站在车主立场整治"麻木"　一个月破解十四年的难题》，还是《武汉晨报》的《告别"麻木"》专题报道、《武汉晚报》的特别报道《不能让"蜗牛"整合了"黄鹤"》等，都是从各个角度对取缔"麻木"的政策进行称赞的。即使"麻木"车主有许多并未就业，靠吃"低保"，生活质量下降，这些"负面"信息并未进入媒介的报道视阈。好评如潮的评估不能向政府部门反馈任何提醒决策者修改和完善政策的信息，在一定程度上表明媒体的失职。

① 王勇、雷祖兵：《武汉"禁麻"启示：站在群众立场考虑问题》，《长江日报》2003年6月26日。

② 乔新生：《从武汉禁三轮车看制度变迁的成本》，人民网2003年7月30日。

③ 托马斯·戴伊：《自上而下的政策制定》，中国人民大学出版社2002年版，第208页。

二、公共政策输出：从组织传播到大众传播

公共政策输出的首要环节是公共政策的传播。政策传播的渠道和方式影响着政策信息的传播质量，进而也影响着政策执行的效果。历史地看，我国的公共政策传播经由了组织传播到大众传播的发展过程，即使在民主政治获得充分发展的现实条件下，从组织传播到大众传播的顺序仍未被打破。

1. 公共政策组织传播的历史依据

改革开放前的中国社会是一个“总体性社会”。在这种社会结构中，“国家几乎垄断着全部重要资源。这种资源不仅包括物质财富，也包括人们生存和发展的机会及信息资源。以这种垄断为基础，国家对几乎全部的社会生活实行着严格而全面的控制”①。这种社会结构中的政策传播以组织传播为主，通过发文件和召开会议的途径在结构严密的各个单位内部层层下达，最终可以到达几乎每一个人。组织传播作为“总体性社会”公共政策的主要传播渠道，有其深刻的历史依据：

（1）高度整合的行政系统消除了政策层层下达的障碍

总体性社会是高度整合的社会，上级政府掌握着几乎所有的资源，下级政府的权限几乎都被控制。高度控制的上下级政府组织之间的关系就是命令与服从的关系。这种关系中上一级政府制定的任何一项公共政策都能通过行政系统畅通而高效地得到自上而下的传达、贯彻和执行。当然，这里所说的高效主要是指政策信息传递的速度，通过召开会议和发文件，上级政府制定的政策可以在最短的时间内到达下级政府，直至目标对

---

① 孙立平等：《改革以来中国结构的变迁》，《中国社会科学》1994 年第 2 期。

象。这种高效的组织传播形式也是过去党政合一体制的必然产物。“在党和政府内部存在着一个以党的系统为主线，政治上可靠，线路上畅通，可以直达每一个单位的党政组织的信息传输通道。”“在政府机构覆盖不到的地方，无处不在的党的组织机构可以进行补充，因此党和政府基本全面控制了社会。”①

（2）单位制、户籍制的社会生活结构为政策的组织传播提供了现实基础

计划经济体制下，政府部门制定和选择社会政策所依据的信息，基本是依靠“组织化”渠道获得。政府为了掌握快速动员一切社会资源的能力，所有的社会中的个人全部被纳入“组织化”管理。② 在计划体制下，个人的组织化管理主要是通过单位制、差别户籍制来实现的。单位制是中国传统社会国家组织的延伸。每个人都从属于一定的单位，而单位的职能被无限泛化，它不仅与人们的工作密切联系，也与人们的身份、地位、利益分配、行动方式等社会生活密切相关。“正如单位这个名称所表明的，它是一个人工作的地方，但它也是政治、社会和居民的实体。”③ 借助于单位这一新型的特殊组织，几乎每一位公民都不同程度地纳入了行政权力的控制范围。也正是凭借单位制度建立起来的高效的动员机制，党和政府能够运用自上而下的行政手段，有效地组织动员群众，④ 顺利地实现

---

① 聂静虹：《论我国公共政策传播机制的演变》，《学术论坛》2004年第9期。

② 李培林：《经济转轨、社会转型与社会政策的选择》，见刘溶沧主编：《中国：走向21世纪的公共政策选择》，社会科学文献出版社1999年版，第53页。

③ 詹姆斯·R. 汤森、布兰特利·沃马克：《中国政治》，江苏人民出版社1996年版，第84页。

④ 聂静虹：《论我国公共政策传播机制的演变》，《学术论坛》2004年第9期。

政策的组织传播。与此同时，城乡差别户籍制是构成中国城乡二元社会结构的主要制度，它把所有的社会成员分成市民和农民两种完全不同的户籍。户籍并非只是一种符号，而是一种实行差别管理的待遇凭证，因而也阻塞了城乡社会流动的道路。这种城乡分割的超稳态社会结构也为公共政策的组织传播提供了人员稳定的条件。

（3）党和政府包揽一切事务的作风使它们成为政策传播的唯一主体

在计划经济体制下，几乎所有的社会权力都向党和政府集中。这样的体制也培养了党和政府包揽一切事务的工作作风。在这种体制和作风的支持下，党和政府成了公共政策传播的唯一主体。虽然公共政策也会通过党控制的大众媒介予以传播，但是，“党对所有公共传播的监督在实际上并不能保证传播媒体总是以一个声音讲话”①，因而最可行的政策传播途径仍是通过会议和文件的组织传播。在这种传播系统中，所有的环节都可以掌控在党和政府手中。毕竟，至少在理论上，掌管各级各类组织的人都严格隶属于党和政府系统。

2. 公共政策组织传播的局限性

以市场经济为代表的经济领域里的改革，和相继进行的政治领域和社会领域的改革，不仅促使整个社会结构发生了天翻地覆的变革，而且人们的民主意识、参与观念、接受信息的途径和方式等都与传统社会不可同日而语。在此背景下，高度一元化的公共政策组织传播机制已日益显露出它的局限性。

（1）组织传播无法保证公共政策“高保真”地顺利贯彻下去

---

① 詹姆斯·R. 汤森、布兰特利·沃马克：《中国政治》，江苏人民出版社 1996 年版，第 199 页。

中央集权体制下的组织传播得以高效地运行，得益于基层政府的权限被上一级政府控制殆尽，基层没有自己的资源，也没有自己的利益，服从上一级政府是它们的天职。然而，当社会结构从总体性社会向分化性社会转变，中央逐步向基层下放权力，这就意味着基层有了自己的自主权，也有自己的利益。基层政府在贯彻政策信息的过程中，也有了地方利益或部门利益的考虑，“当中国步入改革时代以后，一个重大的变化就是党和政府从‘行政人’向‘经济人’的转变”①。行政人的基本特点是通过来自上级的命令信号确立其行为的合法性基础，而经济人则追求经济利益的最大化。当基层有了地方利益，对上级政府制定的公共政策的贯彻执行就有了自我选择的可能，阻隔、阻滞或扭曲政策信息的情况都有发生。“各级政府部门实际上是信息垄断者，透露与否、透露多少完全取决于其自觉。”② 为了便于管理或为了自己的不当行为得到保护，一些政府官员采取欺上瞒下的办法封锁或部分封锁政策信息，致使政策不能全面真实地传递到政策目标对象。

（2）组织传播无法保证公共政策的全覆盖，可能留下较多的空白地带

伴随着经济和社会改革的推进和深化，单位制、户籍制的社会结构已然发生了根本变化，组织传播在很大程度上失去了社会根基。当个体户、下岗工人、自由职业者等成为社会的常用词汇时，越来越多的人变成了无组织、无单位的人，对于他们而言，“单位”已不复存在，依靠单位进行政策的组织传播对于这群人就留下了空白。况且，随着社会职能的分化，单位

---

①　咸台炅：《中国政党政府与市场》，经济日报出版社 2002 年版，第 165 页。

②　聂静虹：《论我国公共政策传播机制的演变》，《学术论坛》2004 年第 9 期。

越来越多地恢复其本来职能，不再是无所不包的全能组织，如果不是专门针对本单位或本系统的公共政策，单位往往不再承担传递政策信息的职能。户籍制度的变革更是打破了城乡社会结构的壁垒，城乡间的流动成为一种社会常态。当众多户籍在农村的人远离乡村而融入城市生活时，跨城乡的生活地域不确定性使政策信息的组织传播失去了组织支撑，远离户籍所在地的人们就成了政策组织传播难以到达的人群。

（3）组织传播的单向传播特征限制了公众的参与权利的实现

公共政策的组织传播是一种自上而下的单向传播，公众从单向的组织传播中对于政策信息的获取只能被动地接受，党政部门通过组织系统告知的内容即是公众获知的全部，不存在主动地选择和参与。随着人们民主参与意识的觉醒和增强，以告知政策“是什么”为主要内容的组织传播显然无法满足人们对政策信息的深层需求，人们除了要知晓政策内容“是什么”，更想了解政策制定中的“为什么”、“怎么样”等问题，人们对此类政策信息的追问无法通过单向的组织传播得到回答。此外，当人们对政策内容形成意见或建议时，缺乏反馈的单向组织传播就为公众意见的表达设置了一道高高的屏障。虽然党政组织系统也存在下级组织向上级组织层层反映政策执行情况的制度，但缺乏公众监督的情况汇报往往产生下级投上级所好、报喜不报忧的信息损耗结果。“逐级向上级反映情况”在传递政策执行信息时，“损耗的恰恰就是监督信息——反映各种问题，有利于调整决策的信息”①。公众参与公共政策的权利在单向的组织传播系统中无法充分地实现，真实的民意也就很难到达制定政策的政府部门。

① 孙旭培：《传播结构与领导层的信息结构》，http://academic.mediachina.net/academic_zjlt_lw_view.jsp? id=4042&peple=6

3. 公共政策从组织传播走向大众传播是必然选择

当社会进入大众媒介时代，媒介的触角已延伸到了社会的每一个角落，生活于这个时代的人们须臾离不开大众媒介。大众媒介不仅把它的市场覆盖面延伸到了城市乡村各个地域、各类人群，而且把各个地域、各类人群的意见反映上来，为其搭建意见平台。此时，公共政策的输出也必然从组织传播走向大众传播时代。

（1）大众媒介加快了政策的传播速度

与组织传播的发文件或召开会议层层传达导致政策信息传播滞后相比，大众媒介的传播速度可以让政策信息在最短的时间内到达政策目标对象。视时效为生命的新闻报道会在政策信息发布的第一时间将相关信息传播出去。网络的即时更新功能使它能够实现与政策公布同步传播，其间的“时差”可以缩短为几乎可以忽略的几分钟；电视新闻的整点播报尤其是滚动条新闻的广泛运用也使电视传播政策新闻做到了“零时差”；虽然报纸的出版周期决定了它传播政策新闻会比政策信息公布时间延迟一天，但也比组织传播大大提前。对于政策目标对象而言，政策传播时效的增强意味着为其赢得了提前制定应对新政策的生活决策的时间。

（2）大众媒介扩大了政策的传播范围

不受有无单位的限制、也不受户籍何处的限制，报纸、广播、电视、网络无处不在的超大覆盖率能在最短的时间内将政策信息传到四面八方，传到城市乡村的各个角落。现代社会是一个媒介的社会，各类媒介已深入地嵌入人们的生活，成为人们生活不可分离的一部分。无论是主动关注还是被动接受，人们都在接受大众媒介提供的丰富信息时接受了公共政策的相关内容。大众媒介的受众没有身份和地位差别，只要接触了媒介，都可以获取它提供的任何信息。公共政策就能在这种没有身份、地域限制中实现了最广泛的传播。

（3）大众媒介深化了政策的传播内容

组织传播是一种典型的以传者为中心的、自上而下的单向传播，传者根据自己对信息重要性的判断取舍传播的内容，受者无权对传播内容提出进一步的要求。在政策的组织传播过程中，作为传者的党政部门把他们认为应让目标对象知晓的政策条款作为传播的主要内容，而政策制定的过程、背景等内容则常常讳莫如深。大众传播虽然在不同的时期、不同的新闻管理体制下也会有不同的表现，如总体来说中西新闻选择的取向表现出明显的传者本位与受者本位的差异，但随着中西文化包括新闻文化的融合，特别是媒介市场的形成，我国媒介的传播活动也越来越多地从受众的需要出发，传播者放弃了自己高高在上的“优越感”，受众的需要得到了充分的尊重和满足。大众媒介对政策的报道不再仅限于政策条款的发布，而是定位于与受众进行平等的信息沟通和交流，在了解公众深度信息需求的基础上深入挖掘公共政策制定的背景、过程、影响等深层内容，从而使政策传播的内容从量到质都有了飞跃。

（4）大众媒介开通了政策的双向传播通道

组织传播是一种自上而下的单向传播，没有真正意义上的政策执行信息反馈。虽然政策条款公布后必然会引起公众的种种议论包括对政策条款持反对意见，政策执行过程中也必然会出现未曾预料的各种问题，这些信息对于政策的合理性及科学性评价、政策的修改、补充和完善都非常重要，但单向的组织传播无法使这些信息全面、真实、及时地向上传递。大众媒介从一开始就扮演着政府意志与民众意见的中介，随着民主建设的推进，媒介越来越充分地履行着上情下达、下情上达的双向传播职能。媒介不光把政府的政策信息向公众传播，而且把公众对政策的意见和建议当做政策新闻的重要内容予以报道。媒介有时开设专栏，为公众搭建意见平台，让公众主动通过媒介发表对政策的看法，更多的是通过记者深入社会的各个阶层倾听公众的政策意见，这些途径和方式共同实现政策反馈的重要职责。

4. 公共政策的大众传播并非排斥组织传播

大众传播与组织传播并非一对不可融合的矛盾，它们在实践中可以互相补充，从而增强政策传播的效果。武汉市取缔“麻木”的公共政策就是组织传播与大众传播有机结合，取得了加快政策执行进程的明显效果。

按照武汉市委宣传部的统一部署，各大媒介统一于2003年5月20日集中发布取缔“麻木”的公共政策，但从当天早上各城区的区街干部就登门做“麻木”车主的交车动员工作、一些车主天刚亮就把“麻木”开到指定地点准备交车等事实可以看出，这一公共政策在大众媒介正式公布之前，已在党政系统内部做了传达。不过，此时的组织传播范围并非直达政策目标对象，而是仅限于向政策对象做动员工作的各级党政干部，传播范围很有限，属于不公开的组织系统内部传播。为了体现政策执行效果的显著性，虽然小范围的组织传播限制公开传播，但区街干部有针对性地深入到极少数“麻木”车主的家里，告知政策内容，动员其做带头执行政策的表率。政策公布之前，各级干部早于政策目标对象获知相关信息，是为了及早地做好政策宣传的准备工作。当政策正式公布后，这些组织系统内的各级干部及时地深入社区宣传政策，深入各个车主家庭做耐心细致的思想动员工作，使大众传播与组织传播的优势得到有机结合，促使政策深入人心。

公共政策的组织传播有时与媒介传播同步，有时先于媒介传播。组织传播与媒介传播同步进行往往是因为此项公共政策所涉目标群体较为集中，组织传播有助于提醒政策对象充分注意，并在对政策内容进行解读的过程中增强组织系统内的人们对政策的理解。以大众媒介对政策信息的充分传播为背景，此时的组织传播不再是自上而下的发号施令，更多地扮演着一种政策解释者的角色，帮助组织系统内的人们对政策的理解更充分、更自觉。这样，组织传播对于大众传播而言就是一种有益的补充和促进。政策的组织传播先于媒介传播往往是因为政府提前在组织系统内进行政策执行前的信息告知和准备，以便政策公布后政府宣传和执行政策的工作更主动、更顺利。此时的组织传播就与大众传播融合为一个完整的政策传播过程。

三、大众媒介参与公共政策输出的机制

大众媒介参与公共政策输出的机制是一个既关系到媒介功能发挥又关系到政策运行效果的重要问题。媒介的政策信息告知、政策宣传、传达政策执行中的民意等都是其功能系统的重要组成部分，而这些内容又是直接关系到政策运行顺利与否的重要因素。因此，大众媒介参与公共政策输出的机制应包括政策公布、政策宣传、政策执行、政策评估等各个环节。

1. 公布并多元化地解读公共政策

大众媒介报道公共政策从公布政策到从公众的视角解读公共政策，走过了相当长的路程，其间的转折当归功于定位于平民化风格和品位的都市报的诞生和发展。都市报诞生之前的机关报，定位于党和政府的喉舌，无市场兴衰之忧，亦无需考虑受众的信息需求，它们报道公共政策的方式多是对政策条款进行不厌其烦的详细罗列，原封不动地将政府制定的政策照搬到报纸上。虽然政策信息进入了大众媒介，但原则性的条款、浓缩概括的书面语言并未拉近公众与政策的距离，机关报的政策报道缺乏吸引读者的形式。当定位于服务读者的都市报诞生之后，政策报道一改往日高高在上的生硬风格，越来越平民化地

拉近了政策与公众的距离。其最普遍的做法就是站在公众的视角解读政策，把政策与公众生活相关的内容分门别类地重新整理和解释后再摆放在大众媒介的“柜台”，供读者挑选与自己的利益相关或自己感兴趣的那些部分进行阅读。都市报对公共政策的人性化解读受到了读者的欢迎，也引起了机关报的效仿，于是这种报道方式成为政策报道的一种新模式。

公布并从公众的视角解读政策是实现政策准确传播的现实需求。及时公布公共政策，是大众媒介赖以存在的重要依据之一。作为现代社会通往大众最迅捷最方便的信息传播渠道，大众媒介理应在公共政策制定之后的第一时间将其公之于众，以让公众在第一时间了解新的政策将对个人和社会利益进行怎样的调整和分配，并确定相应的对策。如果大众媒介只是把政策内容公开，就与政府部门公开政策文件没有什么不同。毕竟，公文化的政策条款需要解读，每个人都会以自己的方式（从自己的立场、以自己的认识水平）理解政策。“由于现代人的利益多元化、价值多元化，所以，如果新闻媒体不对政策进行准确、主动的把握和解读，极有可能使人们对政策存在各种各样可能的误读、不理解乃至对抗情绪，影响政策影响力、执行力、效力。”① 对于担负着党和政府喉舌功能的大众媒介来说，必须准确地向公众传达和解释政策的内涵。

但是，从公众的利益关联角度解读公共政策并不是解读政策的唯一模式。随着公民文化的形成和发展，人们关注政策的视野越来越宽广，对政策信息的需求就不再仅仅停留于与个人利益相关条款的解释上了，而把更多的目光置于一项公共政策的科学性问题上。因此，对公共政策进行多元化的解读成为媒介参与的必然。

---

① 杨兴锋：《政策解读的意义和原则》，《中国记者》2006 年第 1 期。

（1）公众利益的视角

既然公共政策的制定旨在分配和调整社会公共利益，那么，一项公共政策的制定或修改会给公众带来哪些利益的变化就成为公众关心的首要问题，因而也是大众媒介解读公共政策的最基本视角。

公共政策的制定不只是为了管理的便利，更多的是公共利益需要重新分配和调整，它将对百姓的生活和切身利益产生深远的影响。既如此，一项政策出台之后，公众最关心的莫过于此政策具体有哪些规定、与自己的利益相关的条款有哪些、对自己的生活可能产生哪些影响等内容。政策规定的原则性和概括性特点使其不可能对每一条款、对政策对象的利益分配中可能出现的每一种情况进行详细的解释，这就给大众媒介从各类利益群体的视角对政策进行解读提供了充足的空间。

只要是政策制定所及的公众利益，无论其影响是有利还是不利，都应成为媒介解读政策时选择的视角。面对一项公共政策，每个人都有权作出趋利避害的行为选择。要作出这种理性选择，前提是知晓政策对自己的利害关系。大众媒介习惯于告知为公众带来的好处，而对于其可能带来的利益损害轻描淡写或只字不提，这对于公众面对政策的行为选择来说是一种隐瞒，也会造成利益伤害。

只要是政策涉及的目标对象，其利益都应成为大众媒介的关注点。在大众媒介的关注点中，并不存在一部分人的利益该受重视而另一部分人的利益该被忽视，尽管受政策调整影响的利益群体在规模上有大有小，但对于他们个人来说利益无大小之分，都是至关重要的。因此，大众媒介既要站在多数人的立场解读政策，也应站在少数人的立场告知政策会给他们的利益带来哪些影响。

（2）权威引导的视角

大众媒介承担着宣导政策的重要职责。宣导即宣传和引导。这也是其向公众告知政策信息的功能体现。在我国，作为党和政府的喉舌，大众媒介应站在党和政府统揽全局的高度，向公众进行权威性的政策解读，引导公众认清公共政策的目的、意义和价值所在。这是提高公众执行政策自觉性的认识前提，也是党和政府赋予大众媒介的重要使命。

大众媒介以权威导向的视角解读公共政策，并非简单地照抄文件，其落脚点在于对政策进行权威性解读。这里的权威，主要是指对政策的解读要做到高、深、全。所谓高，是指大众媒介对政策的解读要站在全国和地方全局的高度，深刻领会国家大政方针的实质，找准某一公共政策与国家大政方针的契合点，从而使政策分析高屋建瓴，立意高远。所谓深，是指大众媒介对政策的解读有专业化的、独到的见解，通过层层剖析引领公众逐步认识政策的合理内核，从而做到以理服人。所谓全，是指大众媒介对政策的解读要全面，视野要开阔，要放眼全国乃至全球，并着眼于未来的发展图景，使政策分析具有一定的前瞻性，通过全方位的分析引导公众自觉判断政策的科学性、合理性。

当然，权威的视角并非一定能真正发挥导向作用，原因在于时下的权威视角解读政策常常摆出一副高高在上的威严状。当公众强烈地感受到媒介与自身的距离时，便会拒绝接触媒介。此时，媒介对政策解读的权威性亦不复存在。其实，权威性的解读是可以做得很好看、很耐看的，只要从受众接受信息的心理需求出发在政策解读的技巧上下工夫，就可能达到这一目标。

（3）问题导向的视角

公共政策的制定一般是为了解决某一社会问题，这一社会问题会不会因为此项公共政策的制定而得到解决，政策是否存在盲点和漏洞，对诸如此类的政策问题的关注构成了政策解读的问题导向视角。

大众媒介对政策的解读往往热衷于对政策的条款及其对政策目标对象的利益影响进行分析，很少在政策公布之初就对政策的科学性提出质疑，当然也就很少从问题导向的视角对政策进行解读了。原因之一是媒介管理者习惯于把解读政策的问题导向视角与权威引导视角对立起来。其实，对政策的盲点和漏洞的寻找和关注，表面上是在对政策进行挑刺，实际上是为了使政策更科学更完善，因而也是为了更充分地实现其权威性分配公共利益的本质。

要对公共政策进行问题导向的解读，解读者必须对政策指向的目标问题、对政策在解决问题上存在的盲点和漏洞有清醒而深刻的认识，并且有快速而准确的反应。因为政策一旦公布，很快就会被贯彻执行。如果大众媒介在以问题导向的视角进行解读的过程中发现漏洞和错误，就能在政策公布之后进行修补或纠错。同时，问题导向的视角解读政策也要求解读者对政策执行中可能出现的、对政策形成新冲击的种种问题进行预测，从而进行预警性解读。因此，问题导向的解读是一种更高境界的新闻报道。

（4）释疑解惑的视角

公共政策事关多方利益，且可能是关系到人们生存和发展的长远利益，因而政策一旦出台，必然会产生一系列的连锁反应。公众对政策的反应越强烈，对政策的疑惑也会越多。疑惑不解，对政策理解和执行就会心存阻力，影响政策运行的效率，甚至导致政策变形。这就对大众媒介以释疑解惑的视角解读公共政策提出了要求。

以释疑解惑的视角解读公共政策，要求解读者了解公众的疑惑，同时要有释疑解惑的能力和魄力。首先，解读者要深入到政策目标群体中去，倾听他们对影响其利益的公共政策有哪些疑惑。公众对政策的疑惑大多在私下里议论，属小范围的人际传播，只有通过记者深入采访才能把这些人际传播的内容纳入大众传播的渠道。其次，解读者为公众提供表达政策疑惑的空间，即让他们对政策的疑惑通过大众媒介得到充分表达。这种空间的设定为引导更多的人们主动表达对政策的疑惑提供了很好的示范。再次，当公众对政策的疑惑汇集起来，解读者必须能够以自己对政策的精准的理解和对政策制定者、研究者广泛深入的采访解答这些疑惑，才能称之为释疑解惑的解读。最后，因为公众的一些疑惑矛头直指政策的不合理之处，因而也对政策的权威性提出了质疑，在我国现有的媒介管理体制下，解读者对这类问题进行解读是需要具备一定气魄的。对这类问题进行科学的释疑解惑，正是维护政策权威性的绝好机会。

武汉地区的媒介对取缔“麻木”的政策解读基本采取了公众利益的视角、权威引导的视角、释疑解惑的视角。在政策公布的最初几天里，《长江日报》、《武汉晚报》、《武汉晨报》等都对此次取缔“麻木”的政策如何补偿“麻木”车主的购车损失、怎样帮助“麻木”车主再就业、为什么要取缔“麻木”、这项政策会给武汉带来什么等问题进行了详细解读。这些解读既对政策内容进行了细分化解读，也对公众反映较多的疑惑做了解答，尤其是站在全局的高度从全国同类城市、全省的中等城市纷纷取缔“麻木”的事实，阐释了武汉市制定此项政策的必要性，使得这一政策迅速被公众所接受。媒介未从问题的视角解读此项政策，是遵守媒介管理部门统一指示的结果。

2. 大众媒介在宣传政策中直接充当“意见领袖”

政策宣传是统一人们思想认识的一种有效手段，是公共政策输出的必经阶段。毛泽东同志曾指出：“我们的政策，不光要使领导者知道，干部知道，还要使广大的群众知道。有关政策的问题，一般地都应当在党的报纸上或者刊物上进行宣传。……各项政策，都应当在报上发表，在电台广播，使广大群众都能知道。群众知道了真理，有了共同的目的，就会齐心来做。……群众齐心了，一切事情就好办了。”① 公布和解读政策属于政策告知，而政策宣传则是统一人们认识的过程。思想认识统一了，才可能有执行政策的统一行动。政策的有效执行“是以作为政策目标群体的广大民众对所推行政策的认同和接受为前提的，而这种认同和接受又是以其对政策的准确认知为基础的”②。通过各种形式的政策宣传可以使广大政策目标群体充分认识到所推行政策与他们的切身利益之间的紧密关系，使他们认同并自觉自愿地积极地接受政策，从而为政策的有效执行奠定坚实的基础。武汉市前两次“禁麻”政策执行的失败和2003年取缔“麻木”政策实施的成功，从执行过程来看，从前两次的强硬执政、简单没收到2003年的反复宣传、耐心说服的执政方式变化，表明政策宣传对于提高政策执行的效果至关重要。

美国政治学者、宣传研究奠基人之一哈罗德·拉斯韦尔(Harold Laszwell)在其成名作《世界大战中的宣传技巧》(1927年)一书中对宣传下的定义是：“它仅指以有含义的符号，或者稍具体一点而不那么准确地说，就是以描述、语言、报道、图片和其他种种社会传播形式来控制意见。”七年后他将宣传定义修正为：“宣传，从最广泛的含义来说，就是以操纵表述来影响人们行动的技巧。”③ 我国学者对宣传的理解与国外学者趋于一致。《中国大百科全书·新闻出版卷》的定义是：“运用各种符号传播一定的观念以影响人们的思想和行动

---

① 《毛泽东选集》第4卷，人民出版社1991年版，第1318页。

② 张金马：《公共政策分析：概念·过程·方法》，人民出版社2004年版，第408页。

③ 转引自展江：《新闻宣传异同论》，《中国青年政治学院学报》1999年第1期。

的社会行为。”从这些定义可以看出，宣传强调的是以信息传播的技巧影响和说服目标对象认同和接受自己的主张，按照自己设定的规则行事。政策宣传的途径和方式有很多种，既可以通过政府系统发文件的方式进行宣传，也可以通过大多媒介报道新闻实现政策宣传的目的。不过，在大众媒介日益发达且影响日益增强的时代，政策宣传越来越以大众媒介为主要的手段和方式。

大众媒介如何通过宣传影响受众的认识和观念？美国社会学家拉扎斯菲尔德在20世纪40年代提出的两级传播理论被奉为传播理论的经典。1940年美国总统大选期间，他围绕着大众传播的竞选宣传对选民投票意向的影响进行了一项历时6个月的实证调查，首次提出了“意见领袖”和“两级传播”的概念。“意见领袖”是人群中比较活跃的一部分人，他们被公认为见多识广，对大众媒介的接触频度远远高于一般人。他们把所读到的、听到的信息，经过自己的头脑加工，再传递给群体中的“不太活跃的部分”。这个过程就是“两级传播”。也就是说，大众媒介影响大众，往往要借助“意见领袖”这一中间环节来实现。“意见领袖”对大众的影响是通过人际传播实现的。两级传播理论一经提出，就遭到了许多批评。其中很重要的一个理由是，大量信息可以直接从大众媒介到达受众，无须经过“意见领袖”。这种意见得到越来越多的赞同。如果说媒介的发展规模还很有限、尚未融入人们生活的时候，大众媒介宣传的观点经由“意见领袖”再传播到其他人便成为一种常态。当大众媒介得到迅猛发展以至于接触媒介成为人们生活的一部分内容时，大众媒介与公众之间便不再需要中介了。

当公众越来越普遍地直接从大众媒介获得信息和观点时，大众媒介就直接充当了“意见领袖”。这正是大众媒介作为舆论工具的功能体现。

（1）大众媒介设置议程集中宣传政策

根据议程设置理论，大众媒介往往不能决定人们对某一事件或意见的具体看法，但是可以通过提供信息和安排相关的议题来有效地左右人们关注某些事实和意见，从而建构公共讨论和关注的轻重缓急。大众媒介对事物和意见的强调程度与受众的重视程度成正比，受众会因媒介提供议题而改变对事物重要性的认识。受众不仅关注媒介强调的那些议题，而且关注这些议题是如何表达的，他们对待媒介议题的态度和行为都会受到媒介的影响，即媒介影响受众的视角和立场。

公共政策公布之后，大众媒介便开始集中宣传这一政策。由于参与了公共政策的制定过程，如何通过大众媒介宣传政策早在政策正式公布之前就已制定了一整套方案。因此，关于政策宣传的议程新闻单位大都进行了精心的设置。在中国特殊的媒介管理体制下，大众媒介宣传政策的议程有时也由党政部门安排，从而由党政部门与新闻单位共同设置了大众媒介宣传政策的议程。媒介设置的集中宣传公共政策的议程，在一段时间里就一项公共政策连篇累牍地进行宣传，对受众反复进行强烈的信息刺激，使人们思考的主题被媒介引导，进而思考问题的方式也受媒介的宣传所左右。

武汉市取缔“麻木”的政策尚处于制定之中时，负责全市宣传管理工作的市委宣传部就召集各大媒介的负责人部署政策公布后的集中统一宣传计划，宣传计划具体到每一阶段宣传什么内容。在全市统一的宣传框架内，各报社、电台、电视台再根据自身的媒介特点进行宣传策划，体现自身的宣传水平。虽然各个媒介具体的宣传报道稿件有所不同，但基本都围绕这一政策所涉及的法、理、情等几个方面进行报道，形成强大的宣传攻势。这种宣传攻势对于引导公众认识、理解和支持取缔“麻木”的政策，无疑具有强大的促进作用。

让我们先看看媒介报道的实例——

武汉晨报整治“麻木”报道篇目

5 月 20 日

《市委市政府召开动员部署会议　武汉依法解决有证正三轮摩托》

《沟通理解　形成共识——市解决正三轮摩托车问题领导小组致信有证正三轮摩托车车主和有证残疾人正三轮摩托车车主》

《市人大公布〈武汉市城市道路交通管理若干规定〉（修正稿）　解决有证“正三轮”有法可依》

5 月 21 日

《广大市民积极拥护赞成　众多车主表示理解支持》

《法规修改　改在哪儿》

《取缔正三轮摩托车的五大理由》

5 月 22 日

《政府操作情真意切　“麻木”车主踊跃交车》

5 月 23 日

《万余人做工作　上交“麻木”首现高潮》

《市解决有证正三轮摩托车领导小组办公室负责人答记者问》

《城区涌动“交车潮”》

《硚口两社区率先成为无“麻木”社区》

《武昌 5 人上交“麻木”拿到城市户口》

《汉阳 9 车主集体交车》

《江岸残疾人主动交“麻木”》

《江汉车主陪户籍动员交车》

《车主风范：自强模范带头交车　首个换成残疾人代步车》

《“江城第一麻”率队交车》

5月24日

《筹岗近3万助车主就业》

《全市上交“麻木”3237辆》

《残疾人一日劝交9“麻木”》

《“顾全大局”去交车》

《洪山10个社区行政村无“麻木”》

《武汉保安集团腾岗500》

《交车现场》(图片)

《城市“麻木”的四大危害》

《人大代表、政协委员盛赞禁“麻”》

5月25日

《全市三成“麻木”已上交》

《没了“麻木” 接送孩子么办》

《青山区交车比例率先过半》

《保障就业篇：青山设法开发761个岗位》

《前脚交车后脚穿上制服》

《车主创业篇：“麻木”自主创业各显高招》

《自主创业 优惠政策》

5月26日

《依法行政 有情操作 各城区积极为车主排忧解难》

《黑色档案专版之一：他睁着眼 却看不见》

5月27日

《千余岗位送给“麻木”车主》

《依法禁“麻”赢得民心》

《民警跑红安办户口 圆“麻木”车主的武汉人梦》

《黑色档案专版之二：“麻木”开上不归路》

5月28日

《全市上交“麻木”近八成》

《"麻木"车主的贴心人》

《黑色档案专版之三："麻木"肇事逃逸　伤心老母200天苦苦寻凶》

5月29日

《我市"麻木"仅剩千余辆》

《民警累倒"禁麻"一线》

《有证"麻木"正在回收　无证"麻木"谁敢上路　14人被拘留》

《汉正街告别"麻木"》

《工商查获首处"麻木"非法拼装点》

《送岗进社区》(图片)

《黑色档案专版之四："打年货"全家横死道口》

5月30日

《3个中心城区　2个开发区已"无麻"》

《无证"麻木""打游击"　34名车主被拘留》

《助学协议》(图片)

5月31日

《全市"三车"上交任务完成99.8%》

《武汉昨拘留56名无证车主》

6月1日

《硚口区帮扶"麻木"子女》

6月2日

《福利企业推出173个岗位：专待残疾人车主》

《常青街想尽办法助"麻木"车主找岗》

6月3日

《昔日"麻木"糊口　如今商海弄潮　残疾车主创办公司》

《"麻哥""麻嫂"学家政》

《汉口复兴村小巷内有人非法拼装"土麻木"》

6 月 4 日

《“机动麻木”刚走　“人力麻木”涌出》

《八百岗位虚位以待　“麻木”车主可在家门口上班》

《洪山为转岗择业办实事　73 名“麻木”转岗》

《执法部门联查不法“土麻木”》

《威达市场还在出售散“麻木”》

6 月 5 日

《工商查封威达市场散“麻木”》

6 月 7 日

《告别“麻木”专题报道》（四个整版）分别为：《“麻木世家”的终结》、《亿元“买断”麻木时代》、《“禁麻”官员非常经历》、《“禁麻”体现新执政理念》。

以上报道加上 6 月 19 日至 24 日解决有证营运人力三轮车问题的报道，《武汉晨报》关于“禁麻”政策的报道共计 22 个专版、专题，动态稿件 117 篇。

一份报纸 24 天推出 22 个专版、专题、117 篇新闻稿件，如此高频率地报道同一主题，无疑强有力地设置了引人关注的宣传政策的议程。

与此同时，各级政府部门组织干部深入社区和“麻木”车主的家庭再做动员，就形成了一种互相促进的宣传优势。

（2）大众媒介以解释性报道和媒体评论充当“意见领袖”

政策宣传的目的是使人们理解和认同政策，进而支持和执行政策。宣传意味着说服，让对方接受宣传者的主张。说服一般有两种方法：“一是理性方法，即通过讲道理，提高政策对象的认识水平，以理服人；二是暗示方法，即运用经过特别选择和组合的材料来对政策对象施加影响，以情感人。”① 大众媒介宣传政策的说服工作同样遵循着这两种方法，但它必须同时遵循新闻报道的规律，体现新闻的特点，或者说它兼具新闻的特质（如实地报道事实）和宣传的特质（公开地表达自己的观点）。解释性报道和媒体评论就是既传播事实又传播观点的新闻报道形式，大众媒介通过这种两种报道形式实现其影响公众的“意见领袖”角色。

与一般性地报道事实不同，解释性报道是对新闻事实的生成原因、影响范围、发展趋向和深层意义进行解释的报道。它不仅报道事实“是什么”，更注重解释事实发生的原因即“为什么”、事实发生的长远影响即“会怎么样”等问题，因此，它要对人们不容易理解而又需要透彻理解的事情进行说明、分析和解释。大众媒介在对公共政策进行宣传正是这样一个说明、分析和解释的过程。公共政策的条款是解释性报道的最基本事实；围绕这一事实，人们还有许多问题诸如为什么要制定此项政策、政策执行可能为个人和社会带来哪些影响、其深层意义何在等需要——作出深入浅出的解释。解释性报道即是通过具体的事实在对这些问题进行解答中实现政策宣传。在武汉市取缔“麻木”的政策宣传中，各类媒介通过对历年来“麻木”造成的交通拥挤、人员伤亡、空气污染等事实进行集中展示，对群众就“麻木”问题进行信访、人大代表和政协委员多年来不懈地提议案和提案、国内外人士就此问题向市政府写信等各方意见集中报道，解释了取缔“麻木”的政策出台有其充分的依据；通过对政策制定过程的回顾，宣传了此项政策的程序合法性基础；通过邀请专家发言，说明此项政策的理性价值；通过介绍分布在社区的各级干部夜以继日地奋战在查

① 张金马：《公共政策分析：概念·过程·方法》，人民出版社 2004 年版，第 409 页。

禁上街"麻木"或动员车主交车、帮助车主解决实际生活和就业困难的感人故事，感动"麻木"车主主动交车或配合执法行动而交车。

与一般的纯新闻不同，解释性新闻在对事实发生的原因、意义和影响进行分析和解释时，往往离不开议论和评价。大众媒介在解释公共政策时，虽然更多的是用事实在说话，借事实传达观点，但它并不排除跳出事实直接说话，通过制作标题、评价事实、提炼观点等方法引导受众认识和理解政策，进而认同、接受和执行政策。

不仅如此，大众媒介还通过独立的"媒体评论"直接阐明观点，直接告诉受众应该如何认识和理解政策。"所谓'媒体评论'，既包括代表媒体编辑部的评论（如社论、评论员文章、短评等），也包括代表媒体从业者的评论（如编者按语、述评等）。"① 新闻界常说，新闻评论是媒介的旗帜，主要是指社论和评论员文章。社论最能代表编辑部主张，它对政策作出解释、发出呼吁、提出要求，都直接表明编辑部在政策问题上的立场，在党管新闻的体制下，它也是党和政府的态度和立场。社论在政策宣传中呈现出明显的舆论强势，为受众营造出一种就应这样认识、理解和执行政策的氛围。评论员文章虽不必由新闻管理部门审稿，但同样代表着编辑部的观点，与党和政府的主张保持一致。政策宣传时发表的评论员文章往往发挥与社论同样的舆论导向作用。其他如记者编辑对新闻报道配发的按语、短评等，都不是个人观点，而是代表所在的媒体发言。这些媒体评论宣传政策时不再把观点隐藏在事实背后让受众去体悟，而是直接亮出观点，引导公众理解政策，直接充当"意见领袖"的角色。

---

① 涂光晋：《"媒体评论"回归新闻》，《新闻三昧》2006 年第 10 期。

很多时候，人们并非一开始就认同和支持某项政策，但从大众媒介上获知这是政府要求的行为和大多数人的看法时，出于心理的压力和自我保护的考虑，人们会公开表达与政府愿望或多数人的观点相一致的意见。在大众媒介的引导下，社会公众越来越多地形成共同的意见，“最初的公开服从可能启动自我说服过程，最后导致说服信息内化”①。因此，在政策推行之初，大众媒介通过对公共政策的广泛宣传形成“意见气候”，来制约社会心理和影响舆论，把本来是政策的强制要求慢慢内化为政策对象的内在要求，从而自觉地（不是强制的）、自愿地（不是勉强的）与政策目标、政策要求保持一致。②

3. 收集政策公布后及执行中的民意

对于公共政策过程中的民意研究往往集中于政策制定之前，目的在于探讨公共政策在多大程度上体现了民意。而对于政策制定之后的民意，则往往很少关注。政策制定之后，公众参与公共政策的使命并非就此结束。民意贯穿于整个政策过程的始终，任何阶段的民意对于政策实质的实现都是至关重要的。

公共政策制定并公布出来之后，公众对政策的关注集中于它是否真正体现了公众意志，是否公正地分配了公共利益以及政策如何贯彻落实。虽然政策宣传对统一人们对政策的认识有极大的促进作用，但并非所有人都高度认同政府制定的公共政策。即使人们总体上对某项公共政策表示认同和接受，但也可能对其中的部分内容持有异议。即使制定了得到广泛认同的政

① 龚文庠：《说服学——攻心的学问》，东方出版社 1994 年版，第 178 页。

② 莫寰：《政策传播如何影响政策的效果》，《理论探讨》2003 年第 5 期。

策，人们仍担心执行中出现偏差，出现“歪嘴和尚把经念歪了”的情况。这些针对政策的意见或建议就是政策公布后的民意。

以往，大众媒介报道政策输出，到了政策宣传阶段就基本结束。对于政策公布后的民意，除了高度评价政策的内容外，新闻报道基本不涉及。政策执行中出现了新问题，或者公众在政策执行过程中出现新的意见，也很少报道。出现这种情况主要缘于对政策权威性可能被削弱、人们对政策的统一认识被扰乱的担心。在政府看来，通过大规模的集中宣传建立起来的公众对政策的权威认同，很可能会因媒介对个别不同意见的报道而受到冲击，如果人们对政策的统一认识被一些“政策异见”所扰乱，先前的政策宣传所取得的成果很可能丧失殆尽。武汉市取缔“麻木”的政策通过大众媒介集中宣传得到顺利执行后，对于市民尤其是“麻木”车主对此政策的意见，大众媒介基本没有涉及。笔者 2007 年 1 月 24 日在对武汉市委宣传部张述传副部长（他曾是武汉市整治“三车”领导小组的成员，也是整治“三车”宣传工作的负责人）进行访谈时问及此问题，他坦承，这样一项影响众多人利益的政策，一定会有些不同意见，这也是事实，但为什么媒介不报道这些不同意见呢？一句话，就是怕扰乱人心。报纸上报道一些人对政策的意见，就可能冲淡政策宣传的效果，把因政策宣传形成的政策认同的一致性扰乱，造成混乱的思想状况。

值得关注的是，随着公民表达权的被尊重，以及政策公布后和执行中的民意被看做是完整的政策过程的一部分，公众讨论甚至批评公共政策等意见信息越来越多地见诸大众媒介。这其中既有大众媒介为公众搭建讨论和评价政策的意见平台，针对政策的评论获得了平等的辩论空间，也有记者深入民间搜集公众意见进而以新闻的形式报道出来。无论是以何种形式表达出来，都是此阶段政策民意的有效表达，都是对完善政策有益的信息。我们以个人所得税“起征点”的决策为例，可以突出地感觉到决策方案最终公布之后公众仍有充足的言论空间。2005年9月27日全国人大常委会就个人所得税工薪所得减除标准（俗称个税“起征点”）举行听证会，为的是修改个人所得税法之前广泛听取各方意见。全国人大常委会最初提出的个税“起征点”为1500元，听证会上由企业职工、企业事业单位管理人员、公务员、教师、各类专业技术人员、农村进城务工人员等各方代表组成的听证陈述人中，多数人的意见是个税“起征点”的标准应定在1600元以上。在充分吸收立法听证会上公众的意见后，10月22日提交中国最高立法机关进行第二次审议的个人所得税法修正案草案，个税“起征点”已提高到1600元。27日，十届全国人大常委会第十八次会议表决通过全国人大常委会关于修改个人所得税法的决定，起征点为1600元，决定将于2006年1月1日起施行。自此，关于个税“起征点”的公共政策制定就尘埃落定了。然而，关于此项政策的各种议论并非就此结束，对个税“起征点”的标准以及政策执行中出现新问题的意见频频见诸报端。就在此政策公布的第二天，《中华工商时报》就刊发了反映经济学家张曙光观点的新闻《个税改革没体现公平　只是增加政府收入》。在张曙光看来，无论起征点是多少，都是针对个人的，没有计算家庭人口，没有考虑赡养系数，个人收入同样是3000元，两个人都就业的家庭和两个人就业的五人家庭，人均税收负担差异就很大，这就违背了个人所得税的基本原则，即公平原则。“说穿了，我们的个人所得税设计不是为了公平和调节收入分配，而是为了政府，一是为了增加政府收入，二是为了政府征收方便。”① 其他诸如指出新个税法“只是让广大工薪阶层纳

① 王擎：《个税改革没体现公平　只是增加政府收入》，《中华工商时报》2005年10月28日。

税人少交了三五斗，并没有改变工薪阶层作为个税主力军的畸形事实”，“扣除标准粗放化，起征点一刀切伤害老百姓”①；指出提高个税“起征点”的政策作用有限的《调节贫富差距仅靠个税改革是不够的》②、《个税改革与起征点关系不大》③等评论文章经常性地被刊登，让人明显地感觉到大众媒介为人们搭建了充分表达政策意见的平台。与个税“起征点”相关的各项个税征收政策在执行的过程中又出现了明显不合理的问题，如按照新的年终奖金计税办法，奖金 6000 元，纳税额为 300 元，税后收入为 5700 元；而年终奖金 6001 元，纳税额则为 575.1 元，税后收入仅为 5425.9 元。这样就出现了税前奖金增加 1 元税后收入却减少了 274.10 元的“多劳少得”现象。经历此政策影响的人自然怨声不断，闻此政策结果的人也议论纷纷，大众媒介都对此进行了报道，并寻求解决政策漏洞的办法。

除了这种在执行中发现政策漏洞及时指出并传递公众的声音外，大众媒介也监督政策的运行状况，对政策执行中出现变形进行报道，以维护公众的利益和公共政策的权威性。政策执行的过程也是多方利益博弈的过程，各方都尽力维护自己的利益或减少利益损失。在这场博弈中，各方力量的较量可能导致政策执行中发生变形。大众媒介通过监督政策的运行过程，减少和纠正政策变形，目的在于维护政策沿着既定的轨迹运行。如 2007 年 1 月 10 日，铁道部宣布今后春运期间将不再对火车票价实行上浮的政策，赢得一片赞扬。然而，当人们欣喜地去

---

① 王子恢：《个税法修订的三个缺憾》，《南方周末》2005 年 11 月 3 日。

② 梁发芾：《调节贫富差距仅靠个税改革是不够的》，《中国青年报》2005 年 11 月 4 日。

③ 易宪容：《个税改革与起征点关系不大》，《每日经济新闻》2005 年 11 月 4 日。

购买火车票时却发现许多线路的票价都调高了。当政策在执行中出现变形而遭遇广泛质疑时，记者进行调查后发现，原来铁道部在发布“春运票价不上浮”的新闻后又以内部通知的方式要求“部分列车从两端始发站起取消折扣价，恢复原价”。新华社记者采访后提出这样的质疑：“既然有需要说明的情况，为什么有关部门不能在发布‘春运票价不上浮’新闻时一并说明，而是在此后以内部通知的方式‘偷偷’‘恢复原价’？”既然说淡季票价打了折扣，那么“‘淡季’究竟是什么概念、票价折扣是多少、核准价又是多少？如此等等，是否都应给百姓一个清楚明白的说法？否则，‘春运不涨价’的承诺难免被讥讽为‘文字游戏’。”“所谓的‘惠民’举措原来只是看上去很美，有关部门的公信力岂不要大打折扣？”①

反观武汉市取缔“麻木”的政策执行过程中出现的问题，我们无法从媒介上获得任何信息。我们除了看到一些“麻木”车主到政府部门提供的岗位就业、拿到低保、自主就业的个案外，对于未能找到工作、不愿到政府部门提供的岗位就业的车主们的想法，大众媒介未能提供发表只言片语的空间。这种状况的出现同样是因为管理部门担心对政策执行中的异常情况的报道会影响政策的权威性和政府的公信力。大众媒介此时的失声也是一种真实信息传播的失职，因而就在一定程度上丧失了其政策意见反馈的功能。

4. 参与政策效果的评估

政策评估历来是政府部门的事情。制定政策的部门组织政策执行效果的评估，显然无法达到客观的评估效果。“政府主

① 姚玉洁、沈洋：《“春运不涨价”不能变成文字游戏》，新华社2007年1月26日电。

持‘制作’的政策评估结果很难是实质性和有意义的”①，因为“政策机构都有着强烈的兴趣和愿望，以显示和证明它们的政策和工程项目产生了哪些积极的影响”，“政策机构不会喜欢显示自己的政策没有发挥作用的研究结果，更不愿看到说明自己的政策成本超出了政策效益的研究结果”。② 大众媒介参与政策效果的评估实则是充当了组织民间评估的角色。

大众媒介参与政策评估大体可以从两条途径入手：一是为公众从各个视角评价政策提供意见平台，让自由地发表意见的公众成为政策评估的主体；二是组织各方面的专家从各个专业的角度评价政策，如政策学家评估政策的程序、经济学家评估政策的成本、管理学家评估政策的现实依据、社会学家评估政策的民意支撑等，从而获得独立于政策评估的结论。

就武汉市取缔“麻木”的政策评估而言，大众媒介的报道几乎都是总结政策的成功之处，对于公众的不同意见只字不提。笔者在武汉市的一些社区采访过去的“麻木”车主时，常常听到他们对此政策的埋怨，他们中的很多人一直没有找到工作，这些人并非对政府提供的就业岗位挑三拣四，而是这些岗位中有的原本就是临时性的，有的则对年龄和文化程度有一定要求，无形中抬高了车主们就业的门槛。曹桂林师傅是几家报纸都报道过的“麻木世家”，他和儿子、女儿都靠踩“麻木”为生。1962 年，曹桂林从武汉下放到湖北钟祥农村。1985 年，44 岁的他带着妻子和 3 个子女回到武汉，但因为妻子户口属于钟祥，孩子也无法取得城市户口，每年都必须交一笔不少的借读费。找不到工作，曹桂林开始了自己的“麻木”

① 托马斯·戴伊：《自上而下的政策制定》，中国人民大学出版社 2002 年版，第 210 页。

② 托马斯·戴伊：《自上而下的政策制定》，中国人民大学出版社 2002 年版，第 212 页。

生涯。靠着他踩人力“麻木”，一家5口的生活有了着落。1990年，儿子曹光绪和女儿曹燕高中毕业，没有武汉户口，也没有大学学历，姐弟俩都承继父业，开起了“麻木”。取缔“麻木”的政策出台后，他们的“麻木”上交了，一家人的生活发生了很大的变化。2006年4月24日，笔者在武昌区西城壕社区一个自行车修理摊见到了65岁的曹桂林。谈及取缔“麻木”的政策实施前后的生活变化，他一脸无奈。以前，他每月踩“麻木”收入可达1000多元，现在夫妻俩每月拿“低保”共300元。实在无事可做，就在社区的小巷子边摆了个修车摊，但生意冷清，一个月才赚了50元，主要是打发时间。他的儿子曹光绪在政府部门帮助联系的企业保安岗位干了一个月，收入四五百元，还很受约束，就外出给别人开车去了。与笔者交谈时，好几位过去的“麻木”车主围拢来，议论此政策对他们生活的影响。他们说，这个社区过去相当多的人以踩“麻木”为生，现在有的无所事事，闲逛度日，有的则干起了小偷小摸的营生。他们不明白的是，大街上可以禁止“麻木”通行，的士不能通行的背街小巷难道就不容“人力麻木”生存吗？北京这么大的城市不是还有人力车吗？车主们对取缔“麻木”的政策如此议论和评价，也应成为对此政策进行综合评估的一项参考依据，然而大众媒介几乎都未予理睬。

也有一些学者提出此政策的目标以及效果具有可质疑性。在这些学者看来，“告别麻木”与维护、提升城市形象并不是相同的概念。“麻木”泛滥、无序运营确实有损城市形象，但取缔“麻木”并不意味着就是好的城市形象。“麻木”毕竟是一种具有武汉独特文化意蕴的现象，早在1888年，人力三轮车就首次出现在汉口租界。1936年又出现三轮脚踏车，“麻木”在武汉可谓历史悠久。比武汉经济发达得多的北京尚保留三轮脚踏车作为旅游交通工具，在更发达的一些欧洲城市也保留18世纪的交通工具作为城市旅游项目，武汉为何要决意告别“麻木”！基于此，武汉是否应该告别麻木以及是否能够彻底告别麻木，尚待时间考证。① 诸如此类的评价我们无法在武汉的媒介上读到。

四、大众媒介借助舆论反馈促进政策调整和完善

政策调整和完善是完整的政策过程的必要环节。政策调整的依据是政策执行中的各种信息，包括公众对政策的反应。政策制定部门收集政策执行信息的途径有很多，包括政府的政策研究部门深入基层进行调查研究，也包括基层组织逐级向上汇报政策执行情况，而最广泛、快捷的信息收集和传递渠道仍是大众媒介。

1. 大众媒介是最有效的政策信息反馈渠道

政策信息反馈的途径既有党政系统内层层上报的组织传播，也有通过大众媒介实现面向所有人的大众传播。这两种信息反馈的途径各自发挥着特殊的作用，但比较而言，大众媒介提供的政策反馈信息更广泛、快捷、真实。

通过组织传播反馈政策信息一般可分为下级对上级的当面汇报和递交文字或影像材料汇报。当面汇报是下级组织将收集的政策信息向上级组织和领导口头汇报，这种口头汇报也与文字材料汇报相结合。这种反馈最突出的优势在于能形成上下级之间的互动，促进反馈信息的深度交流。但是，这种类型的组织传播效果在较大程度上受上一级领导对待政策反馈信息尤其是负面信息的态度所左右。由于是面对面的交流，当上级领导

---

① 张国庆：《公共政策分析》，复旦大学出版社 2004 年版，第 257 页。

以积极的态度对待各种反馈信息时，汇报者会主动将收集的各类政策信息全面汇报。当一级领导以消极的态度对待各种反馈信息尤其是对负面信息持抵制态度时，汇报者则会察言观色，投其所好，报喜不报忧。这样的反馈无法全面地向上传递政策执行过程的真实信息，不仅对领导者判断政策的效果作用有限，而且片面的信息反馈导致领导对政策执行情况的判断出现偏差，进而对政策失误推波助澜。向上递交文字或影像材料的汇报主要是指新闻单位通过内参报道的途径向党政部门反馈政策执行中的各种信息。内参报道是一种不宜公开发表或暂时不宜公开发表、上级领导机关需要了解、有重要参考价值的内部新闻报道，其全称为“内部参考”。虽然内参报道大多由新闻单位的记者采写，但由于它只在党政组织系统内小范围内逐级向上报送，加上我国新闻单位属于党的宣传系统，因而内参报道严格说来属于组织传播。在我国特殊的媒介环境下，内参报道发挥着独特的信息反馈功能。由于我国特殊的信息传播结构，许多领导把内参当做比大众媒介更重要的信息来源。但是，内参的组织内部运行的非公开特点为其反馈渠道不畅提供了充分的可能性。在内参逐级向上传递的过程中，一旦中间的某一级组织欲控制信息进一步向上传递，组织内部的信息传播就可能中断，甚至在信息向上传递之初就被封锁。

大众媒介是一种从起点直达终点的没有中间环节的信息传播渠道，因而也是最为有效的政策信息反馈渠道。首先，大众媒介反馈政策信息最广泛。这主要是因为大众媒介的信息来源最广泛。政策执行者、政策对象、记者都是政策信息反馈的主体，他们来源广泛，接触和了解政策最直接，只要大众媒介提供传递信息和表达意见的平台，他们可以将政策的每一步执行情况（不同地方的情况）包括异常情况及时地予以传播。其次，大众媒介反馈政策信息最快捷。这主要是因为大众媒介传播政策执行信息的过程没有中间环节，一旦政策执行的事实信息和意见信息进入大众媒介，就直接到达接触媒介的每一个人，包括党政部门的政策制定者可以在政策相关信息公开传播的第一时间获知，及时地得到政策反馈。再次，大众媒介反馈政策信息最真实。这主要是因为视真实为生命的新闻报道会以客观准确地记录政策执行的事实和执行者、政策对象的真实意见为己任，不会掩盖或扭曲与政策宗旨不一致的事实，不会编造政策执行者和政策对象的观点，同时，新闻报道的客观性、全面性要求在选择事实和观点材料时，给各种不同观点的双方或多方表达意见的机会，做到新闻报道的平衡，平衡本身也意味着真实。

当然，大众媒介反馈政策执行信息要充分体现其广泛、快捷、真实的特点，关键在于其在法律规定的范围内有充分自由的报道空间，能遵循新闻报道的规律反馈政策执行的信息。如果媒介管理部门规定了新闻事实和公众意见的选择指向，大众媒介反馈政策执行信息的上述优势便丧失殆尽。在我国特殊的媒介管理体制下，作为大众媒介管理部门的各级党委宣传部把大众媒介视为政策宣传的工具，即使意识到要发挥其反馈政策执行信息的功能，也主要强调其收集和报道政策目标对象拥护政策的宣传作用。当媒介对政策执行中出现的问题讳莫如深，政策反馈就在很大程度上出现了功能缺失。

武汉市取缔“麻木”的政策在执行过程中，各大媒介纷纷进行了阶段性的总结，包括市民对城市交通不便的意见、政策执行的效率分析等，但对于政府部门为“麻木”车主提供就业岗位中出现的“虚岗”现象，许多车主交车后生活水平下降等现象，由于宣传部门的统一控制，媒介无一反馈。

2. 大众媒介借助舆论反馈实施新的政策输入

大众媒介在对政策执行中的各类信息进行监督和反馈，其目的有二：一是推进政策在正确的轨道上运行；二是对执行中暴露出的政策缺陷或政策失效进行反馈，向决策系统实施新的政策输入。

为推进正确的政策良性运行，大众媒介可在舆论引导和纠正执行中的偏差方面发挥作用，它们都是舆论反馈的重要内容。任何一项公共政策在不同地区的推行进度往往存在很大的不同，对政策的理解程度差异是重要的影响因素。大众媒介对政策推行较快地区的执行措施、公众态度等进行报道，实际上也是对该政策执行情况的反馈，这种反馈对于坚定政府部门执行政策的决心及引导其他地区推行该项政策，起着舆论鼓动的作用。纠正政策执行中的偏差行为主要是指纠正“上有政策，下有对策”的现象。由于政策执行中存在上级与下级的利益矛盾，政策执行中的“上有政策，下有对策”现象非常普遍。其主要表现可分为“你有政策，我有对策”——替换性执行，“曲解政策，为我所用”——选择性执行，“软拖硬抗，拒不执行”——象征性执行，“搞土政策”——附加性执行等。①对于这些政策执行的偏差，大众媒介通过报道此类事实和公众意见，既向决策者反馈执行中的各种动向，以利于他们及时地采取有效的纠偏措施，同时也通过公开报道这些偏差向政策执行者施压，敦促其自觉纠偏，保障政策的有效运行。

虽然公共政策在制定过程中集中了各方意见，经过了充分论证，但面对复杂多变的现实环境，一旦进入执行环节，政策的缺陷就可能暴露无遗。这些政策缺陷是决策者始料未及的，它们是在政策执行过程中逐步展开而呈现出来的。大众媒介报道政策运行的状况时能通过政策运行异常及时地调查和发现政策漏洞，同时，这些政策缺陷在运行中也必然影响政策目标对象的利益，记者在收集公众政策意见的过程中也能发现政策缺

① 陈振明：《公共政策分析》，中国人民大学出版社 2003 年版，第 238－240 页。

陷。大众媒介将这些政策事实和公众意见公开报道，即是将政策缺陷和漏洞反馈给政策制定部门，为他们调整和制定新政策提供信息。

大众媒介反馈正确政策的运行情况和公众的支持、政策缺陷和公众的意见，意味着向政策制定系统再次输入政策支持和政策要求，为新一轮的政策制定做准备。

结　语

大众媒介参与公共政策过程既是大众媒介履行其社会职能的重要体现，也是公共政策实现其对公共利益进行权威性分配的本质、促进其科学运行的重要保障，同时还是公众参与公共政策过程的权利实现的重要途径。在整个公共政策运行过程中，大众媒介自始至终参与其中并发挥着不可替代的独特功能。总体说来，大众媒介参与公共政策过程主要表现在发现并聚焦社会问题、搭建公众意见平台、公开决策过程、公开和宣传政策、监督政策运行、反馈政策运行信息等。也就是说，公共政策过程的每一个环节，都为大众媒介参与其中提供了充足的空间。

具体到每一项公共政策的制定，大众媒介参与的内容又不尽相同。侧重环节不同，在各环节的侧重点也不尽相同。即使如此，大众媒介参与公共政策过程仍必须遵循必要的程序和环节，具有许多共同的报道内容。我们根据这些共同遵循的环节和内容，试图总结大众媒介参与公共政策过程的模型。

在这一模型中，大众媒介参与公共政策过程是一个完整的系统。这一系统处于政治体制、公民文化等社会环境中，与社会环境进行互动。我们参照政治系统理论把公共政策过程分为政策输入、政策转化和政策输出三个阶段，每个阶段都有大众媒介充分参与的空间。在政策输入阶段，大众媒介通过主动发现社会问题、传递公众意见向政府输入政策要求，同时对于政府提出的政策动议在试探民意的过程中收集并向政府输入政策

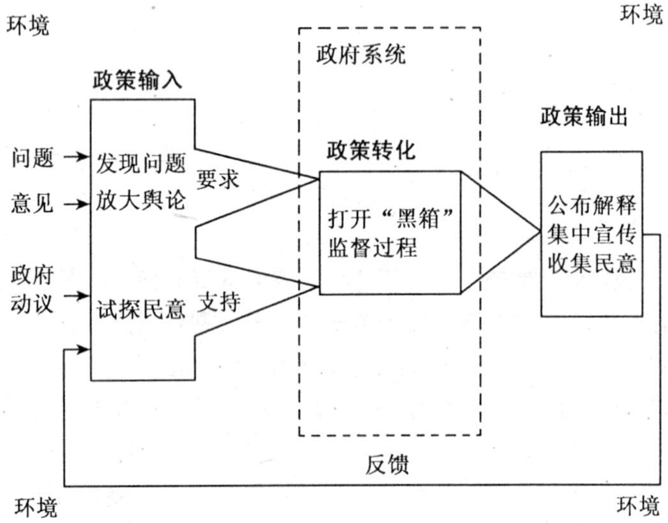

大众媒介参与公共政策过程的模型

支持，从而促进并加快社会问题进入政策议程。在政策转化阶段，大众媒介通过进入政府决策系统，全面公开决策过程，增加决策透明度，让公众了解政策制定的相关信息，在监督政策过程的同时促进政策的科学化和利益分配的公平性。在政策输出阶段，大众媒介承担着解释并宣传公共政策的责任，与此同时，大众媒介还承担着搜集政策执行中公众意见的职能，进而向政策系统进行反馈，供政府部门修改和完善公共政策所用。在公共政策过程的每一个阶段，大众媒介都发挥着不可或缺的作用，它已成为公共政策过程必不可少的要素。

建立大众媒介参与公共政策过程的机制，从媒介管理者——各级党委及其宣传部来说，就是要为媒介提供充分宽松的舆论环境。大众媒介对社会问题反应的灵敏度、对公众意见接纳的广泛性，是其他任何机构和个人都无法比拟的。无论是发现和反映社会问题、向决策系统输入支持和要求进而促进政策议程的建立，还是在政策转化阶段深入决策现场、公开决策过程，抑或在政策输出阶段监督政策运行、检视政策的缺陷、反馈公众意见等，其目的都在于促进公共政策更科学、更完善、更能体现其对公共利益进行权威性分配的实质。只要是在法律规定的范围内活动，大众媒介的报道就不应受到限制。给媒介的报道设定限制，无疑是为政府部门制定政策时获取必要的信息设置障碍，是为公众表达意见设置障碍，也是为修正和完善政策设置信息障碍。这里，最关键的还是如何理解公众对政治系统的支持问题。我们习惯于把支持理解为“顺从性支持或服从性支持：遵守合法的政治体系所制定的权威性政策”，公众对政治系统的支持还表现为对“政治资源的支持。人们积极参政，以此作为输入，支持目前正在从事制定政策的、或是正在谋求公职以便制定公共政策的领袖和集团”。①公众对政策制定发表意见，无论其意见指向如何，都应视其为对政治系统的支持。如果公众对政治系统因冷漠而沉默，那倒是一种非常可怕的事情。

从政策制定部门来说，就是要重视大众媒介提供的事实信息和公众的意见信息，将其作为制定和调整政策的重要依据。由于大众媒介搜集民情民意的信息来源更广泛，对政策制定和调整得以顺利推进的信息掌握得更全面、更真实，因而对于政策制定部门而言，媒介就是一个观察和了解政策环境的窗口。对于这个窗口，忽视就意味着封闭，意味着失去对社情民意的准确判断。

从媒介自身来说，就是要担负起发现政策问题、传达公众

① G. A. 阿尔蒙德、小 G. B. 鲍威尔：《比较政治学：体系、过程和政策》，上海译文出版社 1987 年版，第 12－13 页。

意见、公开决策过程、反馈政策运行的职责。无论是政策制定者对政策宣传的预期，还是公众对搭建意见平台、提供政策信息、监督政策过程的要求实现，都表明社会对大众媒介履行其职责充满了期待。尽管在履行其职责的过程中会遭遇一些阻力，但作为党、政府和人民的喉舌，大众媒介应该以维护公共利益为宗旨，积极参与政策过程，改进和提高传播方法，促进公众参与公共政策过程，保证公共政策本质的实现。

从武汉市取缔“麻木”的政策过程和其他相关研究可以看出，在我国的公共政策过程中，大众媒介参与政策输入、转化、输出的状况呈现出明显的不平衡。

大众媒介对公共政策输入环节的参与较为充分。大众媒介搜寻和发现社会问题、反映和放大舆论的环境越来越宽松，空间越来越大，向政府系统输入公众的支持和要求就越来越充分。政府的政策动议通过大众媒介试探民意的尝试越来越多。

大众媒介对公共政策转化环节的参与度最低。总体说来，我国公共政策的制定阶段仍处于“黑箱”状态，由于大众媒介无法介入，政策制定过程对于公众来说仍然是个谜。不过，这种状况目前已发生了一些变化，如大众媒介可以直播决策听证会，让决策过程部分地暴露在公众面前。

大众媒介对公共政策输出环节的参与虽很充分，但较为片面。我国媒介对政策输出的参与主要表现为宣传政策，监督和收集政策执行中的民意较为欠缺，对政策执行效果的独立评估尚处于空白状态。可喜的是，这种状况也出现了一些新的变化。当大众媒介开始主动地听取公众对政策的反应，并在政策公布后搭建公众意见平台时，媒介中的政策民意就会越来越广泛。当大众媒介越来越多地反映公众意见，公共政策就会越来越科学。

我国大众媒介在公共政策过程中的功能不完善及其近年发

生的诸多变化，说明在我国社会转型时期新闻制度和媒介功能正处于变革之中。

后　记

当我写完本书最后一个字的时候，心中不免有些惴惴不安。这是我的博士论文，也是我2007年承担的湖北社会科学基金项目的成果。虽然我认真地做这个课题，时间也很充裕，但完成这个项目时仍觉着诚惶诚恐。这主要是因为中国公共政策过程的现实“变数”太大。大众媒介能在多大程度上参与和影响公共政策过程直接受制于领导者的个人风格，因而还缺乏制度意义上的稳定性。而进行现实问题的研究，无论是进行学理性研究还是对策性研究，都无法摆脱这种现实不稳定性的影响。

我确定这个选题始于2004年秋，其间有充足的时间观察、访谈、阅读和思考。然而，随着研究的深入，我越来越强烈地感受到我国公共政策过程的开放性存在着巨大的个体差异。有些政策除了最终结果由大众媒介公布以外，整个过程未见大众媒介的身影，自然也无法听到公众参与的声音。而就在同一时刻，另一项政策则可能自始至终大众媒介全程参与并充分发挥了功能。这种不平衡表明中国的大众媒介参与公共政策过程还远未制度化，这种带有明显个人色彩的不平衡为我们进行公共政策的研究带来了一定的难度，它也进一步表明本书的研究才刚刚起步，表明有关大众媒介参与公共政策过程的研究还有很大的空间。由于目前学界对公共政策的研究多限于其他政治学和公共管理学，从大众媒介的视角研究公共政策还相当薄弱，这种现状促使我对这一问题的研究深入下去。

就在这本书完成之时，内心涌起对许多人、许多事的感激之情。我首先要特别感谢我的导师孙旭培教授。在我确定博士论文选题时，导师与我一起分析我的专业背景优势，鼓励我选择了跨学科研究大众媒介与公共政策问题。在准备论文资料的过程中，导师对政府决策过程所涉环节及人大代表、政协委员提案的运行流程的丰富知识帮助我少走了许多弯路。顺着导师的指引，我很快在武汉市档案馆查到了武汉市政府制定取缔“麻木”的政策过程的每一次重要决定、每一个重要步骤，并在武汉市人大常委会档案室查到了历年人大代表就“麻木”问题所提议案及政府职能部门的回复情况。导师治学严谨，他鄙视那些随心所欲抒发感受式的“研究”风格，课堂内外要求学生遵循科学规范的研究方法，受他的影响，我在本书的撰写中尝试着运用个案研究的方法，收获颇多。这种方法目前已成为我最为习惯的一种研究方法。

在论文撰写的过程中，吴廷俊教授、申凡教授、屠忠俊教授、石长顺教授、赵振宇教授等都给我提了非常宝贵的意见，使我看到了论文中的可贵探索及存在的不足，得以在最后定稿时减少漏洞，并在修改和整理成书的过程中得到补充和完善。

我的师弟滕朋博士就我的博士论文与我多次交流，无论是研究方法的规范，还是研究观点的创新，甚至图表的绘制技巧，我都从他那里得到了很多帮助。

在搜集论文资料的过程中，我还得到了许多人的帮助。武汉市人大常委会的胡维洲、余桃仙、韩红等同志为我查找人大代表的“禁麻”建议案资料提供了很多帮助，武汉市档案馆的工作人员为我查找“禁麻”政策的制定过程档案提供了很多帮助，使我掌握了丰富而详实的政策过程档案。武汉晨报社记者陈志鹏同志不厌其烦地帮我查找并复印了该报关于此项政策的所有报道，使我掌握了媒介报道此项政策过程的详尽资料。武汉市委宣传部副部长张述传、长江日报社记者雷祖兵、武汉市人大代表喻俊芳、“麻木”师傅曹桂林及其妻子、还有一些未留名的“麻木”师傅，在接受我访谈时提供了极为宝贵的资料。

对于以上曾经给予我帮助的同志，我一并表示最诚挚的感谢。

我还要特别感谢武汉大学出版社编辑陶洪蕴女士。她为拙著的出版提供了许多帮助，并提出了许多有益的建议。

最后需要说明的是，由于本人学识和水平有限，书中可能存在着认识肤浅甚至错误的地方，我期待着学界的朋友赐教。我会继续就大众媒介参与公共政策过程的机制问题研究下去。

何志武

2008 年元月